Kurt Knirsch

Gerätturnen mit Kindern

Kurt Knirsch

Gerätturnen mit Kindern

Methodische Turnfibel zur Erarbeitung
der Fundamentalbewegungen des Gerätturnens
für Jungen und Mädchen

Mit Beiträgen von Prof. Dr. U. Göhner

Verfasser und Illustrator: Kurt Knirsch, Peter-Imhoff-Straße 57, 72138 Kirchentellinsfurt.
Beiträge von Prof. Dr. U. Göhner, Institut für Sportwissenschaft der Universität Tübingen.
Fotos: Pressefoto Baumann, Ludwigsburg und Rupert Leser, Bad Waldsee.
Printed in Germany.
ISBN 3-927091-55-3

Vorworte

Seit vielen Jahren bemüht sich Kurt Knirsch in seiner praktischen und theoretischen Arbeit im Verein, in Schule und Hochschule, in der Lehrerfortbildung und in nationalen und internationalen Lehrgängen darum, dem Gerätturnen den Platz in der Bewegungs- und Leibeserziehung zu sichern, der ihm aufgrund seiner besonderen Möglichkeiten und Werte zukommt. Er will zweierlei erreichen: einmal das Turnen in seinen vielfältigen körper- und bewegungsbildenden Möglichkeiten, in seiner Koordination, Geschicklichkeit und Kraft fördernden Wirkung für Anfänger und Fortgeschrittene zu erschließen; zum anderen aber auch die besonders Talentierten auf direktem Wege zum Kunstturnen zu führen. Beides ist zunächst eine Frage von Unterricht und Lehren.

So wendet sich dieses Buch in erster Linie an diejenigen, die in Schule und Verein unterrichten und lehren, und will ihnen das notwendige Wissen über die Strukturen der Bewegung, ihre Zerlegung in Bewegungsphasen (ohne daß ihre Ganzheit aus dem Blick gerät) vermitteln, um sie besser lehr- und lernbar zu machen.

Nichts von dem, was Kurt Knirsch in diesem Buch beschreibt, ist dabei am grünen Tisch entstanden. Alle methodischen Lehrstufen wurden mit Kindern und Jugendlichen in Schulen und Vereinen erprobt; sie berücksichtigen deren Aufnahme- und altersspezifische Leistungsfähigkeit und verarbeiten das gegenwärtige Wissen über Funktionsphasen, Fundamentalbewegung und ihre Einbeziehung in turnmethodische Konzepte.

Für die Weiterentwicklung der Turnmethodik ist das vorliegende Buch eine wertvolle Grundlage.

Ommo Grupe

Dieses Lehrbuch ist im Hinblick auf die Ausbildungs- und Unterrichtsinhalte des Gerätturnens in der Vorschule, der Primarstufe an den Schulen und den Kinderturnabteilungen der Vereine geschrieben worden. Es soll unter anderem methodische Möglichkeiten aufzeigen, wie man auf kürzestem Wege die Kernteile des Gerätturnens lehren und lernen kann.

Das Buch zeigt Zusammenhänge von den Fundamentalbewegungen des Gerätturnens zu Bewegungen des Kunstturnens auf. Daher stellt es den Unterbau unter das Lehrbuch des Gerät- und Kunstturnens Band 1 und Band 2 dar.

Dieses Lehrbuch erhebt nicht den Anspruch, die ganze Vielfalt des Kinderturnens aufzuzeigen und anzubieten. Es beschränkt sich vielmehr auf einen, wenn auch wesentlichen Teil davon: das „normierte Turnen" an den Geräten.

An dieser Stelle möchte ich den vielen Kollegen, die in der Vorschulerziehung, an den Schulen und an den Ausbildungsstätten des Landes tätig sind, den Oberschulämtern und dem Ministerium für Kultus, Jugend und Sport für Anregungen und Hinweise danken, die mir sehr geholfen haben.

Dank auch den Kolleginnen und Kollegen des Instituts für Sportwissenschaft der Universität Tübingen, insbesondere den Professoren O. Grupe und U. Göhner für ihre Beratung und Hilfe.

In diesem Zusammenhang möchte ich mich bei Herrn Wörner von der CD-Verlagsgesellschaft, Herrn Spieth und Herrn Baur vom Schwäbischen Turnerbund bedanken, die mich immer wieder ermutigten, diese schon lange begonnene Arbeit fortzusetzen und zu beenden.

Kurt Knirsch

Vorwort zur zweiten Auflage

Die erste Auflage des Buches war nach eineinhalb Jahren vergriffen. Die nun vorliegende überarbeitete zweite Auflage ist durch das Kapitel „Didaktik des Gerätturnens" erweitert worden. Es erschien mir notwendig und sinnvoll, vor die didaktische Checkliste eine in sich geschlossene Begründung zu stellen, warum Kinder an und mit Geräten turnen sollen. Alle anderen Kapitel wurden nicht verändert, da sich in bezug auf das Turnen der Fundamentalbewegungen keine neuen Erkenntnisse ergeben haben.

Kurt Knirsch

Vorwort zur dritten Auflage

In den beiden vorangegangenen Auflagen wurde schon weitgehend die neue Terminologie nach Leirich/Rieling verwendet. Im Bereich des Deutschen Turner-Bundes ist die Umstellung der bisherigen Turnsprache nach Bertram und Göhler/Herold auf die neue Terminologie vom Jahr 1981 an vorgesehen. Außer diesen geringfügigen Änderungen wurde lediglich bei zwei methodischen Reihen eine Zwischenstufe eingeschoben, die sich als sinnvoll erwies. Inhaltliche Änderungen waren nicht nötig.

Kurt Knirsch

Vorwort zur neunten Auflage

Bis auf geringfügige Korrekturen sind die Auflagen vier bis acht identisch mit der dritten. Bei der Sprunghocke und beim Handstütz-Sprungüberschlag mit Minitrampolin als Absprunghilfe wurde nach eingehender Untersuchung eine andere Gewichtung der Hauptfunktionsphase notwendig. Die nun vorliegende neunte Auflage bleibt in ihrer Konzep-tion und in ihrem Kern identisch mit den bisherigen acht Auflagen.

Neue Erkenntnisse wurden, wo erforderlich, eingearbeitet. Dies führte zu teilweisen Streichungen bzw. Ergänzungen, so daß die achte Auflage textlich völlig überarbeitet werden mußte. Die Veränderungen sind auf den ersten Blick nicht sofort zu erkennen, das Buch wurde jedoch dadurch straffer und lesbarer.

Kurt Knirsch

Inhaltsverzeichnis

Abkürzungen

ARW	Arm-Rumpfwinkel
BRW	Bein-Rumpfwinkel
DA	Drehachse
Ha.F.Ph.	Hauptfunktionsphase
Hi.F.Ph.	Hilfsfunktionsphase
KBA	Körperbreitenachse
KSP	Körperschwerpunkt
MT	Minitrampolin
WBM	Weichbodenmatte

Theoretische Grundlagen

Zur Didaktik des Gerätturnens

Vorbemerkungen

Dieses Buch soll vorrangig den Lehrenden das Vermitteln der Fertigkeit des Gerätturnens erleichtern, methodische Fragen beantworten helfen und Lehr- und Lernschritte aufzeigen. Daß dies nicht vor einem unreflektierten Hintergrund – warum Gerätturnen? – geschieht, und damit auch didaktische Entscheidungen getroffen wurden, liegt auf der Hand. Deshalb sei aus meiner Sicht in verkürzter Form dargestellt, warum und in welchem Verständnis Turnen an und mit Geräten ein unverzichtbarer Bestandteil der Bewegungserziehung junger Menschen in Schule und Verein ist.
Wie im Vorwort erwähnt, ist Turnen in einem engeren und einem erweiterten Begriffsverständnis zu sehen. Im engeren Verständnis stellt sich **Turnen als normiertes Bewegen** an den olympischen Geräten: Boden, Pauschenpferd, Ringe, Pferdsprung, Barren, Reck für das männliche und Schwebebalken, Pferdsprung, Stufenbarren und Boden für das weibliche Turnen dar. Man bezeichnet diese Art des Turnens als normiertes Turnen, weil **die Regeln dafür außerhalb der eigenen Entscheidung** liegen: sie sind vorgeschrieben.
Darüber hinaus bedeutet Turnen **im umfassenden Sinn,** sich in verschiedener Art und Weise an vielen anderen Geräten zu bewegen. Darunter sind sowohl die Großgeräte Taue, Kletterstange, Gitterleiter, Sprossenwände, Turnbank, Bock und viele andere gemeint, als auch die traditionellen Turngeräte Barren, Reck, Ringe usw. Eines der fast in Vergessenheit geratenen Geräte im Kinderturnen, der Rundlauf, sollte hier in Erinnerung gebracht werden.
Diese Art des Turnens bezeichnet man als **„normfreies Turnen". Die Regeln dafür stellen die Teilnehmer selbst auf,** und sie sind je nach ihren Bedürfnissen und Möglichkeiten veränderbar.

Grundtätigkeiten und Turnen

Die Entwicklung des Kindes ist untrennbar mit Bewegung verbunden. In der Auseinandersetzung mit der Umwelt erfahren und empfinden Kleinkinder den Zusammenhang von Ursache und Wirkung und lernen so ihre Bewegungen begreifen. So bilden sich auf der Basis der motorischen Eigenreflexe bestimmte Bewegungsgrundmuster. Durch häufige Wiederholungen werden diese zu gewollten Bewegungshandlungen. Aus solchen Handlungen entwickeln sich all jene Bewegungen, die der Alltagsmotorik zugeordnet werden. Dies sind zum Beispiel Greifen, Ziehen, Drücken, Beugen und Strecken des Rumpfes, Heben und Drehen des Kopfes und der Gliedmaßen, Gehen, Laufen, Springen, Purzeln, Rollen, Tragen, Schieben, Drehen, Steige, Klettern, Rutschen, Schwingen, Werfen, Schlagen, Schaukeln und anderes mehr. Diese Bewegungsakte nennt man häufig Grundtätigkeiten der Alltagsmotorik.
Grundtätigkeiten stellen Bewegungen dar, die Kinder in die Lage versetzen, ihre Umwelt in umfassenderem Sinne zu erleben, sich mit ihr auseinanderzusetzen und

sie zu bewältigen. Sie dienen vor allem dazu, mit anderen Menschen, mit Geräten, verschiedenen Materialien in den vorgefundenen Umgebungsbedingungen zu handeln und sich selbst mit der eigenen Bewegung zu erleben.
Wenn man diese Grundtätigkeiten betrachtet, muß man sich die Frage stellen: Wo können heute noch Kinder diese Erfahrungen sammeln, um diese Bewegungen auszuüben? Haben sie in unserem Lebensraum noch die Möglichkeit, sich so umfassend mit der Umwelt auseinanderzusetzen, wie dies notwendig ist, sollen nicht Defizite in ihrer Bewegungserfahrung oder gar in den körperlichen Fertigkeiten auftreten?
Nicht alle Kinder haben Böschungen als schiefe Ebenen zum Herunterpurzeln und -rollen, Bäume zum Klettern, Gräben zum Darüberspringen vor ihrem Haus oder gar einen eigenen Garten, wo sie primäre, unverzichtbare Erfahrungen machen können. Teilweise können Kinder diese Erfahrungen noch in der freien Natur sammeln, oft aber – und das ist vor allem in den Großstädten der Fall – ist dies nicht mehr möglich. Dafür kann das Turnen in der Halle als Ersatz dienen.
Im Laufe der letzten Jahrzehnte haben beispielsweise auch die Stadtplaner erkannt, daß gegen die Einengung des kindlichen Lebensraumes Ersatz vorhanden sein muß. Sie planen Spielplätze im Freien mit den verschiedensten Geräten. Es ist jedoch leicht zu erkennen, daß dies schon allein bei ungünstigen Witterungsbedingungen nicht ausreicht. Turnhallen geben Kindern die Möglichkeit, sich jeden Tag im allumfassenden Sinne zu bewegen. Von viel größerer Bedeutung ist jedoch die Möglichkeit, in den Hallen Geräte zu verwenden, die im Freien entweder gar nicht aufgestellt werden können oder zu schnell verschleißen, denn an Groß- und Kleingeräten, mit und ohne Partner, allein oder in Gruppen, können Bewegungen ausgeübt werden, die in der Vergangenheit zur Lebensbewältigung des Menschen tagtäglich notwendig waren und auch heute aus biologischen, psychologischen und pädagogischen Gründen noch genauso notwendig sind.
Betrachtet man die Bewegungsaktionen, die in den Grundtätigkeiten vorkommen, so läßt sich erkennen, daß ein großer Teil von ihnen im normfreien Turnen zusammengefaßt sind. Vor allem das Hindernisturnen bietet eine Vielzahl von Möglichkeiten, die genannten Bewegungen auszuführen und die mit ihnen verbundenen primären, unverzichtbaren Erfahrungen zu machen. Normfreies Turnen deshalb, weil hier das Lösen von Aufgaben im Vordergrund der Bewegungshandlungen steht und nicht die von außen festgesetzte Bewegungstechnik des Gerät- oder gar Kunstturnens.
Im Bereich des normfreien Turnens sollen bei Kindern durch die Art der Aufgabenstellung oder durch den Aufforderungscharakter der Geräte Bewegungsbedürfnisse geweckt und befriedigt sowie Kreativität und Spontaneität angeregt werden, damit sie bestimmte Aufgaben selbständig lösen können.
Wenn man das normfreie Bewegen im Hindernisturnen als eine direkte Umsetzung der Alltagsmotorik auf „künstliche Geräte" betrachtet, so sind darin zwei Begriffe zu erkennen: einmal der Begriff Hindernis – darin steckt schon die Aufforderung, es zu überwinden – und zum anderen der Begriff Turnen, d. h. eine Form von Bewegung, die es sich unter anderem. zum Ziel gesetzt hat, den eigenen Körper an Geräten zu bewegen. Dabei können die Übenden dies unter den verschiedensten Möglichkeiten mit Grundtätigkeiten der Alltagsmotorik durchführen. Manche Kinder werden versuchen, die ihnen schon bekannte Formen des Steigens, Kletterns, Springens, Hängens usw. auf die Geräte zu übertragen, um sie so zu überwinden. Andere werden selbst neue Möglichkeiten finden, sich über oder unter den Geräten zu bewegen. Dabei kann man schon Formen des Ab- und Aufschwingens, Auf- und Abwindens, Hindurchstützens, Unter- und Überschwingens und vieles mehr finden. Wieder andere Kinder werden versuchen, nachzuahmen, was sie bei anderen gesehen haben.

Sowohl die Anordnung und die Konstruktion der Geräte als auch die durch sie möglichen Aufgabenstellungen führen zu Bewegungsaktionen, die Kindern neue Dimensionen eröffnen. Dabei ist zu bemerken, daß Kinder, je mehr Erfahrungen sie mit Großgeräten machen, immer mehr ökonomischen zu Bewegungen kommen, die ihnen das Lösen von Bewegungsaufgaben erleichtern.
Diese Grundtätigkeiten der Alltagsmotorik können, auf das Turnen bezogen, folgendermaßen charakterisiert werden:
Sie sind Fertigkeiten, die von Kindern ohne Vorbereitung ausgeführt und im turntechnischen Sinne auch nicht falsch gemacht werden können. Je ökonomischer diese Bewegungen sind, desto mehr werden sie mit einer bestimmten Technik bewältigt.
Hier erkennt man, daß sich Turnen in zwei Kategorien darstellen läßt. **In der ersten Kategorie** geht es eigentlich nur um **Können** oder **Nichtkönnen,** etwa auf den Stufenbarren hinauf, über den Bock darüber, auf die Reckstange hinauf usw. In dieser Kategorie sind alle Grundformen des Turnens zu finden. Sie stellen einen Bereich innerhalb von ganz natürlichen Bewegungen dar, die aus den Grundtätigkeiten abgeleitet werden können.
In der zweiten Kategorie, die von der Bewegungstechnik und vom Prinzip der Gestaltsoptimierung getragen ist, geht es darum, eine möglichst gute technische und haltungsmäßige Ausführung der turnerischen Bewegungen an den Geräten zu erreichen. Turnen ist Gerätturnen und repräsentiert die qualitative Ausprägung turnerischer Bewegungen. Dies beginnt beim Turnen von Fundamentalbewegungen und führt hin bis zum Turnen von Schwierigkeitsteilen.
Dieses Buch beginnt mit der Erarbeitung der einfachsten Bewegungen (den zentralen Fundamentalbewegungen) an den Geräten Boden, Sprung, Ringe, Schwebebalken, Stufenbarren, Barren, Reck und Mini-Trampolin.
Das Turnen am Pauschenpferd (Seitpferd) ist für den Bereich des „allgemeinen Kinderturnens" nicht angebracht, einmal aus Gründen der Kraft und zum anderen aus motivationalen Gründen und wird deshalb in diesem Buch nicht behandelt. Ein Bewegungserfolg stellt sich an diesem Gerät erst nach langjährigem Training ein.

Die pädagogische Bedeutung des Turnens

Begründungen über die Bedeutung des Gerätturnens für die Bewegungserziehung bei Kindern werden seit langem kontrovers diskutiert, und es gibt eine Vielzahl von Deutungen. In den letzten Jahren wurden einige Aussagen über den pädagogischen Wert des Gerätturnens veröffentlicht, die auch für die inhaltliche Gestaltung des Unterrichts Konsequenzen haben.

Ich möchte mich auf zwei neuere Deutungen allgemeiner Art im folgenden beziehen, da sie mir als besonders geeignet erscheinen, die pädagogischen Möglichkeiten des Gerätturnens aufzuzeigen. Einmal die Darstellung aus anthropologischer Sicht über die Bedeutung von Bewegungshandlungen Grupes und zum anderen **Kurz'** Perspektiven der Bewegungserziehung im Elementar- und Primarbereich. **Grupe** unterscheidet an Bewegungshandlungen instrumentelle, explorierend-erkundende, soziale und personale Bedeutungen. **Kurz** hat für die Bewegungserziehung im Elementar- und Primarbereich vier pädagogische Perspektiven angeführt: Gesundheit, Wahrnehmungsfähigkeit und Erfahrung, Spiel und Sport. Die Ausführungen beider Autoren sind zum Teil bei einem unterschiedlichen Systematisierungsansatz übereinstimmend oder ergänzen sich gegenseitig. Für mein Verständnis von Turnen scheint es mir sinnvoll, ihre Aussagen dort, wo sie das gleiche meinen, zusammenzufassen.
Im folgenden möchte ich daher versuchen, die Bedeutungen von Bewegungshandlungen mit den Perspektiven der Bewegungserziehung zu verzahnen und ihre Anwendung auf das Turnen zu beleuchten.

Bewegungshandlungen mit **instrumenteller Bedeutung** geben uns die Möglichkeit, uns in unserer Umwelt zurechtzufinden und sie zu beherrschen. Wollen Kinder beispielsweise über einen Graben springen, irgendwo hinaufklettern und herunterspringen, von einer schiefen Ebene wie einem Baumstamm herunterwälzen, so haben diese Bewegungen für Kinder einen unmittelbaren Brauchwert. Auf das Turnen bezogen bedeutet dies, daß sie an künstlichen Geräten Dinge lernen und anwenden, die sie auch im Alltagsleben gebrauchen können. So kann man mit dem Tau über Gräben hinwegschwingen und auf der anderen Seite herunterspringen. Dabei müssen sie, um sicher drüberzukommen und zu landen, die Beine auf eine bestimmte Art vorbringen. Wenn Kinder vom Stufenbarren, der Gitterleiter oder irgendwo sonst herunterspringen, müssen sie auf eine bestimmte Art handeln, um die Fallgeschwindigkeit zu bremsen, sonst könnten sie sich verletzen. Die dabei im Turnen angewandten Fertigkeiten sind Steigen, Klettern, Hängen und Hangeln, Schwingen, Springen, Stützen, Rollen und Niederspringen aus dem Bereich der Alltagsmotorik. Der Körper wird als Instrument eingesetzt, um Alltagsbewegungen zu erlernen.

Unter **gesundheitlichen Perspektiven** kann das Gerätturnen mit Kindern in bestimmten Altersstufen (sensible Phasen) durch die vielfältigen Entwicklungsreize von keiner anderen Sportart ersetzt werden. Mit Ausnahme des aeroben Ausdauertrainings sind alle anderen Trainingsreize möglich.

Bedingt durch die Gerätekonstruktion – mit Ausnahme des Bodenturnens, Schwebebalkens und beim Sprung – sind alle Geräte Hang- bzw. Stützgeräte, die überwiegend die Kraft in der Arm-, Schulter- und Rumpfmuskulatur fordern und diese damit auch ausbilden.

Die Möglichkeiten, Geräte miteinander zu kombinieren, wie Langbank, Barren, Taue, Reck, Gitterleiter, Kletterstangen u. a., eröffnen ein weites Feld, vielfältige Entwicklungsreize zu ersetzen. Der Vorteil liegt darin, die Geräte in ihrer Anordnung so aufzubauen, daß für jede Altersstufe, jedes Könnens- und Kraftniveau eine entsprechende optimale Belastung erreicht werden kann. Wenn Kinder z. B. auf dem Bauch an einer Schrägbank herunterrutschen, müssen sie mit den Armen bremsen, wie auch beim Herunterhangeln am Tau oder an den Kletterstangen. Auch wenn am Kastenbarren Kinder in die Kipplage aufschwingen, wird die gesamte Schulter-, Bauch- und Oberschenkelmuskulatur stark belastet. Dabei kann man durch Hilfsgeräte oder andere Ausgangspositionen die Belastung so dosieren, daß individuell verschiedene optimale Reize gesetzt werden können. Im Bodenturnen oder bei Stützsprüngen wird durch den schnellkräftigen Absprung bzw. Handabdruck die Beinmuskulatur kurzzeitig belastet. Diese Belastung beim Landen oder Niedersprung ist wiederum anders als beim Absprung.

Grundsätzlich gilt dabei, daß tägliche Entwicklungsreize die effektivste Wirkung erzielen. Mindestens jedoch zwei- bis dreimal in der Woche sollten Bewegungsreize erfolgen. Da dies in der Schule nur ausnahmsweise der Fall sein kann, bleibt nur die Möglichkeit, das freie Bewegungsleben in der Natur oder den Verein als „gesundheitliche Nachhilfestunde" zu nützen. Die Maximal-Schnell- und Haltekraft, die Beweglichkeit in den Gelenken und die Elastizität der Muskeln und der Sehnen können bei richtigem Angebot im Gerätturnen ausgezeichnet ausgebildet und geübt werden.

Es sollte in diesem Zusammenhang erwähnt werden, daß die Frage des Kraftzuwachses bei Kindern vor der Pubertät neu diskutiert werden muß. Meine Meinung deckt sich mit den Aussagen russischer und rumänischer Trainer, die uns 1977 in Wilna bei den Europameisterschaften im Kunstturnen der Männer und in Bukarest anläßlich eines Länderkampfes mitteilten, daß bei sechs- bis elfjährigen Jungen und Mädchen eine Verbesserung der Kraftleistungen bis zu 500% im Zeitraum von vier bis fünf Jahren erfolgt sei. Diese Auskünfte werden von Praktikern in den Vereinen bestätigt. Ähnliche Erfahrungen machte ich in einer Untersuchung mit sieben- bis zwölfjährigen Jungen in Baden-Württemberg.

Ich bin deshalb überzeugt, daß auch der kindliche Muskel immer trainierbar ist. Dabei wird bei normaler Alltagsbelastung sicher nur eine minimale Steigerung der Muskelkraft erreicht. Erst bei täglichem Training sind die genannten Ergebnisse zu erzielen.

In dieser 10. Auflage kann die Aussage von 1979 bestätigt werden und ist inzwischen auch wissenschaftlich nachgewiesen, daß bei entsprechendem Umfang eine außergewöhnliche Kraftentwicklung bei Kindern möglich ist.

In der **explorierend-erkundenden Bedeutung** und unter dem Gesichtspunkt von **Wahrnehmung und Erfahrung** ist das Turnen in einem umfassenden Sinne geeignet, leibliche und materielle Erfahrungen an und mit Geräten durch den eigenen Körper zu sammeln.

Insbesondere im elementaren Bereich der Grundbewegungen können Kinder z. B. wahrnehmen und erfahren, wie sich einerseits eine Weichbodenmatte schlechter zum Abspringen eignet als der Boden, auf der andere Seite aber, daß beim Herunterspringen auf diese Matte die Landung weniger hart ist – wie sie die Welt aus einer anderen Optik erleben, wenn sie kopfunter im Kniehang an einer Teppich- oder Reckstange hin- und herschwingen, oder wie sie die Beine zu einem bestimmten Zeitpunkt vor- und zurückschwingen müssen, wenn sie an den Tauen oder Ringen mehr Schwung bekommen wollen, bzw. auf Matten einen Kopfstand machen. So können zum Beispiel Kinder an den Tauen oder Kletterstangen unmittelbare Erfahrungen über die verschiedene Reibungsintensität an den Händen machen und dies unter Umständen schmerzhaft wahrnehmen.

Eine weitere Bedeutungsebene wäre, wie Kinder ihren eigenen Körper wahrnehmen lernen, um ihn im Verhältnis zu den Geräten und zur Bewegung einschätzen zu können, oder auch wie lang und schwer einzelne Körperteile sind. Diese Wahrnehmungsfähigkeit, wie sich Körperteile bei Bewegungen zu irgendeinem Bezugssystem (Geräte, Erdoberfläche usw.) verhalten, wird durch die Augen und durch die Muskulatur ermöglicht. Im Turnen sind manche Bewegungen mit den Augen nicht mehr kontrollierbar. Aber über die Spannungszustände in der Muskulatur, den Sehnen und Gelenken kann man die Lage der Körperteile zueinander oder zum Gerät (kinästhetisch) wahrnehmen. Dies ist wichtig und typisch für den Lernprozeß im Gerätturnen. Ohne diese Wahrnehmungsmöglichkeit und -fähigkeit wären viele Bewegungen im Gerätturnen gar nicht oder nur sehr schwer zu erlernen. Die damit auch geistige Auseinandersetzung zwischen Bewegung, Körperspannung, Wahrnehmung und Erfahrung ist im Gerätturnen immer in Abhängigkeit von mechanischen Gesetzen zu sehen. Ein Kind macht bei der Rolle vorwärts die Erfahrung, daß es mit gestreckten Beinen nicht in den Stand kommt, wenn es nicht die Hände zum Abstoßen hinzunimmt. Oder aber ein Schüler lernt, daß er aus dem Oberarmstütz (Oberarmhang) nicht in die Kipplage aufschwingen kann, wenn er mit dem Beinschwung vorhoch vor Passieren der Senkrechten beginnt. Auch gelingt ihm der Kippaufschwung am Reck nicht, wenn er nach dem Anristen die Beine nach unten wegschlägt, anstatt sie an der Stange hochzuschieben, um die Hüfte zu strecken.

Es erscheint mir auch bedeutsam, auf den für bestimmte turnerische Bewegungen eigenständigen Rhythmus hinzuweisen. Es gibt die Rhythmusempfindung vor allem bei Sportarten mit zyklischen Bewegungen wie Rudern, Radfahren, Schwimmen, Laufen und ähnliches mehr. Es ist typisch für das Turnen als azyklische Sportart, daß sowohl die Bewegungstechnik eines Strukturelements als auch Bewegungskombinationen einen eigenen Rhythmus aufweisen. So haben beispielsweise die Felgbewegungen am Barren und Reck einen typischen Eigenrhythmus. Dieser ist zwar abhängig von den unterschiedlichen konstitutionellen Voraussetzungen des Übenden, bleibt aber in der individuellen Ausprägung in Abhängigkeit von der Bewegungsstruktur gleich. Die markanten Rhythmuswechsel, die wir im Gerätturnen vorfinden, sind immer im Zusammenhang von Bewegungsstruktur, Bewegungsweite, Gerätekonstruktion, Länge und Gewicht der einzelnen Körperteile mit den mechanischen Gesetzen zu sehen.

Ob man die Felgrolle am Boden betrachtet – bei der nach einer bestimmten Rollgeschwindigkeit eine blitzschnelle Hüftstreckung mit Armschub den Körper in den flüchtigen oder gar ruhigen Handstand bringt – oder ob beim einfachen Schwingen am hohen Reck der „Schnepperschwung" zum Niedersprung geturnt wird – , es sind immer eigentypische rhythmische Abfolgen zu erkennen, die in der vorher genannten Abhängigkeit zueinander stehen.

Die **soziale Bedeutung von Bewegungshandlungen** ist im Gerätturnen unter zwei Aspekten zu erkennen: einmal beim gegenseitigen Helfen (das ist der kooperative Aspekt) und zum anderen beim Einhalten von Regeln (das ist der assoziative Aspekt).

Die erste, **kooperative Form** des gegenseitigen Helfens sollte eigentlich schon beim Erlernen einfachster Bewegungen des Gerätturnens beginnen. So muß zum Beispiel beim Aufschwingen in den Kipphang am Barren dafür gesorgt werden, daß der Mitschüler „hinauf kommt" und oben das Gleichgewicht nicht verliert. Beim Schwingen in den Handstand muß man ihn so halten, daß er sich nicht überschlägt oder in den Armen einknicken kann. Auch beim Niederspringen von den schwingenden Tauen oder Ringen muß der Mitschüler bereit sein, den Partner so zu sichern, daß er bei zu viel Vor- oder Rücklage nicht stürzen kann.

Die Form des kooperativen Handelns dient im Gerätturnen sowohl der Sicherheit des Übenden als auch der Erfolgserreichung. Dies ist bei einfacheren Übungen im Gerätturnen nicht so deutlich zu erkennen. Bei schwierigen Teilen des Turnens wird es augenscheinlich, daß unter Umständen die Gesundheit des Übenden vom verantwortungsbewußten Helfen seines Partners abhängt. Dieses gegenseitige kooperative Verhalten ergibt sich nicht von selbst, es muß frühzeitig begonnen und gelernt werden. Der Helfer ist oftmals Mittler zum Erfolg, falls es beim Übenden koordinative Mängel oder Defizite in Kraft oder Beweglichkeit gibt. So ist es wichtig zu wissen: wie kann ein Schüler seinem Freund durch Schub- und Drehhilfe dabei helfen, beim Hüft-Aufschwung vorlings rückwärts am Stufenbarren oder Reck in den Stütz zu kommen? Hat der Schüler Angst, die Hocke über die Reckstange zu turnen, dann gilt es, die psychischen Barrieren durch die absolut sichere Hilfe so abzubauen, daß er das Gefühl hat: mir kann nichts passieren, ich kann mich auf meinen Partner vollkommen verlassen.

Der zweite, **assoziative Aspekt** der sozialen Bedeutung setzt bei Kindern so viel interne Einigung in der Gruppe voraus, daß sie dabei lernen, gemeinsam aufgestellte Regeln einzuhalten. Dies kann sowohl im Hindernisturnen vorkommen als auch in einem normierten Wettkampf. Einmal gemeinsam vereinbarte Verabredungen von Schülern, die beispielsweise am Wettbewerb Jugend trainiert für Olympia teilnehmen wollen, haben zur Folge, daß diese Regelung über die Dauer der Vereinbarung eingehalten wird.

Die **personale Bedeutung,** die sich vor allem auch mit den Begriffen Leistung, Sicherheit, Souveränität und Können verbindet, hat im Gerätturnen mit Erfahrungen zu tun, die unmittelbar den Ausführenden betreffen. Dabei ist das absolute Könnensniveau von untergeordneter Bedeutung. Von personaler Bedeutung ist für das Kind unmittelbar, wenn es das erste Mal mit einer Drehhocke (Hockwende) über den Stufenbarren springt, einen Hüft-Aufschwung am Reck kann oder an den Kletterstangen bis nach oben kommt. Die Steigerung des Selbstwertgefühls – ich habe es geschafft – ist ein Teil dieser Bedeutung. **Erfolgserlebnisse** haben eine bestimmte, nur **für den Ausführenden wichtige, also personale Bedeutung,** gleichgültig, ob sich ein

Kind beim Kopf- oder gar Handstand einige Sekunden im Gleichgewicht halten kann, oder ob der Kunstturner mit dem Erlernen und Beherrschen eines Doppelsaltos ein neues Bewegungsgefühl empfindet.
Im Turnen sind die meisten Bewegungen vom „Alles-oder-Nichts-Prinzip" getragen; hier hat die unmittelbare, an der Bewegung des Ausführenden gemachte Erfahrung eine direkte Bedeutung. Im Gerätturnen ist der Mensch selbst der Gradmesser für die Bewegungen, die zweckfrei im eigentlichen Sinne sind. Hier ist die Unmittelbarkeit durch das Erlebnis für den Ausführenden sofort registrierbar, z. B. der Übende kommt beim Hüft-Aufschwung in den Stütz oder nicht.
Aspekte von Leistung im Gerät- und Kunstturnen sind immer vor dem besonderen Hintergrund dieser Sportart zu sehen. Die sportliche Leistung des Turnens wird bei frei gewählten Übungen (Kürübungen) nach Ausführung, Schwierigkeit und Kombination bewertet, bei den Pflichtübungen nur nach der technischen und haltungsmäßigen Ausführung.
Die Ausführung, vom Prinzip der „Optimierung der Gestalt" getragen, ist dabei letztlich Grundlage der Bewertung. Im Turnen ist die Schwierigkeit und der ästhetische Eindruck für der Beschauer von Bedeutung, in anderen Sportarten zählen Tore, Sekunden und Meter. Womit nicht gesagt sein soll, daß Bewegungen in anderen Sportarten nicht auch einen ästhetischen Eindruck beim Beschauer hinterlassen können. Für das Ergebnis jedoch ist dies dort unwichtig. Personale Bedeutung kann aber auch ein Versagen im Wettkampf haben oder die Erkenntnis, daß bei mangelnder Beweglichkeit im Querspreizen ein guter Handstütz-Überschlag vorwärts am Boden schlechter zu turnen ist als bei guter Beweglichkeit.
Auch Sensationslust, Spannung und hasardeurhafte Aspekte sind Gesichtspunkte, die personale Bedeutung haben, zum Beispiel, wenn Studenten oder Schüler mit dem Minitrampolin die Überschläge (Salti) immer höher hinauftreiben, so tun sie dies nicht nur, um die eigene Leistungsfähigkeit in einer bestimmten Weise zu erleben, sondern manchmal auch deshalb, um damit zu renommieren.
Das zentrale Problem, das besonders im Gerätturnen unmittelbar am Bewegungsvollzug erlebt wird, ist das Erfolgserlebnis. **Das Gerätturnen wird bei Schülern interessant und attraktiv bleiben, solange die Summe der Erfolgserlebnisse größer ist als die der Mißerfolge.** Erfolgserlebnisse stärken die Selbstsicherheit und das Selbstbewußtsein von Kindern, sie helfen mit, ihre Persönlichkeit zu prägen. Eine überdauernde Motivation, Gerätturnen zu betreiben, wird nur erreicht und erhalten, wenn die Voraussetzungen geschaffen worden sind, zu Erfolgserlebnissen zu gelangen, die man dem eigenen Können und der eigenen Leistung zuschreiben kann.

Turnen als Gerät- und Kunstturnen

Im Hindernisturnen, dem normfreien Turnen, ist die Präsentation des eigenen Könnens nicht in dem Maße möglich wie im normierten Turnen. Auch Kinder wollen sich produzieren und zeigen, was für Kunststückchen sie an den Geräten bereits beherrschen.

Unter dem Aspekt der ökonomischen Bewältigung einer Bewegungsaufgabe und der Spezialisierung nach bewegungstechnischen Gesichtspunkten entwickeln sich aus den Grundtätigkeiten der Alltagsmotorik (dem normfreien Turnen) die einfachsten Elemente der Turntechnik. Man nennt sie deshalb die zentralen Fundamentalbewegungen Springen, Schwingen und Rollen. Ausgehend von diesen drei zentralen Fundamentalbewegungen können die weiterführenden Fundamentalbewegungen darauf aufgebaut werden. Man nennt sie deshalb die aufbauenden Fundamentalbewegungen. Es sind dies die Auf-, Ab- und Umschwünge, Überschläge, Felgen, Kippen und Stemmen.
Fundamentalbewegungen sind im Sinne der Turntechnik zielgerichtete Koordinationen in räumlicher, zeitli-

cher und energetischer Hinsicht. Sie lassen sich eindeutig in Bewegungsstrukturgruppen des Gerätturnens einordnen.
Fundamentalbewegungen sind die Grundlage für die Ausweitung zu den schwierigsten Teilen des Gerät- und Kunstturnens. In diesem Bereich des Gerätturnens weisen die Bewegungen zum Teil auch aus ökonomischen Gründen qualitative Merkmale auf. Sie sind von einem wesentlichen Prinzip des Gerätturnens getragen, vom Prinzip der „Optimierung der Gestalt" und des Krafteinsatzes.
Grundsätzlich meine ich, daß die „zentralen Fundamentalbewegungen" (vgl. „Fundamentum des Gerätturnens") im Gerätturnen für alle gesunden Kinder erlernbar sind, da sie Ableitungen aus den Grundtätigkeiten der Alltagsmotorik darstellen. Außerdem sind sie durch geringere Anforderungen an die Koordination, die Kraft und Beweglichkeit sowie an das konzentrative Leistungsvermögen gekennzeichnet.

Die Schwierigkeitsteile des Gerät- und Kunstturnens

Von der Beherrschung der „zentralen und Fundamentalbewegungen" der einzelnen Strukturgruppen ausgehend, können durch größere Bewegungsweite, Veränderungen der Ausgangsposition aufbauende, und durch Überlagerung und Kopplungen mit weiteren Bewegungsstrukturen Teile höherer Schwierigkeit erlernt werden. Die Voraussetzungen dafür sind immer im Zusammenhang mit der Verbesserung der koordinativen und konditionellen Leistungsfähigkeit zu sehen.
Schwierigkeitsteile im Gerät- und Kunstturnen sind Bewegungen, die ein Höchstmaß an zielgerichteter Koordination im Sinne der Turntechnik in räumlicher, zeitlicher und energetischer Hinsicht darstellen. Durch den internationalen Turnerbund (I.T.B.) wurden für die Durchführung von Vergleichswettkämpfen einheitliche Regeln erstellt. Diese Wertungsrichtlinien (Code de Pointage) verlangen frei zusammengestellte Übungen (Kürübungen) an fünf Geräten und Kürsprünge. Die Kürübungen stellen eine Zusammenstellung (Kombination) von einer bestimmten Anzahl von Einzelteilen dar. Jeder dieser Einzelteile einer Kürübung besitzt einen bestimmten Schwierigkeitsgrad. Man nennt sie deshalb auch Schwierigkeitsteile.
Diese Schwierigkeitsteile sind **zur Zeit** von A- (geringer) bis E-Teile (höchster) geordnet. Einige der Schwierigkeitsteile der Kategorie A können an den Geräten Boden, Barren und Reck als durchaus schuladäquat bezeichnet werden. Sie sind bei entsprechender methodischer Aufbereitung und systematischem Aufbau, von den zentralen Fundamentalbewegungen ausgehend, für die Mehrzahl aller Schüler erlernbar.
Beim Erlernen von Schwierigkeitsteilen der Kategorie B wird es im Schulunterricht in der Regel, von einigen Elementen beim Bodenturnen abgesehen, Einschränkungen geben. Es sei denn, daß im Rahmen von Neigungsgruppen oder Leistungskursen ein entsprechend mehr Zeit dafür zur Verfügung steht. Ansonsten kann dies beim Gerätturnen in den Vereinen erreicht werden. Abgesehen von einem größeren Zeitaufwand, müssen für das Erlernen dieser Teile besondere körperliche Voraussetzungen vorhanden sein, da sie zum Teil erhöhte Anforderungen an Kraft und Beweglichkeit stellen. Im Schulsport reicht die Zeit nicht aus, um diese Voraussetzungen zu erarbeiten.

Lernen im Gerätturnen – methodische Überlegungen

Wenn bisher die didaktischen Fragen: warum Gerätturnen? und was im Gerätturnen? gestellt und beantwortet wurden, soll in diesem Abschnitt beschrieben werden, **wie Kinder turnen lernen** können oder sollen. Diese wichtigen Entscheidungen, die dabei die Lehrenden, aber auch die Lernenden zu treffen haben, sind methodische Entscheidungen, die jedoch nicht unabhängig von den beschriebenen didaktisch-pädagogischen Überlegungen zum Turnen gesehen werden können.

Jeder Lehrer, Trainer und Übungsleiter, der mit Schülern im Gerätturnen arbeitet, weiß aus Erfahrung, daß Lernende in der Regel nur selten schwierige Bewegungen auf Anhieb turnen können. Schüler, die dies können, sind die Ausnahme und in der Lage, die vom Lehrenden durch Film, Bildreihen, Vormachen oder Sprechen geschaffenen Bewegungsvorstellungen sofort aufzunehmen, umzusetzen und nachzuvollziehen.

Bei Schülern, die diese Voraussetzungen haben, treten in der Regel keine oder nur minimale Störungen in folgenden Bereichen auf:
- dem physikalisch-mechanischen Bereich (die Körperaktionen entsprechen den mechanischen Gesetzmäßigkeiten)
- dem koordinativ-konzentrativen Bereich (der Zeitpunkt der Körperaktionen in bezug auf Richtung und Intensität entspricht dem bewegungstechnischen Leitbild
- dem anatomisch-physiologischen Bereich (die Kraft und Beweglichkeit sind günstig im Vergleich zum eigenen Körpergewicht)
- dem psychologischen Bereich (durch die im Gerätturnen bei extremen Lagen, großen Schwüngen oder bei Überwindung von Hindernissen auftretenden Angstbarrieren können Sperren für den Lernprozeß eintreten).

Schüler, die in einem oder mehreren Bereichen diese Begabungen nicht haben (vgl. Lehrbuch des Gerät- und Kunstturnens Bd. 1), dies wird die überwiegende Mehrzahl sein, werden beim Lernen durch Nachahmung Mißerfolge erleben. In diesem Fall muß mit methodischen Teilschritten gearbeitet werden.
Im vorhergehenden Abschnitt habe ich beschrieben, wie die Grundformen des Turnens (Hindernisturnen) aussehen und ableitbar sind. Diese von der Alltagsmotorik ableitbaren zentralen Fundamentalbewegungen Rollen, Schwingen, Springen können ganzheitlich erarbeitet werden. Sobald es jedoch an die Erarbeitung der aufbauenden Fundamentalbewegungen geht, muß dann, wenn verschiedene Bewegungsaktionen miteinander in einer bestimmten zeitlichen, räumlichen und kraftmäßigen Abhängigkeit stehen, die Gesamtbewegung in funktionale Abschnitte zergliedert werden.
Prof. U. **Göhner** hat im Abschnitt dieses Buches „Bewegungstheoretische Überlegungen" wesentliche Aussagen „Zum Aufbau von Fertigkeiten des Gerätturnens" gemacht.
Diese Aussagen werden dergestalt erweitert, daß die aufbauenden Fundamentalbewegungen je nach Anzahl der strukturellen Anteile nach Funktionsphasen gewichtet und in bestimmten Lernschrittfolgen gelehrt werden sollten. Elemente **ganzheitlich** zu vermitteln ist nur dann zu empfehlen, wenn der Erfahrungsstand des Schülers entsprechend groß ist und die zu erlernende Bewegung von **nur einer Bewegungsstruktur** getragen wird.

Für die Schüler ist es wichtig, Hintergründe – warum in Teilschritten gelernt werden soll – zu erfahren. Dabei hat die Arbeitsorganisation in Kleingruppen mit gegenseitigem Helfen entscheidende Bedeutung.

Didaktische, methodische Zusammenhänge

Die im vorangegangenen Kapitel behandelten Begründungen sind hier in Form einer „Checkliste" zusammengefaßt.

Es sollte den Kindern unter anderem

im Wahrnehmungsbereich
- räumliche Erfahrungen durch Schwingen, Springen, Stützen, Drehen und Fliegen usw. sammeln helfen,
- Bewegungssteuerungen auch unter schwierigen Lagebedingungen (wie Kopf unten, Beine oben) lernen helfen,
- durch Sehnen-, Gelenk- und Muskelempfinden das Verhältnis in der Lage der Körperteile zueinander abschätzen und steuern lernen,

- die eigene Körperkraft erleben und ihre Grenzen abschätzen lernen,
- ermöglichen, ihren Krafteinsatz in bezug auf Richtung, Zeitpunkt und Intensität richtig dosiert einzusetzen,
- erlernen helfen, eigene Bewegungen in Beziehung zu Weite, Höhe und Tiefe und dem eigenen Körperempfinden einzuordnen.

im sozial-emotionalen Bereich

- zeigen, wie man gemeinsam eine Aufgabe lösen kann,
- Verständnis für den Partner aufbringen lernen,
- zu einer Befriedigung des eigenen Bewegungstriebs verhelfen,
- angstfreies Lernen ermöglichen,
- Möglichkeiten anbieten, zu lernen, daß man im gegenseitigen Helfen und Sichern ein Feld der Gemeinsamkeit hat,
- durch äußere Hilfe wie Partner und Geräte eventuelle Angstgefühle abbauen helfen,
- Situationen provozierend anbieten, in denen sie lernen können, Gefahren zu erkennen, ihr Risiko einzuschätzen und Lösungsmöglichkeiten zu probieren,
- Freude sowohl über den eigenen wie auch über den Erfolg des Partners erleben lassen,
- Erfolgserlebnisse vermitteln, um ihre Persönlichkeitsstruktur positiv zu beeinflussen.

im kognitiven Bereich

- ermöglichen zu verstehen wie, durch die verschiedenen Geräte bedingt, sowohl gleiche, ähnliche wie auch verschiedene Bewegungen geturnt werden können,
- Verständnis vermitteln, wie Geräte und Matten richtig auf- und abgebaut werden müssen, damit durch fehlerhaftes Verhalten keine Verletzungen und Unfälle entstehen,
- die Bezeichnungen für die verschiedenen Bewegungen im Turnen nahebringen, um sie richtig einordnen zu können,
- beim Aufbau von richtigen Bewegungsvorstellungen helfen,
- die Zusammenhänge und die Abhängigkeit von Körperbewegungen mit den mechanischen Gesetzen erkennen lassen,
- den Zusammenhang von Kraft und Beweglichkeit als Voraussetzung für das Erlernen von turnerischen Elementen verdeutlichen und begreifen lassen,
- die Voraussetzungen schaffen helfen, Bewegungsvorstellungen, Bewegungsbeobachtungen als Grundlage für eventuelle Fehlerursachen erkennen zu können,
- helfen, ihren Partnern Bewegungsfehler zu sagen und durch Korrektur für Abhilfe zu sorgen,
- den Sinn und die Wichtigkeit von konzentriertem Üben aufzuzeigen und einsichtig machen,
- die Einsicht vermitteln, daß für jeden Bewegungserfolg die Aktionen der Hauptphase entscheidend sind,
- helfen, aus der Kenntnis über die Hauptphase einer Bewegung eine Begründung für bewegungsentscheidendes Helfen ableiten zu lernen.

Es sollte den Lehrenden unter anderem

im biomechanischen Bereich
(vgl. dazu Fundamentum des Gerätturnens, S. 95–110)

- die Zusammenhänge von mechanischen Gesetzen und turnerischen Bewegungen erkennen und begründen lassen,
- Einsicht geben in die Gesetze der Statik und Dynamik,
- die im Gerätturnen vorkommenden Bewegungsarten aufzuzeigen,
- Wissen vermitteln über die Körperachsen, den Gesamtkörperschwerpunkt, diese Kenntnisse in Verbindung zu bringen mit Bewegungsbeobachtung – Bewegungsvorstellung – und damit eventuelle Fehlerursachen erkennen zu können,
- in die Lage versetzen, den Kindern die Zusammenhänge von Beweglichkeit, Körperkraft und Gewicht mit den mechanischen Gesetzen zu verdeutlichen und zu erklären.

im informationstheoretischen Bereich
(vgl. dazu Gerätturnen mit Mädchen und Frauen, S. 35–43)

- Möglichkeiten aufzuzeigen, wie bei Kindern Bewegungsvorstellungen durch Informationen zum Sehen, Hören, Fühlen und Muskelempfinden (Kinästhetik) geweckt werden können,
- Hintergründe aufzuzeigen, warum, wieviel Anweisungen von Kindern auf einmal aufgenommen und verarbeitet werden können,
- die Begrenzung der Aufnahmemenge bei Kindern erkennen lassen, um danach wenig Informationen, d.h. kurze Anweisungen geben zu können,
- in die Lage versetzen, bewegungsentscheidende Anweisungen in eine klare, eindeutige und einfache Sprache zu kleiden,
- zu einer möglichst bildhaften Sprache anregen.

im methodischen Bereich
(vgl. Gerätturnen mit Mädchen und Frauen, S. 15–32)

- je nach Kernteil und Notwendigkeit verschiedene Vermittlungsmethoden aufzuzeigen und anwenden lernen,
- Organisationsformen anbieten, die einen hocheffektiven Unterricht ermöglichen,
- durch Hinweise über äußere Hilfen wie Partner oder Geräte ein Tätigkeitsfeld schaffen, das von einem Miteinander Lernender und Lehrender gekennzeichnet ist,
- methodische Prinzipien aufzuzeigen und anwenden lassen, wie vom Bekannten zum Unbekannten und vom Leichten zum Schweren vorgegangen werden kann,
- die Zusammenhänge im Erweiterungslernen von funktionellen Analysen zu methodischen Konsequenzen verdeutlichen und durchsichtig machen,
- die Abhängigkeit funktionaler Überlegungen für Helfen und Sichern erkennen lassen, um erfolgversprechende methodische Schritte aufzubauen.

im Bereich der Struktur- und Bewegungslehre
(vgl. Fundamentum des Gerätturnens, S. 30–34)

- den Begriff der Bewegungsverwandtschaften aufzeigen und die Zusammenhänge zur Methodik nahebringen,
- die acht Strukturgruppen erkennen lernen,
- die Zusammenhänge der verschiedenen Strukturgruppen zueinander aufzeigen,
- die Fundamentalbewegungen jeder Strukturgruppe aufzeigen, um sie für die Lehre einordnen zu können,
- die Zusammenhänge erkennen zu lassen, wie ein geradliniger Weg von den Fundamentalbewegungen einer Struktur zu den schwierigen Bewegungen des Kunstturnens der gleichen Struktur gegangen werden kann,
- wie die Kopplung bzw. die Überlagerungen mit weiteren Bewegungsstrukturen ermöglicht wird.

Die Fundamentalbewegungen des Gerätturnens innerhalb der strukturellen Ordnung

Fachkollegen aus den neuen und alten Bundesländern haben in einer Arbeitsgruppe „Fortschreibung der strukturellen Systematik" begonnen, Ungereimtheiten zu diskutieren und gegebenenfalls zu klären. Teilergebnisse dieser Arbeitsgruppe sind in der 3. Auflage des „Lehrbuch des Gerät- und Kunstturnens" Band 1, veröffentlicht.

Aus zwei Gründen wird eine Umarbeitung des Buches zur Zeit nicht vorgenommen:

- Dies würde einen völlig neuen Satz des Buches im praktisch-methodischen Teil zur Folge haben,
- Die Diskussion in der Arbeitsgruppe ist noch nicht abgeschlossen, und die bisherigen Ergebnisse lassen noch keine Veröffentlichung zu.

Für Interessierte verweise ich auf die oben genannte Veröffentlichung und auf das „Fundamentum des Gerätturnens".

Fundamentalbewegungen

Als Fundamentalbewegungen im Gerätturnen bezeichnet man die einfachsten Bewegungen jeder Strukturgruppe. Sie sind im Sinne der Turntechnik zielgerichtete Koordinationsbewegungen in räumlicher, zeitlicher und energetischer Hinsicht. Sie lassen sich eindeutig in Bewegungsstrukturgruppen des Gerätturnens einordnen.

Die Veröffentlichungen von Leirich/Rieling u.a. ordnen alle Bewegungen des Gerätturnens in acht Strukturgruppen ein.
Es sind dies

1. Rollbewegungen
2. Beinschwungbewegungen (in Zukunft voraussichtlich „Schwungbewegungen")
3. Sprungbewegungen
4. Auf- und Umschwungbewegungen
5. Überschlagbewegungen
6. Kippbewegungen
7. Felgbewegungen
8. Stemmbewegungen

In einer Analyse dieser acht Strukturgruppen können wir erkennen, daß diese strukturelle Ordnung es zuläßt, innerhalb jeder Strukturgruppe Fundamentalbewegungen zu finden.

Dies ist für die Lehre im Gerätturnen eine Primärerkenntnis. Das Wissen um diese Fundamentalbewegungen jeder Strukturgruppe ist der Schlüssel zum Einstieg in das Gerätturnen.

Dabei müssen wir auf die Besonderheit der „Beinschwungbewegungen" hinweisen.
Während Leirich/Rieling alle anderen Strukturgruppen nach Drehbewegungen (Rotation) oder geradlinige Bewegungen (Translation) beschreiben, werden die „Beinschwungbewegungen" als schwungvolle Beintätigkeit beschrieben, die den Körper in ein anderes Verhalten bringen, von vorlings in rücklings oder umgekehrt.
Demnach wäre unsere Zuordnung der Beinschwünge, die keinen Verhaltenswechsel zur Folge haben, nicht gestattet.

Das nachstehende Strukturschema zeigt den momentanen Diskussionsstand der Arbeitsgruppe.

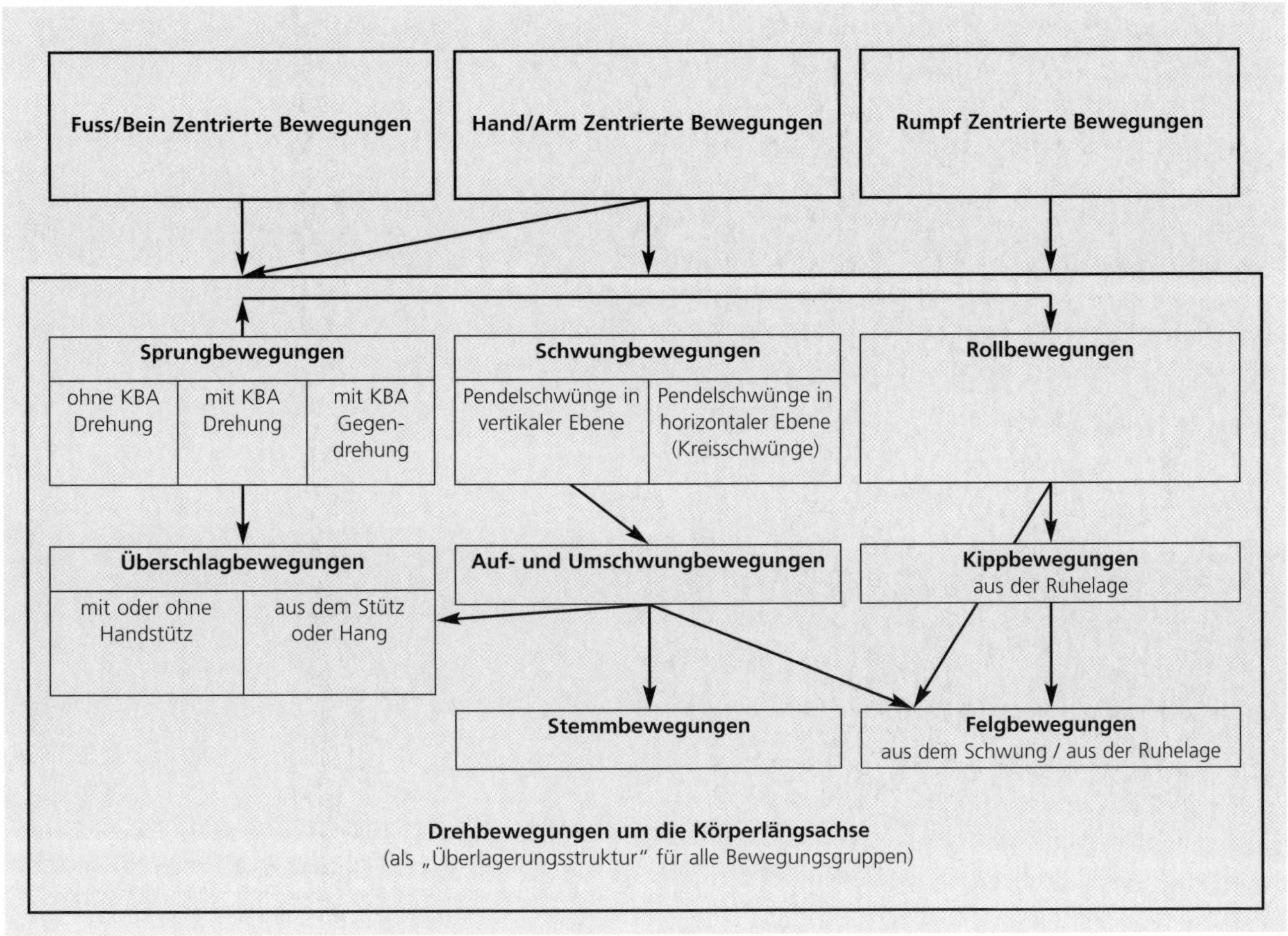

Schema der gewählten Fundamentalbewegungen

Bewegungsstrukturen	Vorbereitung	Fundamentalbewegungen
Rollbewegung	Rückenschaukel vor- und rückwärts	Rolle vor- und rückwärts
Schwungbewegungen	Schwingen im Hang (Reck/Ringe) und Stütz (Barren/Reck)	Aufschwingen in den Handstand (seit- und vorwärts)
Sprungbewegungen	Springen und Stützen, Absprungverhalten von Reutherbrett und Mini-Trampolin	Sprunghocke
Auf- und Umschwungbewegungen	„halber Aufschwung" rückwärts am Barren und an den Ringen in den Kipphang	Hüft-Aufschwung rückwärts am brusthohen Reck
Kippbewegungen	am Boden mit gebeugtem und fixiertem Hüftgelenk „vor- und rückschaukeln"	Kippe aus dem ruhigen Kipphang in den Grätschsitz am Barrenende
Überschlagbewegung	„Drehhocke" aus dem einbeinigen Absprung über die Bank	Handstütz-Überschlag seitwärts (Rad), Kopf-stütz-Überschlag
Felgbewegungen	Felghang mit Hilfe, Spreizhang	Felgunterschwung mit Schwungbeinhilfe am brusthohen Reck
Stemmbewegungen	„Sprungstemme" am Reck	Stemmaufschwung rückwärts am Barren, Stufenbarren, Reck

Bewegungstheoretische Überlegungen

U. Göhner

Nachdem in Abschnitt I beschrieben wurde, welche Übungen aus der Vielfalt der im Gerätturnen möglichen Bewegungen speziell für das Turnen mit Kindern herausgegriffen werden können, sollen jetzt zwei weitere wichtige Aspekte betrachtet werden.
Der erste betrifft den Aufbau und die Struktur des einzelnen Bewegungsablaufs, der zweite geht auf die Situation der lernenden Kinder ein. Aus beiden Aspekten lassen sich bestimmte Bedingungen ableiten, die als Rahmen für die Konzeption der Lehrstufen in diesem Buch zu betrachten sind.
Solche Hinweise sind übrigens im Turnen nichts Neues. Schon bei Jahn ist ein besonderes Kapitel zu finden, das sich „über die Art, wie die Turnübungen zu treiben und im Gange zu erhalten" sind, ausläßt. Aber leider hat diese traditionelle Komponente im Turnen auch immer wieder zum unreflektierten Übernehmen alter Verfahrensformen geführt, die von der Sache der einzelnen Bewegung und von der Individualität des einzelnen Schülers her nicht gerechtfertigt waren.
Ein Teil der heute in Schule und Verein gebräuchlichen Bedingungen ist auf die praktische Erfahrung des Turnlehrers oder Übungsleiters gegründet: Da man mit dieser oder jener Lehrfolge oder mit dieser oder jener Gerätanordnung oder mit einer ganz speziellen Instruktion bei einigen Schülern Erfolg hatte, hält man diese für die beste. Gelegentliche Mißerfolge werden anderen Umständen zugeschrieben.
Ein anderer Teil dieser Bedingungen wird aus theoretischen Überlegungen, die sich mit Fragestellungen des Lehrens und Lernens auseinandergesetzt haben, abgeleitet. (Wieviel Teile darf man gleichzeitig verlangen, in welcher Reihenfolge sollen sie erlernt werden usw.?)
In beiden Fällen ist stets Skepsis angebracht, da in beiden Fällen ein Irrtum nicht auszuschließen ist. (Die Geschichte der Methodik der einzelnen Sportarten weist eine Reihe solcher Irrtümer auf.) Die in diesem Buch verfolgten Möglichkeiten können weder ausschließlich mit nur praktischen Erfahrungen noch mit rein theoretischen Ableitungen begründet werden. Sie stellen einen Kompromiß dar, der theoretische Überlegungen aus der allgemeinen Bewegungslehre des Sports mit praktischen Erfahrungen im Gerätturnen in Einklang und in organisatorisch machbare Formen zu bringen versucht.
Ein Teil dessen, was aus der Bewegungslehre des Sports verwendet wird, soll jetzt in aller gebotenen Kürze dargestellt werden. Es betrifft, wie bereits angedeutet, den Aufbau und die Struktur der einzelnen Bewegung und die Situation des lernenden Kindes.

Zum Aufbau der Fertigkeiten des Gerätturnens

Die wichtigste, im folgenden herauszustellende Eigenschaft ist die Tatsache, daß eine Fertigkeit aus dem Gerätturnen nicht aus einer Menge willkürlicher Teile

und zufälliger Aktionen, sondern aus einer wohlgeordneten und begründeten Folge von Phasen, Aktionen und Verlaufsformen mit ganz bestimmten Funktionen besteht.
Dazu ist entscheidend, daß man jeder einzelnen Fertigkeit stets eine bestimmte Zielsetzung zuordnen kann: Beim Umschwung wollen wir aus einer bestimmten Stützposition nach einer Drehung um die vorgegebene Gerätachse wieder in diese Position kommen, bei den Kippbewegungen wollen wir aus einer ganz spezifischen Ausgangsposition, der Kipplage bzw. dem Kipphang, wieder in eine Normalposition kommen, und bei den Rollbewegungen soll ein eigentlich nicht fürs Abrollen geschaffener Körper in diesen Bewegungszustand versetzt und manchmal sogar noch „bergauf" bzw. in höhere Endpositionen (flüchtiges Handstehen) gebracht werden.
Auch wenn diese Gleichsetzung einer Fertigkeit mit einer bestimmten Zielsetzung auf den ersten Blick recht einleuchtend erscheint, so darf das nicht darüber hinwegtäuschen, daß sie in Wirklichkeit gar nicht so einfach ist. Hört man sich nämlich einmal die Korrekturen von Übungsleitern und Lehrern an, so erkennt man recht schnell, daß von diesen offensichtlichen Zielsetzungen meist gar nicht die Rede ist. Da werden nämlich vielfach Dinge korrigiert, die mal mit der Haltung was zu tun haben („Laß die Beine zusammen"), mal die Sicherheit betreffend („Wenn du so spät streckst, wird die Drehung zu schnell, daß du dich nicht mehr halten kannst") und manchmal auch die Individualität des Lernenden berücksichtigen („Bei deiner Konstitution darfst du nie so früh anristen"). Das alles deutet darauf hin, daß wir neben der relativ klaren Zielsetzung bezüglich der Orts- und Positionsveränderung bei der einzelnen Übung auch noch viele weitere situationsspezifische Ziele berücksichtigen. Für unsere Analyse ist es nun von entscheidender Bedeutung, wie weit wir die Zielvorstellung für die einzelne Fertigkeit ausdifferenzieren. Wenn nicht klar ist, welche Form der Lernende am Ende erreichen soll, kann auch nicht klar sein, welche Spielräume und welche Freiheiten wir ihm als Lehrende einräumen können.
Für dieses Buch soll als Zielsetzung stets diejenige Endform konzipiert werden, die in ihren einzelnen Bestandteilen und Ausführungsmodalitäten von der Erreichung bestimmter Positionen und Endzustände her begründet werden kann. Das Erreichen solcher Positionen bzw. das Erreichen bestimmter Situationen soll im Vordergrund stehen, die Art und Weise der Ausführung hat sich dementsprechend dem Gesichtspunkt des Erreichens unterzuordnen. Das bedeutet im einzelnen:
Bei den ausgewählten Rollbewegungen ist über entsprechende Einleitung und Steuerung des Abrollvorgangs gerade so viel Drehenergie zu entwickeln, daß der Ausführende wieder in den Stand kommt.
Bei den ausgewählten Beinschwüngen soll ein möglichst hohes Schwingen im Stütz oder im Hang erreicht werden.
Bei den Sprungbewegungen ist ein Überwinden der entsprechenden Geräte unter einfachen Positionsvorschriften mit Stützhilfe der Arme zu erreichen.
Bei den Aufschwungbewegungen muß aus dem Stand über ein „Aufschwingen" des Körpers (Aufwärtsdrehen des Körpers um die Schulterachse) die Hüfte über die Gerätachse gebracht werden, so daß sie zum Abstützen des Körpers verwendet werden kann.
Bei den ausgewählten Überschlagbewegungen soll die ganze Drehung um die Körpertiefen- oder Körperquerachse unter Zuhilfenahme des Handstütz erreicht werden und bei den ausgewählten Stemmübungen soll durch Heranrücken der Arme an den Körper (Stemmen) der Übergang vom Stand zum Stütz auf höherer Ebene erreicht werden, wobei zusätzliche Sprunghilfe verwendet werden kann.
Nachdem diese Zielsetzungen vorgestellt wurden, kann die Analyse nach einem einheitlichen Verfahren fortgeführt werden.
Als erstes ist der gesamte Ablauf der Bewegung in kleinere Zeitabschnitte zu zerlegen. Da diese Zerlegung aber nicht das eine Mal so, ein anderes Mal anders aus-

fallen soll, muß ein möglichst genaues Aufteilungskriterium zur Verfügung gestellt werden. Dies bekommt man, wenn man einen solchen Zeitabschnitt nur dann gegenüber anderen abgrenzt, wenn ihm im Rahmen der oben ermittelten Zielsetzung eine genau beschreibbare Funktion zugeordnet werden kann.

Im ersten Analyseschritt kann der Bewegungsablauf genau dann in kleinere Zeitabschnitte zerlegt werden, wenn jedem dieser Abschnitte eine genau beschriebene Funktion hinsichtlich der eingangs festgelegten Zielsetzung zugeordnet werden kann. Die so gewonnenen Zeitabschnitte sollen Funktionsphasen genannt werden.

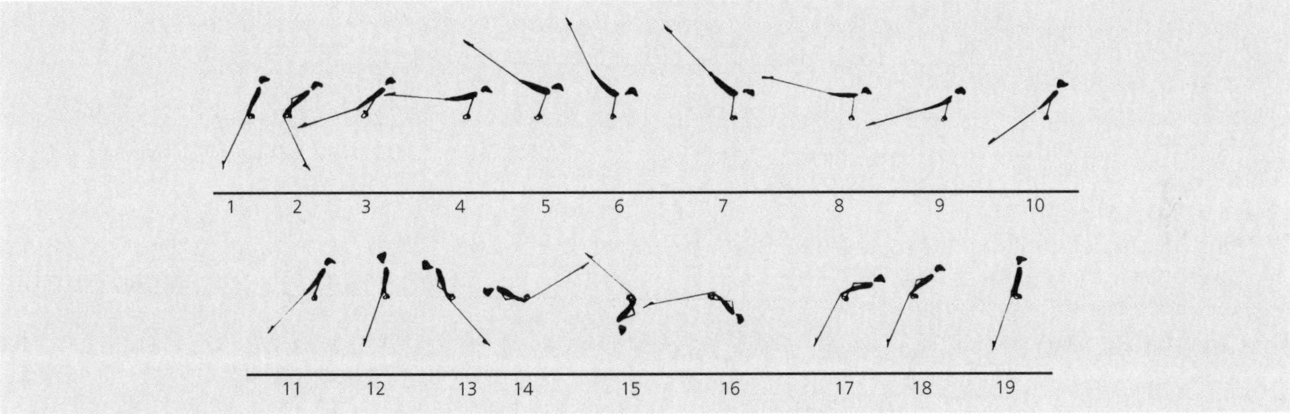

Beim Hüft-Umschwung vorlings rückwärts (vgl. obige Abbildung), dessen Ziel eine 1/1-Drehung um die Reckstange in eine sichere Stützposition sein soll, lassen sich auf diese Weise folgende Zeitabschnitte als Funktionsphasen begründen:

Phase 1 (Bildfolge 1–5)
Dieser Zeitabschnitt läßt sich als Funktionsphase abgrenzen, weil hier für den folgenden Abschwung die beste Ausgangsposition eingenommen werden soll (Entfernen des Körperschwerpunktes von der Drehachse, um optimale Schwerkraftwirkung zu erreichen).

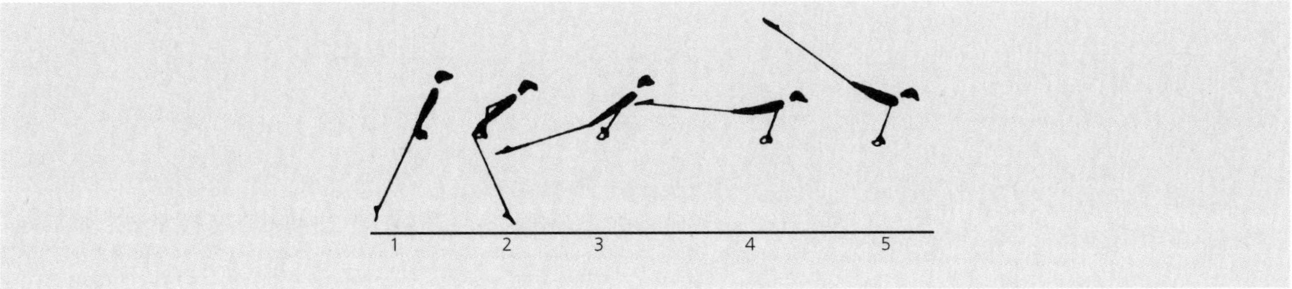

Phase 2 (Bildfolge 6–9)
Hier besteht die Funktion des Abschnitts in der Einleitung der Drehung. Der am Ende der vorigen Phase kurzzeitig in Ruhe befindliche Körper ist in einen Drehzustand mit Rotation um die Gerätachse zu versetzen.

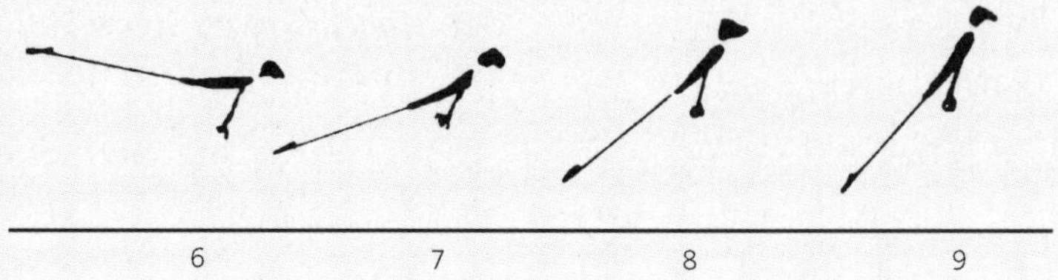

Phase 3 (Bildfolge 10–15)
Während dieser Zeit muß der erreichte Drehzustand bis in die gewünschte Stützposition auch gegen die Wirkung der Schwerkraft gehalten werden.

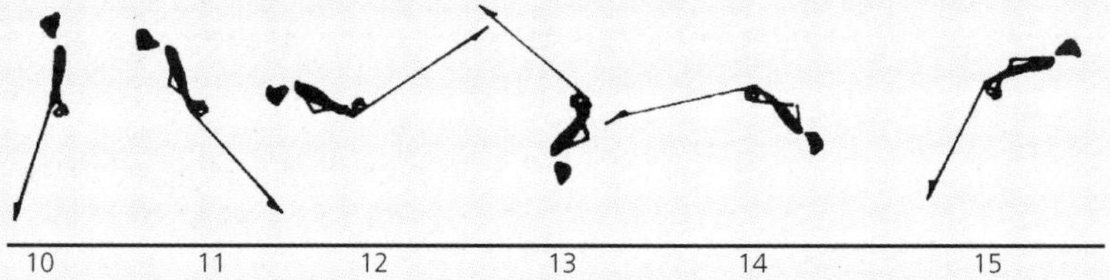

Phase 4 (Bildfolge 16 und 17)
Hier läßt sich noch eine selbständige Phase abtrennen, deren Funktion die Absicherung der zu erreichenden Stützposition ist.

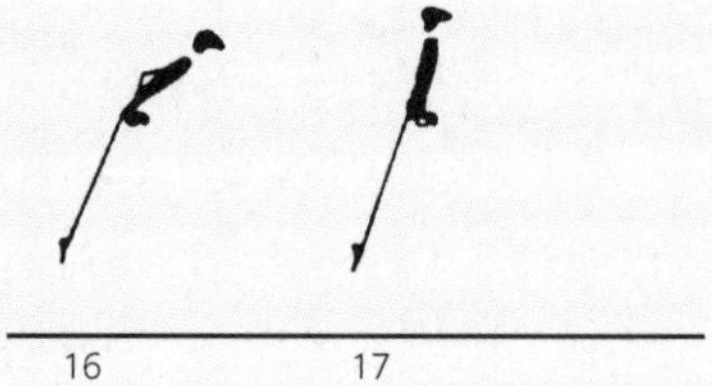

Mit der Zerlegung eines Bewegungsablaufs in seine Funktionsphasen erhalten wir zwar Hinweise, welche Funktionen (Schwerpunkterhöhung, Drehmomentvergrößerung...) verwendet werden, um das gesetzte Ziel zu erreichen. Wir wissen jedoch noch nicht viel über die jeweiligen Aktionen, mit denen der Ausführende die einzelne Funktion zu erreichen versucht. Im zweiten Analyseschritt wird daher das Hauptaugenmerk auf die Analyse der einzelnen Aktionen gerichtet. Es ist zu überlegen, durch welche Aktionen (Körperbewegungen, Haltepositionen, Griffveränderungen, Kopfbewegungen...) der Ausführende die eben ermittelten Funktionen zu realisieren versucht.

Im zweiten Analyseschritt müssen den Funktionen die jeweils verwendeten Aktionen zugeordnet werden. Es ist zu prüfen, welche der im abgegrenzten Zeitabschnitt erkennbaren Aktionen auch zur Funktionserfüllung beitragen.

Beim Hüft-Umschwung vorlings rückwärts entsteht dabei folgende Zuordnung:

Phase 1
Durch ein leichtes Absenken der Schultern mit gleichzeitigem Beugen der Arme und Hüfte beginnt diese Phase. Aus dieser flüchtigen Position werden die Beine rückwärts aufwärts geschwungen, die Arme wieder gestreckt und der Rumpf von der Reckstange abgedrückt. Der Körper erreicht dadurch am höchsten Punkt eine Position, in der die Schwerkraft, bezogen auf die Schulterachse, als Drehmoment wirken kann.

Phase 2
Hier wird durch das Abschwingen des Körpers (als eine Drehung des Rumpfes um die Schulterachse) und durch ein Zurückschieben der Schultern (als eine Drehung der Arme um die Gerätachse) der gesamte Körper in eine Drehung rückwärts um die Gerätachse versetzt.

Phase 3
Durch Herandrücken des Körpers an die Gerätachse wird der auftretenden Fliehkraft standgehalten, und durch ein Beugen in den Hüftgelenken, während der gegen die Schwerkraft gerichteten Aufschwungphase, kann der gewünschte Drehzustand erhalten bleiben.

Phase 4
Mit einem Umsetzen der Hände in eine Stützposition, dem Auflegen der Hüfte auf die Gerätachse (falls dies nicht schon früher geschehen ist) und dem Strecken in den Hüftgelenken (bzw. dem Aufrichten des Oberkörpers) läßt sich der Drehzustand in der gewünschten Endposition abbremsen.

Durch die Beschreibung der Aktionen einer Funktionsphase haben wir noch nicht alle wesentlichen Merkmale einer Bewegung charakterisiert. Ebenso wichtig für eine funktionelle Analyse ist die Ermittlung der Verlaufscharakteristika. Wir wissen zwar nach den ersten beiden Analyseschritten, wofür und durch welche Aktion dies und jenes gemacht wird, aber wir müssen noch überlegen, in welchem Tempo, zu welchem Zeitpunkt, bis zu welcher Höhe oder bis in welche Winkelstellung die einzelnen Aktionen auszuführen sind.

Im dritten Analyseschritt werden die Verlaufsmerkmale der Aktionen einer Funktionsphase festgelegt. Die Angaben über Beginn, zeitlichen und räumlichen Verlauf einer Aktion sind anhand der Funktion, die erreicht werden soll, festzulegen.

Beim Umschwung wissen wir zwar inzwischen, daß der erstgenannte Zeitabschnitt eine Funktionsphase darstellt und daß dazu die Aktionen des Rückschwingens der Beine, das Abdrücken mit der Bauchmuskulatur und das Strecken der Arme dazugehören, aber wir haben noch keine Aussagen darüber, wie weit bzw. wie hoch dieser Rückschwung gehen darf oder soll. Dies muß im dritten Analyseschritt festgestellt werden.

Dieser dritte Analyseschritt ist deshalb von so großer Bedeutung, weil hier die spezielle Situation des Aus-

führenden zu berücksichtigen ist. Betrachtet man beispielsweise einen guten Turner, so darf dessen Rückschwung durchaus recht hoch ausfallen, da der damit mögliche schnellere Umschwung mit seiner entsprechend höheren Fliehkraft von einem guten Turner noch gehalten werden kann. Bei einem Anfänger dagegen ist dies sicher nicht der Fall. Hier muß dieselbe Aktion mit anderen Verlaufsmerkmalen ausgeführt werden.
Mit diesen drei an die Festlegung der Zielsetzung sich anschließenden Analyseschritten haben wir den ersten wichtigsten Teil der Analyse zur Ermittlung von Bau und Struktur einer einzelnen Bewegung erledigt. Bevor wir damit fortfahren, muß noch eine wichtige für dieses Buch geltende Einschränkung angefügt werden. Aus ökonomischen Gründen ist nämlich bei den einzelnen in diesem Buch durchgeführten Analysen der bislang geschilderte Analysedreischritt in einen einzigen Vorgang zusammengefaßt worden.

Ein anderes Vorgehen hätte eine starke Reduktion der Übungsvielfalt zur Folge gehabt. Es sei daher jedem engagierten Leser empfohlen, parallel zu den hier vorgenommenen Analysen im einen oder anderen Fall selbständig nach dem oben vorgestellten Muster eine Analyse vorzunehmen. Vieles von dem, was man bislang als selbstverständlich hingenommen hat, wird plötzlich problematisch und oft erst nach längerem Überlegen in einem neuen Zusammenhang wieder einordenbar.

Nach der Zerlegung in einzelne Funktionsphasen und nach der Beschreibung ihrer Aktions- und Verlaufsmerkmale gilt der nächste Analyseschritt dem Aufdecken der Zusammenhänge, die unter den einzelnen Phasen bestehen. Bislang haben wir bei allen Begründungen den Bezug zur Zielsetzung gewählt. Jetzt ist herauszustellen, wie die Phasen gegenseitig zusammenhängen. Dies gelingt, indem man überprüft, ob zur Definition der einzelnen Funktionsphasen nur die Zielsetzung selbst, oder ob nicht etwa irgendeine andere Phase noch zu Hilfe genommen wird.

Im ersten Fall sprechen wir von einer Hauptfunktionsphase der Bewegung. Im zweiten Fall von Hilfs- und Übergangsfunktionsphasen.

Hauptfunktionsphasen sind diejenigen Phasen, die unmittelbar der Erreichung der Zielsetzung dienen. Die Beschreibung der Funktion solcher Phasen kann ohne Verweis auf andere Phasen geschehen.

Die Unterscheidung von Hilfs- und Übergangsfunktionsphasen ist nicht so bedeutend. Im ersten Fall läßt sich lediglich sagen, daß die Funktion der Phase als Hilfe für andere Phasen gesehen werden muß. Bei der Übergangsfunktionsphase ist diese Hilfe festgelegt und auf die Überführung des in der Hauptfunktionsphase erreichten Bewegungszustands in einen stabilen Bewegungszustand oder in eine neue sich unmittelbar anschließende Fertigkeit.

Beim Hüft-Umschwung vorlings rückwärts erkennt man über die Funktionsbeschreibung, daß die dritte Funktionsphase die Hauptfunktionsphase darstellt. Sie ist in ihrer Funktionsbeschreibung nur von der festgelegten Zielsetzung abhängig. Phase 1 und Phase 2 sind Hilfsfunktionsphasen. Bei Phase 2 ist die Funktionsbeschreibung auf die Hauptfunktionsphase angewiesen, bei Phase 1 wird Bezug auf die Funktion der Phase 2 genommen.

Phase 4 ist eine typische Übergangsfunktionsphase. Ihre Funktion besteht in der Überführung des instabilen Drehzustands in eine (relativ) stabile Endposition.
Für die Konzeption des Lehrwegs ist es vorteilhaft, die Hilfsfunktionsphasen ihrerseits wieder zu unterscheiden. Berücksichtigt man nämlich, daß es im allgemeinen eine Hilfsfunktionsphase gibt, die der Hauptfunktionsphase unmittelbar vorausgeht, so ist es angebracht, von Hilfsfunktionsphasen erster, zweiter und gegebenenfalls höherer Ordnung zu sprechen. Der Vorteil für Lehrwegüberlegungen liegt darin, daß auf diese Weise

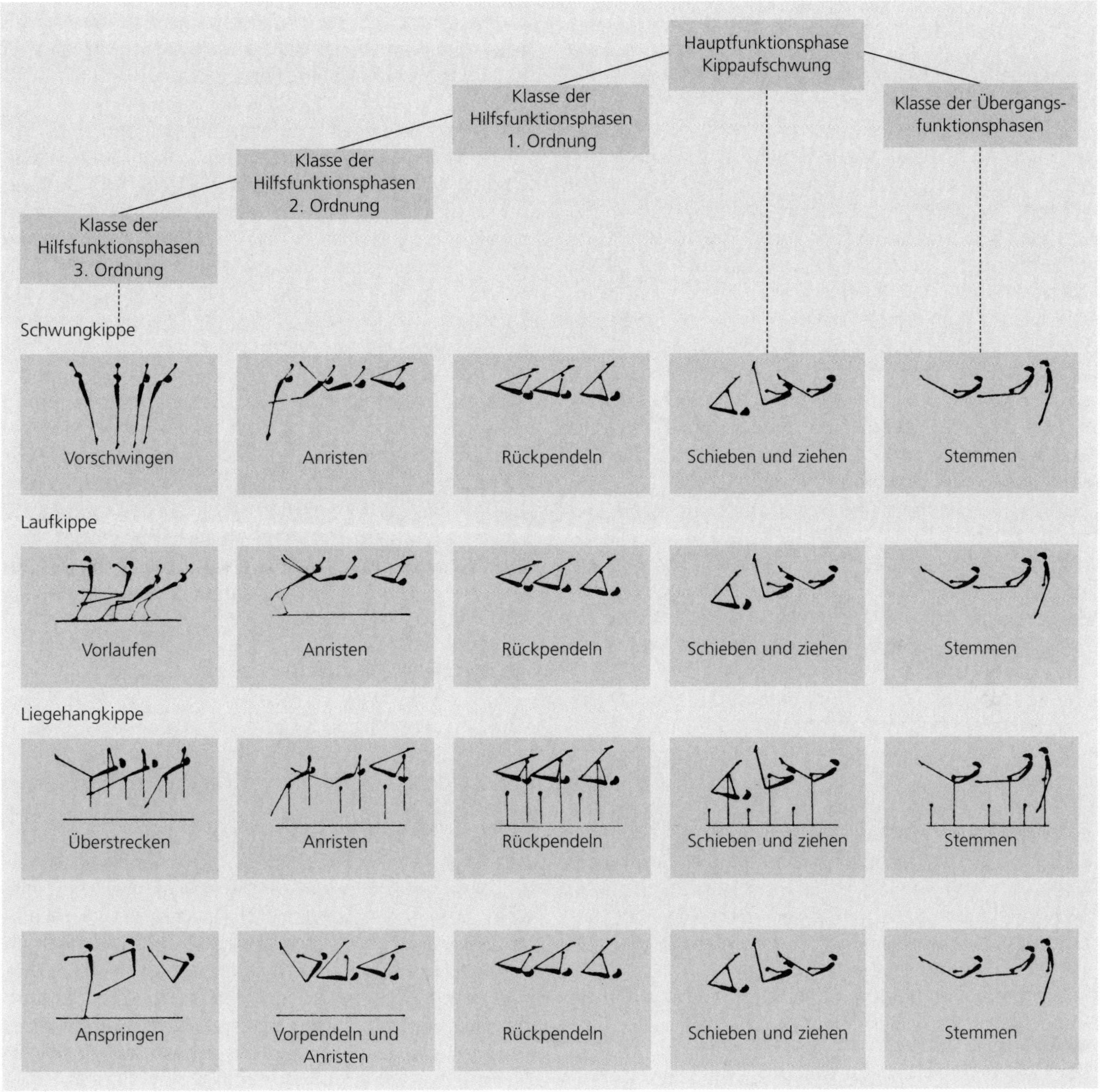
Hauptfunktionsphase Kippaufschwung
Klasse der Hilfsfunktionsphasen 1. Ordnung
Klasse der Übergangs-funktionsphasen
Klasse der Hilfsfunktionsphasen 2. Ordnung
Klasse der Hilfsfunktionsphasen 3. Ordnung
Schwungkippe
Vorschwingen
Anristen
Rückpendeln
Schieben und ziehen
Stemmen
Laufkippe
Vorlaufen
Anristen
Rückpendeln
Schieben und ziehen
Stemmen
Liegehangkippe
Überstrecken
Anristen
Rückpendeln
Schieben und ziehen
Stemmen
Anspringen
Vorpendeln und Anristen
Rückpendeln
Schieben und ziehen
Stemmen

deutlich aufgezeigt werden kann, welche unterschiedlichen Zugänge zu „gleichartigen" Bewegungen führen können, d. h. zu Bewegungen, die in ihrer Hauptfunktionsphase übereinstimmen.

Am Beispiel des Kippaufschwungs vorlings vorwärts ist in der Abbildung auf den vorigen Seiten ein Teil der möglichen Variationen zusammengestellt worden. Hier wird deutlich, welche unterschiedlichen Aktionen und Verlaufsformen zur gleichen Hauptfunktionsphase führen können. Gleichzeitig kann diese Darstellung auch klarmachen, weshalb für turnerische Bewegungen gerade eine Analyse unter funktionalem Aspekt sinnvoll ist: Die strukturellen Gemeinsamkeiten der verschiedenen Fertigkeiten werden hier deutlicher als bei allen anderen Analyseformen herausgestellt, und die Orientierung aller Anteile einer Bewegung auf die vorgegebene Zielsetzung wird klar erkennbar.
Die anfänglich aufgestellte Behauptung, daß eine Fertigkeit aus dem Gerätturnen nicht aus einer Menge willkürlicher Teile und zufälliger Aktionen, sondern aus einer wohlgeordneten und begründeten Folge von Phasen, Aktionen und Verlaufsformen mit ganz bestimmten Funktionen besteht, kann jetzt eingelöst werden.

Jede Fertigkeit des Gerätturnens ist so aufgebaut, daß über Hilfsfunktionsphasen eine optimale Ausgangssituation zur Durchführung der Hauptfunktionsphase zu erreichen ist, und daß der möglicherweise instabile Bewegungszustand am Ende der Hauptfunktionsphase in einen stabilen Zustand bzw. in eine neue Fertigkeit überführt wird. Funktion, Aktion und Verlauf einer Hilfsfunktionsphase erhalten ihre konkrete Form erst in der Abhängigkeit der zugehörigen Hauptfunktionsphase. Für sich alleingenommen sind sie ohne Bedeutung oder aber nicht eindeutig bestimmbar.
Der Vorschwung zum Kippaufschwung hat aus diesem Grund eine völlig andere Form als der Vorschwung zur Hangkehre oder gar zum Überschlag (Salto) als Abgang vom Reck. Die für weitere Überlegungen entscheidende Feststellung ist, daß das Ziel, nämlich die Bewegungen der Hauptfunktionsphase, alle weiteren Teile in ihrer Aktion und in ihrem Verlauf prägt.

Diese Feststellung ist insofern entscheidend, weil wir für alle Fertigkeiten den Lehrweg so konzipieren wollen, daß dem Schüler diese Abhängigkeiten von Anfang an klarwerden. Wir wollen nicht, daß der Lehrer dem Lernenden die Aktionen und ihre Verlaufsformen, so wie sie sein sollten, vorschreibt und begründet. Wir wollen, daß durch entsprechende Anordnungen der Lehrschritte diese Einsicht für den Lernenden selbst möglich wird, daß er selbst merkt, welche Vor- und Nachteile etwa das Vorschwingen zum Kippaufschwung hat, wenn es mal mit viel und mal mit wenig Schwung oder wenn es mal mit und mal ohne Konterbewegungen durchgeführt wird, so daß er selbst erkennt, wie man dabei notfalls zu korrigieren hat. (Der russische Biomechaniker Bernstein hat das motorische Lernen nicht als ein Streben nach einem Stereotyp, sondern als ein Beherrschen der Korrekturmechanismen bezeichnet.) Daher sind noch einige Überlegungen zur Funktionsweise des Lernenden notwendig.

Zur Situation des Lernenden

Wie kann diese Einsicht durch den Lernenden erreicht werden? Dazu muß ein kleiner Abstecher vorgenommen werden, der die Funktionsweise des Lernenden stichwortartig beschreiben soll.
Die moderne Verhaltensforschung läßt bei aller Unterschiedlichkeit der einzelnen Ansätze einige Gemeinsamkeiten erkennen, die für die Konzeption von Lehrwegen verwendet werden können. Man nimmt an, daß bei der Ausführung einer zielgerichteten Bewegung zwei Komponenten eine wesentliche Rolle spielen. Die eine Komponente wird als „Plan", als „Programm" oder als „Konzept" bezeichnet und umreißt das, was sich der Ausführende vor Beginn der Aktion für diese zurechtlegt, was er kognitiv (geistig) vorbereitet. Die

andere Komponente wird als „Bild" oder auch als ein die Realisierung begleitendes „Konzept" bezeichnet und umfaßt die verarbeiteten Daten, die der Ausführende während der Realisierung vom Geschehen erhält bzw. erhalten kann. Die erste Komponente steuert und leitet gewissermaßen alles das, was der Ausführende während der Realisierung bewußt oder unbewußt tun wird, während die zweite Komponente erst den Versuch erlaubt, der bei zielgerichteten Aktionen für ein selbstregulierendes System unbedingt notwendig ist.

Man kann nun annehmen, daß im Laufe der einzelnen Lern- und Übungsversuche Plan und Bild sich gegenseitig so beeinflussen, daß die Steuerung im Laufe der Versuche verbessert werden kann. Bei dieser gegenseitigen Einflußnahme interessieren uns jetzt vor allem diejenigen Stellen, an denen auch der Lehrende durch bestimmte Maßnahmen gewissermaßen von außen eingreifen kann. Hierzu bieten sich besonders zwei Stellen an:
Das die Realisierung steuernde Konzept der Ausführenden wird vom Lehrenden durch Informationen unmittelbar zu beeinflussen versucht. Dies ist der bislang bekannteste Weg, bei dem mit verbaler und visueller Hilfe über Anweisen und Vormachen oder Vorführen von Filmen bzw. Vorzeigen von Strichmännchen der Plan des Lernenden zu prägen versucht wird.
Bezüglich der oben beschriebenen strukturellen Zusammenhänge bei einer Bewegung aus dem Gerätturnen hat ein solches Vorgehen für den Fall eines am zeitlichen Ablauf der Bewegung orientierten Lehrwegs den Nachteil, daß die Verlaufsform der einzelnen Aktionen vom Lehrenden vorgeschrieben werden muß. Wenn mit dem Vorschwingen zur Kippe beispielsweise im Lernweg begonnen wird (weil auch das Vorschwingen im Bewegungsablauf als erster Bewegungsteil ansteht), so kann der Lernende nicht wissen, ob dieses mit viel oder wenig Schwung zu turnen ist. Er ist auf die ergänzende Information des Lehrers angewiesen.
Das die Realisierung steuernde Konzept wird über Informationen aufgebaut, die sich der Lernende selbst über die Erfahrung aus den jeweils vorausgegangenen Realisierungen holen kann. Dies würde bedeuten, daß die Anordnung der einzelnen Übungs- und Lernversuche so gestaltet werden muß, daß die Zusammenhänge im strukturellen Aufbau der jeweiligen Bewegung vom Lernenden auch erkannt werden können.
Auf diese zweite Art der Einflußnahme soll hier geachtet werden. Es gibt gewisse Anhaltspunkte, weshalb diese für das Lernen motorischer Fertigkeiten von nicht geringer Bedeutung ist. An einem sehr einfachen Beispiel kann dies verdeutlicht werden. Wenn wir beispielsweise mit dem Auto in eine unbekannte und nicht überschaubare Kurve zum erstenmal einfahren, so ist es unmöglich, den richtigen Geschwindigkeitsanlauf abschätzen zu können. Man wird daher bestenfalls zufällig das Richtige machen. Wenn uns aber jemand über den Kurvenverlauf informiert und uns Hinweise für die Geschwindigkeit empfiehlt, so fühlen wir uns wahrscheinlich sicherer, und das Konzept für die geplante Kurvendurchfahrt wird anders als im ersten Fall aussehen. Wenn wir allerdings die Kurve bereits ein oder mehrere Male durchfahren und infolgedessen ein selbst erlebtes Bild über den Verlauf der Aktion haben, so wird das Konzept wieder anders ausfallen und die Information vom Außenstehenden entsprechend besser aufgenommen werden. Je besser neue Aktionen auf gemachte Erfahrungen ausgerichtet werden können, desto realistischer wird gewissermaßen das Konzept. (Das muß nicht immer positiv sein. Wir wissen aus dem Turnen geeignete Beispiele, wie gemachte Erfahrungen durch ungünstige Wahl der Übungsanordnung oder ungeeignete Hilfsmaßnahmen so beeindruckend waren, daß weitere Konzeptbildungen unterblieben.)

Zur Konzeption der einzelnen Lehrstufen

Will man nun in einem Lehrgang die strukturellen Zusammenhänge der einzelnen Bewegungen und die Situation des Lernenden gleichzeitig berücksichtigen, so ergeben sich gewisse Grundsätze, die Art und Folge der Lehrstufen charakterisieren.

Grundsatz 1

Die Reihenfolge der Lehrstufen ist so zu organisieren, daß jeder neu zu erlernende Bewegungsabschnitt in seiner funktionstragenden Bedeutung aufgrund der eigenen Realisierung erkannt werden kann.

Dies läßt sich in der konkreten Situation dadurch bewerkstelligen, daß im Konzept des Ausführenden bei einer neu zu erlernenden Bewegung stets Zielaspekte mit einbezogen werden können, die für den Ausführenden in irgendeiner Weise schon einmal realisierte Zielaspekte waren.

Grundsatz 2

Wird in einer Lehrstufe die zu realisierende Menge an Phasen und Aktionen einer Fertigkeit aus Erleichterungsgründen reduziert, so soll der Lernende nur durch solche äußerliche Maßnahmen unterstützt werden, die als funktional gleichwertiger Ersatz für das Nichtrealisierte gelten können.

Hiermit soll verhindert werden, daß der Lernende infolge der externen Maßnahmen während des Lernvorgangs ein Konzept entwickelt und ein Bild von der Bewegung erhält, das mit dem geplanten nicht übereinstimmen kann. Wenn wir beispielsweise beim Überschlag (Salto) vorwärts am Boden so helfen, daß der Lernende seine Arme zum Abstützen auf den Helfern verwenden muß, so liegt kein funktional gleichwertiger Ersatz vor, da die Arme später keine Stütz-, sondern eine Steuerfunktion haben werden.

Grundsatz 3

In keiner Lehrstufe sollte die zu erlernende Bewegung in einen Endzustand führen, der vom Ausführenden noch nicht beherrscht wird. Ist dies jedoch aufgrund der bisherigen Grundsätze nicht zu umgehen, so muß durch geeignete Maßnahmen der Übergang in den Endzustand „entschärft" werden.

Mit diesem Grundsatz wird vor allem berücksichtigt, daß bei Ungewißheit über den Ausgang oder bei Unkenntnis über den Endzustand in der Konzeptbildung des Ausführenden unbewußt (und unkontrolliert) Vermeidungsaktionen eingeplant sind und auch durchgeführt werden, die den Erfolg der Ausführung beeinträchtigen. Gerade im Turnen ist es dann von entscheidender Bedeutung, daß durch geeignete Maßnahmen (Weichboden, sicheres Auffangen, veränderter Endzustand usw.) die Etablierung von solchen Vermeidungsaktionen in der Konzeptbildung des Lernenden verhindert wird.

Versucht man diese Grundsätze in ein Lehr-Modell umzusetzen, so bietet sich folgendes Vorgehen an:

In der ersten Lehrstufe wird mit dem Erlernen derjenigen Aktionen einer Fertigkeit begonnen, die in der Hauptfunktionsphase dieser Fertigkeit zusammengefaßt sind. Alle weiteren Phasen werden zunächst einmal weggelassen.

Da durch das Weglassen aller weiteren Hilfsfunktionsphasen der Lernende noch kaum alleine in den für die Hauptfunktionsphase günstigsten (energetischen und positionellen) Ausgangszustand kommen kann, sind externe Hilfsmaßnahmen nötig. Sie müssen entsprechend Grundsatz 2 einen funktional gleichwertigen Ersatz darstellen.

In der zweiten Lehrstufe ist zunächst eine (möglichst der Individuallage des Lernenden angepaßte) Funktionsphase aus der Klasse der Hilfsfunktionsphasen erster Ordnung auszuwählen.

Der Lernende hat dann die in der ersten Stufe realisierte Hauptfunktionsphase unter Vorschalten der ausgewählten Hilfsfunktionsphasen auszuführen.

Diese Art der Anordnung der Lehrstufen ist eine Konsequenz aus dem Aufbau der Bewegungen des Gerätturnens. Gemäß Grundsatz 1 erlaubt das Vorschalten der Aktionen der Hilfsfunktionsphase dem Lernenden das Erkennen der Funktion dieses Bewegungsabschnitts. Unterschiedliche Verlaufsformen der Aktionen in der Hilfsfunktionsphase werden in ihrer Wirkung auf die Aktionen in der Hauptfunktionsphase erkennbar. Entsprechende Instruktionen durch den Lehrer können auf dem Hintergrund der realisierten Bewegung auch verständlich und erfahrbar gemacht werden.

Analog der Situation in Lehrstufe 1 kann externe Hilfe für das Fehlen der weiteren Hilfsfunktionsphasen angebracht werden.

Die weiteren Lehrstufen ergeben sich aus den Startbedingungen der jeweils vorgeschalteten Hilfsfunktionsphasen. Solange diese noch durch weitere Hilfsfunktionsphasen verbessert werden können, müssen noch

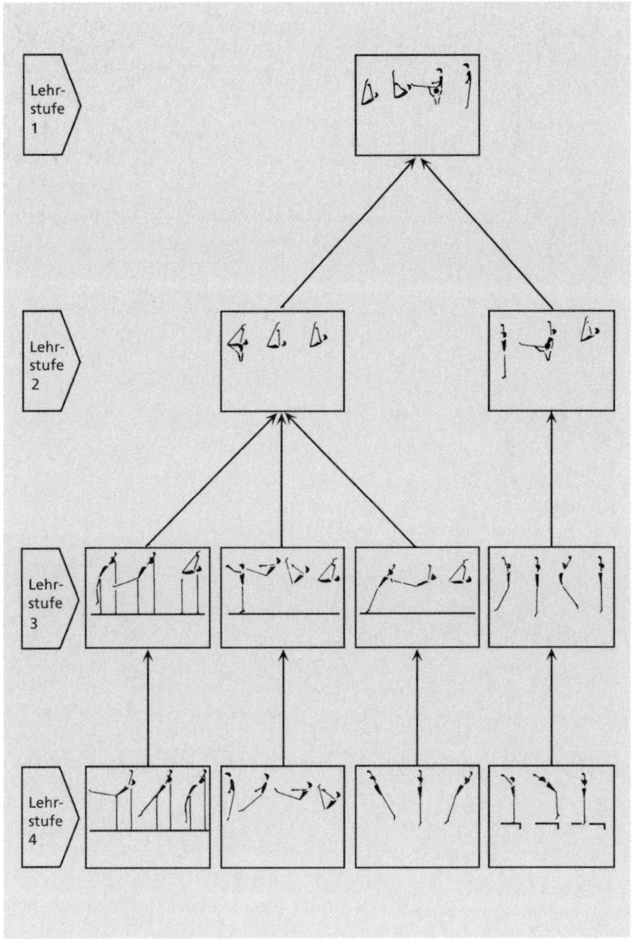

weitere Lehrstufen angefügt werden. Die Folge der Lehrstufen wird so lange fortgesetzt, bis die zu Beginn von außen gelieferte Unterstützung durch eigene Aktionen mit gleichwertiger Funktion ersetzt werden kann.

In den vorangegangenen Abbildungen ist am Beispiel des Kippaufschwungs vorlings vorwärts die Konzeption dieses Lehrwegs mit Alternativen schematisch dargestellt.

Einfache biomechanische Grundlagen

U. Göhner

Die Biomechanik kann, weil sie die Bewegungen des Menschen vom Standpunkt der Gesetze der Mechanik untersucht, gerade im Gerätturnen manche Hinweise geben, die durch andere Überlegungen nicht zu erreichen sind. Wenn man einmal das Turnen als ein Ausnutzen und ein gleichzeitiges Umgehen der Wirkungen der Schwerkraft unter bestimmten vorgegebenen Gerätbedingungen betrachtet, so wird erst deutlich, wieviel praktisches Wissen über Bewegungserzeugung und Zustandsänderungen in den einzelnen Übungen des Gerätturnens steckt.

Im Rahmen dieses Buches können nur einige wenige Aspekte, und diese auch nur in recht oberflächlicher Weise, angesprochen werden. Wir schränken uns auf die Probleme der Positionserhaltung, der Dreh-, Absprung- und Rollbewegungen ein. Und um wirklich nur das Allernötigste an Begriffen zu verwenden, soll nur das beschrieben werden, was in der Mechanik unter „Kraft" und unter „Drehmoment" verstanden wird.

Die Mechanik nennt jede äußere Einwirkung, wenn sie eine meßbare Ortsveränderung eines Körpers hervorruft, eine Kraft. Das, was Kraft wirklich ist, interessiert den Mechaniker erst gar nicht so sehr. Ihn interessiert nur, wie die Größe quantitativ erfaßt werden kann. Und hier ergibt sich, daß es sinnvoll ist, die Kraft als diejenige Größe zu wählen, die einem Körper eine gewisse Beschleunigung (= Geschwindigkeitsänderung) in eine bestimmte Richtung gibt. (In der Biomechanik des Sports wird dies zur Zeit durch sogenannte Kraftmeßplatten festgestellt. Sie können die Kräfte messen, die der Sportler nach den drei Raumrichtungen etwa bei einem Absprung auf die Platte ausübt.)

Wichtig für eine qualitative Interpretation von Bewegungsvorgängen ist folgende Aussage: Je größer die Kraft ist und je länger diese einwirken kann, desto größer ist die Geschwindigkeitsänderung.

Ist der Körper durch eine starre Achse (drehbar) festgehalten und wirkt eine Kraft außerhalb dieser Achse auf den Körper ein, so wird dieser Körper, wenn die Richtung der Kraft nicht auf die Drehachse weist, in Drehung versetzt. Man hat in diesem Fall früher (verständlicherweise) von einer „Drehkraft" gesprochen. Heute spricht man von einem Drehmoment. Für die Wirkung dieses Drehmoments ist nun allerdings nicht mehr allein die Größe der angreifenden Kraft entscheidend. Genaugenommen ist es das Produkt aus der einwirkenden Kraft und dem senkrechten Abstand dieser Kraft an der Drehachse (vgl. nachfolgende Abbildungen).

Für eine qualitative Interpretation genügt hier zu wissen: Je größer die Kraft und je größer der senkrechte Abstand von der Drehachse ist und je länger diese Kraft einwirken kann, desto größer ist die am Ende erreichte Drehgeschwindigkeit.

Das Einhalten von Positionen

Im Gerätturnen gibt es einige Positionen, die entweder als selbständige Fertigkeiten (Standwaage, Kopfstand, Handstand, Handwaage) oder als typische Ausgangs- bzw. Zwischenpositionen für einzelne Fertigkeiten gelten (Kipplage, Kipphang, Sturzhang ...). Das Beherrschen dieser Haltepositionen ist ein Beherrschen von Korrekturaktionen, die bei (stets vorkommenden) kleinen Abweichungen nötig werden. Welche Kräfte dabei auftreten bzw. überwunden werden müssen, hängt von den einzelnen dabei vorliegenden Gleichgewichtsarten ab. Man unterscheidet in Abhängigkeit von der Wirkung der Schwerkraft.

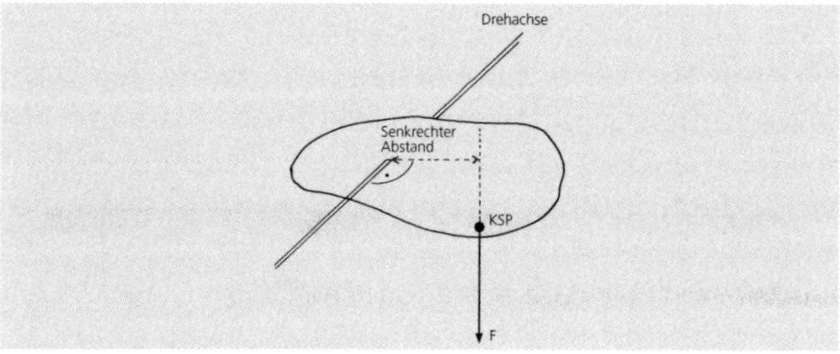

Das indifferente Gleichgewicht

Hier bleibt trotz eventueller Lageveränderungen des entsprechenden Körpers die Wirkung der Schwerkraft unverändert. Der Körper verbleibt daher in der veränderten Lage. (Im Turnen sind solche Positionen idealtypisch nicht zu finden. Näherungsweise können vielleicht bestimmte Abrollpositionen als indifferent bezeichnet werden.)

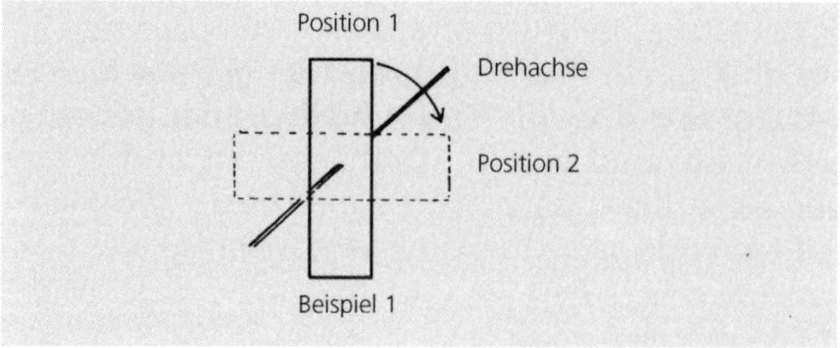

Das stabile Gleichgewicht

Hier bringt die Schwerkraft den aus der Gleichgewichtslage gebrachten Körper stets wieder in diese Lage zurück. Der Körper könnte also nur „gegen" die Schwerkraft aus dieser Lage gebracht werden. (Diese Art Gleichgewicht finden wir bei den Hang- und Stützpositionen, wenn der Körperschwerpunkt unterhalb der Griffstellen liegt. Beim Kipphang ist das Gleichgewicht stabil bezüglich der Griffstelle, aber labil bezüglich der Schulterachse.)

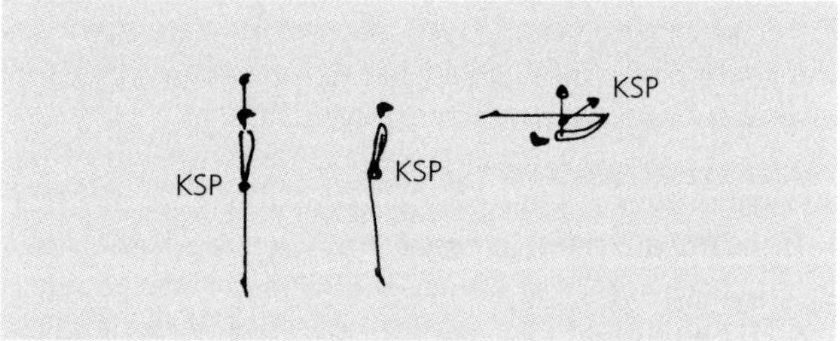

Das labile Gleichgewicht

Hier bewirkt bei kleinen Lageveränderungen die Schwerkraft eine weitere gleichsinnig gerichtete Veränderung, so daß der Körper die Ausgangslage durch Schwerkrafthilfe nicht mehr erreichen kann. (Kopf- und Handstand sind typisch instabile Positionen, bei der die Schwerkraft den Verlust dieser Position unterstützt.) Die mechanische Situation wird hier dadurch charakterisiert, daß der Körperschwerpunkt oberhalb der Unterstützungsstelle liegt und kleine Veränderungen ein das Umkippen bewirkendes Drehmoment liefern.

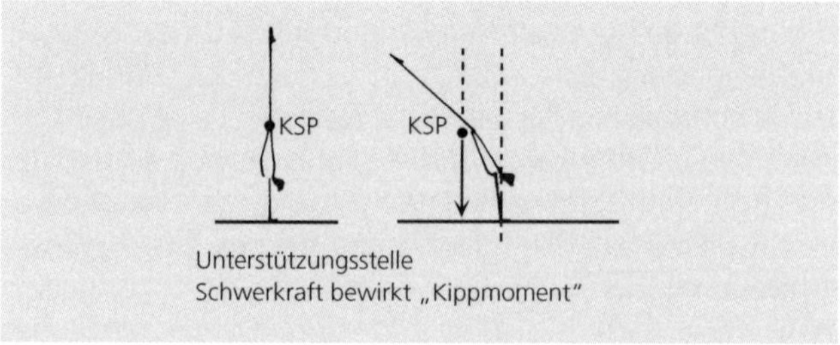

Für das Gerätturnen sind eigentlich nur die Probleme interessant, die sich beim Erhalten eines labilen Gleichgewichts ergeben. Aus der obigen Charakterisierung ergibt sich, daß zur Kompensation ein dem Kippmoment entgegengerichtetes Drehmoment erforderlich ist. Dieses Drehmoment kann in den verschiedenen Positionen auf unterschiedliche Weise aufgebracht werden.

Am Schwebebalken etwa durch Verlagerung einzelner Gliedmaßen in die der Kipprichtung entgegengesetzte Richtung und am Boden oder Barren durch Gegendruck der Arme bzw. der Hände oder der Finger.

Drehbewegungen

Drehbewegungen um starre waagerechte Achsen
(Reckstange oder Barrenholm)
Das Drehen um starre waagerechte Achsen ist eine der wichtigsten Bewegungsarten des Gerätturnens. Die Kenntnis ihrer Ursachen und das Wissen um mögliche Veränderungen ist daher eine notwendige Voraussetzung für jeden Lehrenden.

Damit ein Körper um eine starre Achse gedreht werden kann, muß, wie bereits beschrieben, eine nicht auf die Achse gerichtete Kraft an dem Körper angreifen. In den meisten Fällen ist dies im Turnen die Schwerkraft. Sie wirkt als Drehkraft, sobald der Körperschwerpunkt (als ihr Angriffspunkt) nicht senkrecht unter oder über der Achse liegt.

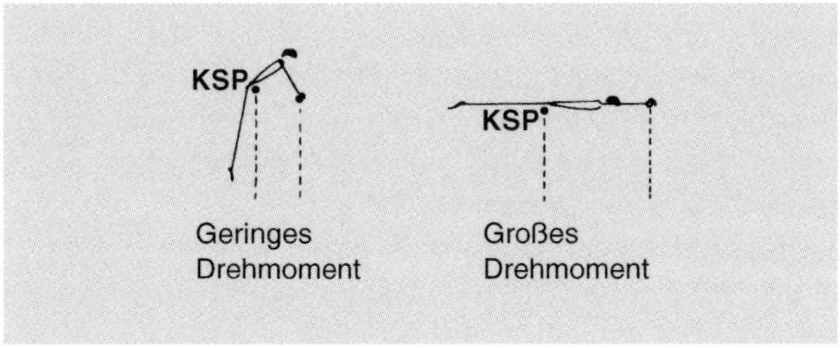

Die Größe des Drehmoments richtet sich in diesem Fall (da die Richtung der Schwerkraft immer die Senkrechte ist) nach dem horizontalen Abstand des Schwerpunktes von der Drehachse. Je weiter der Abstand, desto größer das Drehmoment. Die Größe der erreichbaren Drehgeschwindigkeit, die fürs Turnen eine wichtige Rolle spielt, hängt von der Dauer der Einwirkung des Drehmoments ab.

Horizontaler Abstand des Körperschwerpunkts von der Drehachse und Länge der Einwirkungszeit sind daher die wichtigsten Größen für den Gewinn einer schnellen Drehbewegung um eine starre waagerechte Achse. Es ist daher nur konsequent, wenn bei allen Umschwüngen die Ausgangsposition horizontal möglichst weit weg und vertikal möglichst hoch ist.

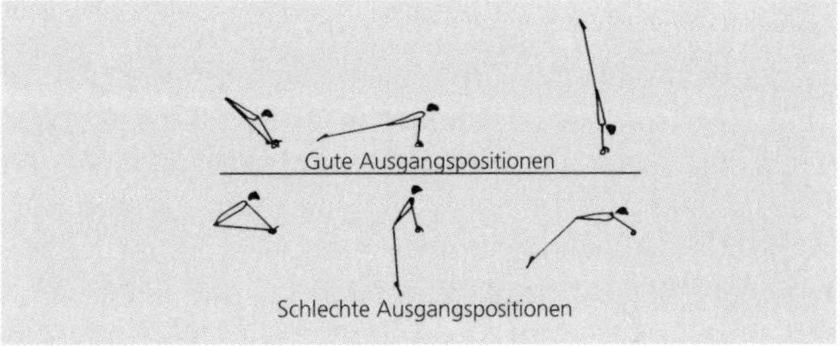

Für das Gerätturnen ist jedoch nicht das In-Drehung-Versetzen von großer Bedeutung. Beinahe wichtiger ist es, den drehenden Körper im Aufschwung gegen das hier bremsend wirkende Schwerkraftmoment dennoch genügend weit nach oben zu bringen.

Welche Aktionen sind hier möglich? So wie das die Drehung erzeugende Moment durch Entfernen des Schwerpunktes vergrößert wird, so muß jetzt umgekehrt das rücktreibende Moment durch Annäherung des Schwerpunktes verkleinert werden. Als Demonstration dieses Vorgangs lasse man ein Fadenpendel hin und her schwingen. Wird nun während des Aufschwingens der Faden verkürzt, so pendelt die Kugel höher auf.

Zugleich mit diesem Experiment kann auch gezeigt werden, daß ein explosiver Verkürzungsvorgang (bei gleicher Verkürzungsstrecke) das Fadenpendel noch höher bringt. Es kommt also nicht nur auf das Verkürzen, sondern auch auf die Schnelligkeit der Verkürzung an.

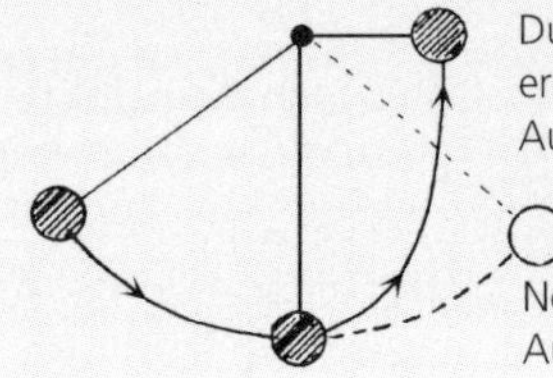

Da der menschliche Körper sich durch die verschiedenen Gelenke auf unterschiedliche Weise verkürzen bzw. verkleinern kann, ist nicht vor vornherein klar, womit diese Schwerpunktannäherung vollzogen werden soll. Für Kinder ist beispielsweise eine Verkürzung durch Anziehen der Arme sehr schwierig. Sie verwenden daher häufig ein einfaches Anhocken der Beine im Aufschwung und ein Strecken der Beine im Abschwung. Das ist nicht falsch (denn sie bekommen damit ja durchaus auch Schwung), aber es läßt sich schwer für Übergänge in andere Bewegungen verwenden.

Dagegen bietet die sogenannte „Schnepperbewegung" gerade für die Weiterführung zu anderen Bewegungen große Vorteile: Die überstreckten (bzw. die gebeugten) Hüftgelenke werden während des Aufschwungs explosiv gebeugt (bzw. gestreckt) und der Winkel zwischen Rumpf und Oberarm entsprechend verändert. Beides kommt einer Schwerpunktannäherung gleich, beides kann explosiv ausgeführt werden, und beides läßt sich gut in anschließende Bewegungen überführen.

Drehbewegung um freie (Schwerpunkt-)Achsen

Dreht sich der menschliche Körper ohne Kontakt zu einem Gerät oder zum Boden, so dreht er sich immer um Körperachsen, die durch den Körperschwerpunkt gehen. Dabei wird im Gerätturnen vorrangig um die Körperquer- und Körperlängsachse gedreht.

Die Probleme, die dabei im Turnen zu lösen sind, sind einmal, diese Drehung auszulösen, und zum anderen, die eingeleitete Drehung innerhalb eines (zum Beispiel durch die Flugzeit) vorgeschriebenen Zeitraums um einen ganz bestimmten Winkelbereich zu drehen bzw. bis in eine ganz bestimmte Position zu steuern. Ersteres werden wir noch bei den Sprungbewegungen behandeln. Bei letzterem verwendet man eine Eigenschaft, die in der Mechanik mit dem Prinzip der (Dreh-)Impulserhaltung charakterisiert wird. Danach gilt, daß das Produkt aus dem Trägheitsmoment (früher wurde auch diese Größe für den Laien etwas verständlicher als „Drehmasse" bezeichnet) und der Winkelgeschwindigkeit ohne äußere Einwirkung stets konstant bleiben muß.

Berücksichtigt man, daß für unsere Überlegungen über das Trägheitsmoment nur wissenswert ist, daß dieses durch die Massenverteilung, bezogen auf die jeweilige Drehachse, charakterisiert wird (je weiter weg die Masse von der Drehachse ist, desto größer ist das Trägheitsmoment) und daß diese Massenverteilung für den Menschen durch seine eigenen Kräfte in sehr weiten Grenzen veränderbar ist, so läßt sich folgendes feststellen:

Freie Drehungen können zielgerichtet gesteuert werden, indem der Ausführende die Lagerung seiner Körperteile um die Drehachse verändert. Dabei bleiben infolge des Drehimpulserhaltungsansatzes noch gewisse Ausführungsfreiheiten. Die Drehung beim Überschlag (Salto) kann bis zu einer bestimmten Stelle gebracht werden, indem der Körper sehr früh, aber nur gering verkleinert wird, und diese Veränderung erst spät wieder aufgegeben wird oder indem diese Verkleinerung erst spät, aber um so stärker und das Öffnen erst kurz vor Erreichen der gewünschten Position ausgeführt wird.

Absprungbewegungen

Absprungvorgänge im Gerätturnen sind im Gegensatz etwa zu Leichtathletik nicht nur auf Höhe oder Weite ausgerichtet, sie sind durch die jeweilige Aufgabe zusätzlich stets noch an das Erreichen bestimmter Drehzustände gebunden und manchmal auch noch mit einem Sprunggerät (Reutherbrett, Minitramp, Trampolin) zu koordinieren. Bei der Diagnose von Sprungfehlern ist daher eine genaue Kenntnis der mechanischen Hintergründe von großem Vorteil.

Der Absprung ohne Drehbewegung

Der Absprung ohne Drehbewegung stellt die Grundsituation der Absprungvorgänge dar. Wir werden ihn daher gesondert behandeln, auch wenn er im Turnen praktisch nicht vorkommt. Wird die Bewegung der abstoßenden Extremitäten (im Turnen praktisch wird ja auch von den Armen abgestoßen) so ausgeführt, daß die Wirkungslinie der resultierenden Stützkraft durch den Körperschwerpunkt geht, so wird der Ausführende nur in der Richtung dieser Wirkungslinie beschleunigt. Er erhält insbesondere keine Drehung.

Die für die Sprung- oder Flughöhe entscheidende Geschwindigkeit am Ende des Abstoßvorganges hängt von der Größe der aufgewendeten Abstoßkraft und der Dauer des Abstoßvorganges ab.
Beides kann beim Menschen nicht beliebig und unabhängig voneinander verändert werden. Ein Abstoß aus der tiefen Hocke dauert zwar länger, doch ist hier die aufgewendete Abstoßkraft sehr viel geringer als ein Abstoß aus mittlerer Beugeposition. Vermutlich gibt es hier nur individuelle Optimalwerte.
Wird der Absprung mit Hilfe eines Sprunggeräts ausgeführt, so muß die Wurfeigenschaft des Geräts beachtet werden. Als Faustregel kann gelten: Je länger die Wurfzeit (bzw. Schwingdauer) des Geräts ist, desto länger darf auch der Absprungvorgang beim Ausführenden dauern. Der Ausführende kann beim Trampolin die Beine etwas stärker beugen als etwa beim Reutherbrett.

Der Absprung mit Einleitung einer Drehbewegung

Soll der Turnende in der Flugphase nach dem Abstoß eine (zielgerichtete) Drehbewegung ausführen, so muß diese Drehung immer schon im Absprungvorgang eingeleitet werden. Dies gelingt, wenn der Abstoß exzentrisch (am Zentrum-KSP vorbei) vorgenommen wird: Die Wirkungslinie der resultierenden Stützkraft geht hierbei nicht durch den Körperschwerpunkt. Ein typisch exzentrischer Abstoß ist das Abdrücken (Abstützen) bei einer Sprunghocke, -grätsche oder einem -hecht. Durch die nur wenig von der Waagerechten abweichende Körperhaltung kurz vor dem Abstützen und durch die nur „exzentrische Anordnung" der Arme wirkt jeder Armabdruck in dieser Position am Körperschwerpunkt vorbei. Die meist vorhandene Vorwärtsdrehung des Körpers wird dadurch dann in eine Rückwärtsdrehung umgewandelt.

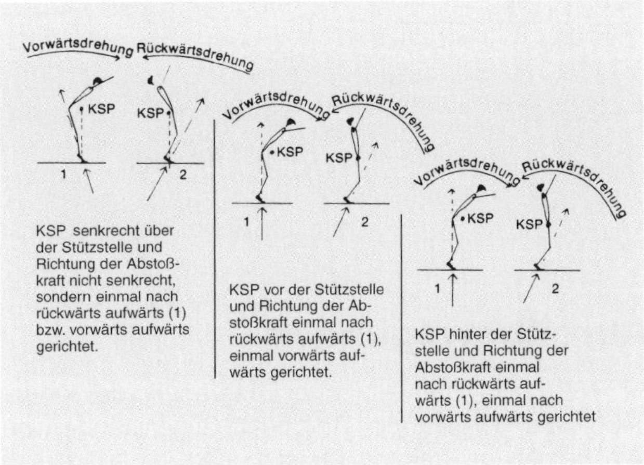

KSP senkrecht über der Stützstelle und Richtung der Abstoßkraft nicht senkrecht, sondern einmal nach rückwärts aufwärts (1) bzw. vorwärts aufwärts gerichtet.

KSP vor der Stützstelle und Richtung der Abstoßkraft einmal nach rückwärts aufwärts (1), einmal vorwärts aufwärts gerichtet.

KSP hinter der Stützstelle und Richtung der Abstoßkraft einmal nach rückwärts aufwärts (1), einmal nach vorwärts aufwärts gerichtet

Je nach Lage des Körperschwerpunkts und der Richtung der Wirkungslinie ergeben sich die in der vorangehenden Abbildung aufgezeigten sechs Möglichkeiten: senkrechter Absprung mit Vorwärts- bzw. Rückwärtsdrehung, Absprung nach vorne mit Vorwärts- bzw. Rückwärtsdrehung, Absprung nach hinten mit Vorwärts- bzw. Rückwärtsdrehung.
Da im Turnen insbesondere auch Absprünge während eines bereits bestehenden Bewegungszustandes vorkommen, ist noch folgender Hinweis anzufügen: Sobald ein sich bewegender Körper exzentrisch angehalten wird, wirkt die aus dem Bewegungszustand sich ergebende Tätigkeitskraft (jeder Körper versucht, den vorhandenen Bewegungszustand zu erhalten) und die Kraft, mit der angehalten wird, als ein Drehmoment.

Der Körper kommt infolgedessen (ohne eine besondere Abstoß-Bewegung) ebenfalls in Drehung. Bei allen Absprungbewegungen mit Anlauf wird in der ersten (Brems-) Phase des Absprungs eine solche Drehung eingeleitet. Daher ist in der zweiten (Absprung-) Phase des Absprungs im Vergleich zu Sprüngen aus dem Stand weniger Drehkraft aufzubringen.

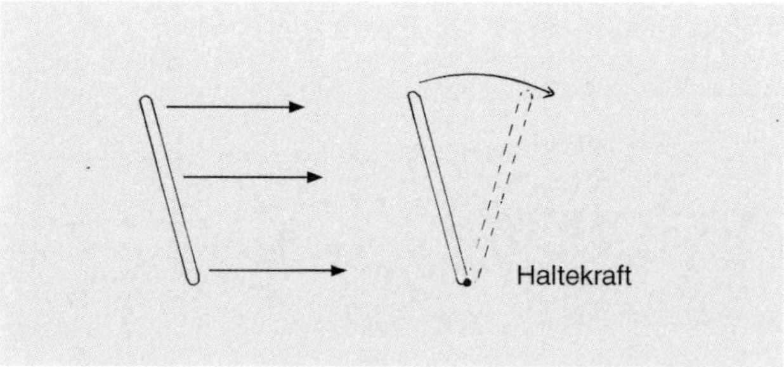

Abrollbewegungen

Sicherlich mit zu den frühesten Erfahrungen des Kindes gehört der Vorgang des Abrollens. Gegenstände werden bergab in Drehung versetzt, und sie lassen sich auch auf anderen Unterlagen in relativ lang anhaltende Drehung bringen, wenn nur die Körper-peripherie geeignet gerundet ist. Welche Hintergründe den einen Körper besser als den anderen abrollen lassen, wird dabei wohl kaum reflektiert.
Genau genommen sind Abrollvorgänge Drehbewegungen um momentane Drehachsen, die sich an der jeweiligen Berührungslinie zwischen dem rollenden Körper und der Rollunterlage befinden. Sie entstehen auf verschiedene Weise.
Die Berührung des abzurollenden Körpers mit der Unterlage kann, wenn der Körper vorher schon in Bewegung war, als exzentrischer Stoß angesehen werden. Der Körper wird daher (wie oben angedeutet) in Drehrichtung versetzt.
Der abzurollende Körper wird schon vor Berührung der Unterlage in Drehung versetzt (so daß das Abrollen nur ein Amortisieren der vorliegenden Drehenergie darstellt).
Der abzurollende Körper ist so gebaut, daß bei der Berührung mit der Unterlage sein Schwerpunkt nicht senkrecht über der Unterstützungsfläche liegt, also ein Kippmoment auftritt, und diese Situation auch nach einer bestimmten Veränderungszeit immer noch vorhanden ist.
Obwohl man im Grunde genommen nur den dritten Fall als typische Abrollbewegung ansieht (vgl. nebenstehende Abb.), müssen auch die beiden anderen Fälle mit beachtet werden.

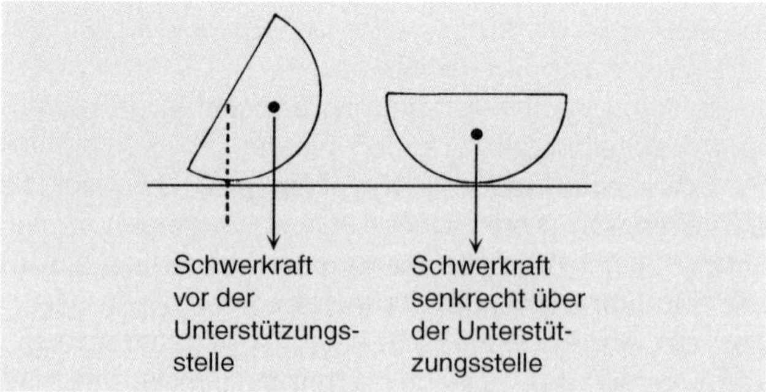

Im Turnen entsteht der Rollvorgang in den meisten Fällen durch eine Kombination dieser drei Entstehungstypen.

Eine Rollbewegung wird so lange weiterbeschleunigt, wie der Körperschwerpunkt trotz der durch das Rollen veränderten Situation noch vor der Senkrechten durch den Unterstützungspunkt liegt. Dieser Fall liegt bei dem obigen Halbzylinder nur bis in die zweite Position vor. Bei einem Zylinder oder einem Rad, das bergab fährt, ist dies immer erfüllt.

Allerdings kann ein Körper auch durchaus eine Zeitlang bergauf rollen (ohne vorher in Drehung gewesen zu sein). Dazu muß nur die Massenverteilung günstig angelegt werden. (Bleimasse in einem Halbzylinder exzentrisch lagern.)

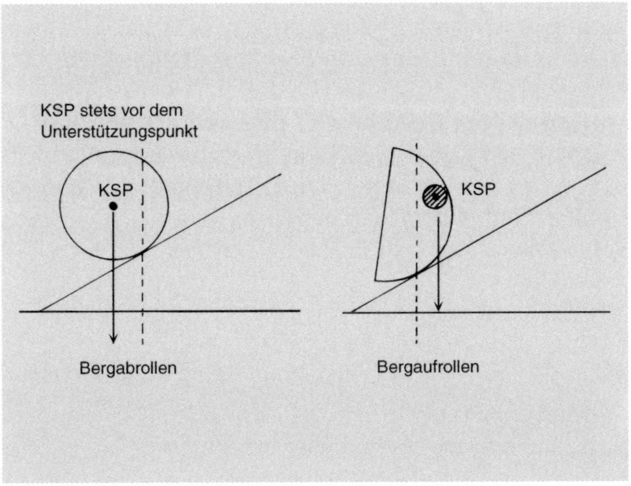

Ist die Körperperipherie des abrollenden Gegenstandes ungeeignet (d.h., ist der Schwerpunkt nicht in allen Positionen vor der Unterstützungsstelle), so kann die dadurch bedingte Behinderung überwunden werden, wenn die vorliegende Drehenergie größer ist, als die zur Überwindung der Behinderung notwendige Hubenergie, oder aber, wenn für diese Hubenergie zusätzliche Kräfte verwendet werden (vgl. nachfolgende Abb.).

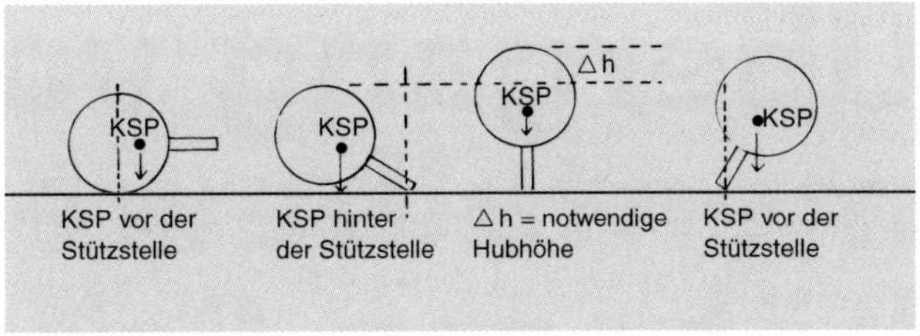

Bei der Rolle vorwärts bzw. rückwärts liegt dann, wenn über die Füße bzw. den Kopf weitergerollt werden soll, eine solche Peripheriebedingung vor. Sie kann durch größere Rollenergie und/oder durch zusätzliche Hubenergie, vgl. Abbildungen (z.B. Stemmen der Arme), überwunden werden.

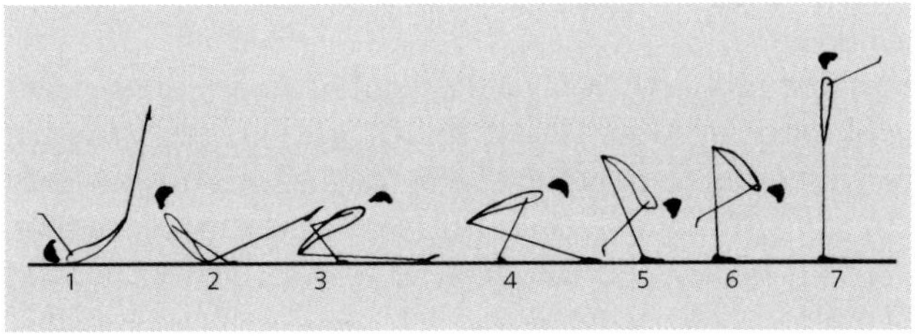

Zusätzliche Hubenergie

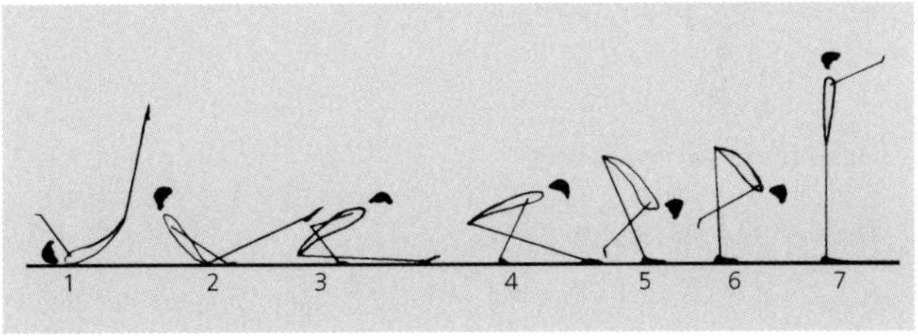

Größere Rollenergie

Übergang von Fundamentalbewegungen zu höheren Schwierigkeiten

Die Kenntnis über die Strukturgruppen des Gerätturnens allein würde uns in der Lehre nicht viel weiterhelfen. Die Zusammenhänge sind es, die aus diesen einzelnen Bausteinen ein festes Gebäude entstehen lassen können.
So ist es möglich, von Fundamentalbewegungen jeder Strukturgruppe des Gerätturnens ausgehend, schwierige Elemente zu erlernen. Selbst die schwierigsten Teile des Kunstturnens sind von dieser Grundlage erlernbar. Durch Erschwerung um eine Stufe wird allmählich das Könnensniveau gesteigert.

Die jeweilige Erschwerung der Fundamentalbewegung um eine Stufe kann erreicht werden durch:

Größere Bewegungsweite
Veränderung der Ausgangsposition
Überlagerung mit weiteren Bewegungsstrukturen

An folgendem Beispiel soll dies erklärt werden:
„Vom halben Aufschwung rückwärts am Barren und an den Ringen zum Riesen-Felgaufschwung am sprunghohen Reck" und mögliche Weiterungen

Fundamentalbewegung

Hüft-Aufschwung am Reck

Hüft-Aufschwung vorlings rückwärts am Reck mit Schwungbeinhilfe

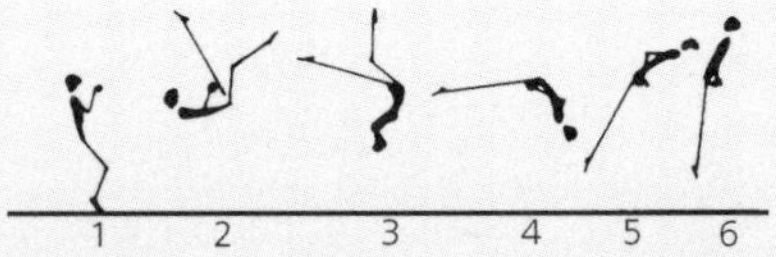

1. Stufe der Erschwerung

Veränderung der Ausgangsposition

- Hüft-Aufschwung vorlings rückwärts am Reck mit beidbeinigem Absprung

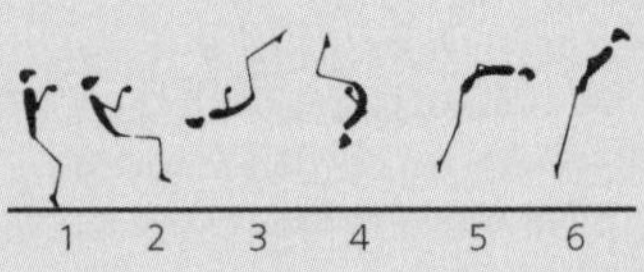

2. Stufe der Erschwerung

Veränderung der Ausgangsposition

- aus dem ruhigen Hang am sprunghohen Reck Hüft-Aufschwung vorlings rückwärts

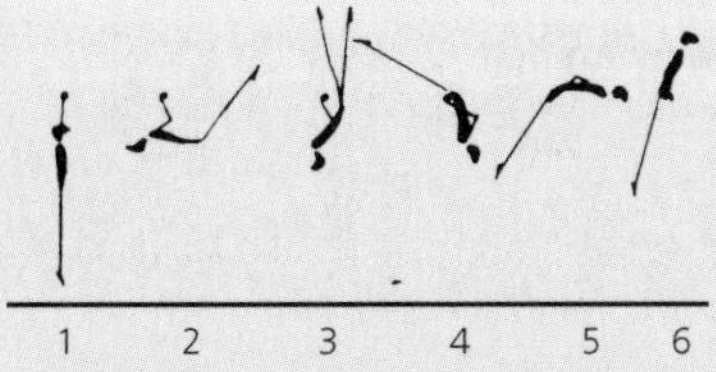

3. Stufe der Erschwerung

Überlagerung mit Schwung

- aus einem leichten Abschwung Hüft-Aufschwung vorlings rückwärts am sprunghohen Reck

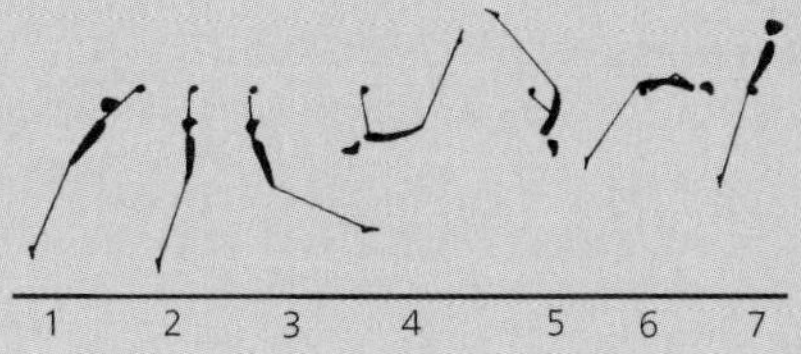

4. Stufe der Erschwerung

Überlagerung mit Felgbewegung

- aus einem leichten Abschwung Hüft-Aufschwung und schnelle Hüftstreckung zum Felgaufschwung

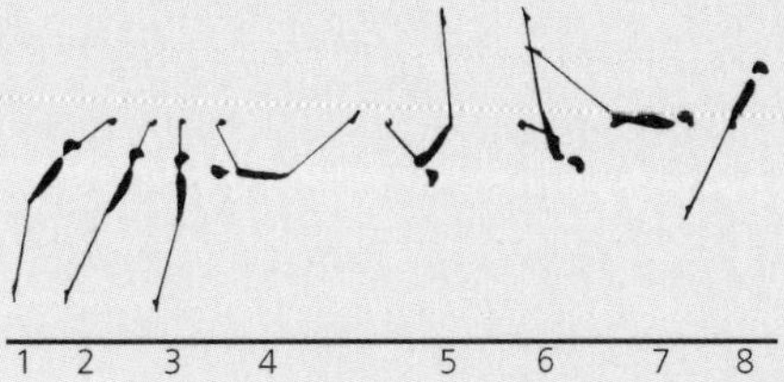

5. Stufe der Erschwerung

Veränderung der Ausgangsposition

- Abschwung aus einer höheren Ausgangsposition (aus der Waagerechten)
- Felgaufschwung mit Beinschnepper in den Stütz

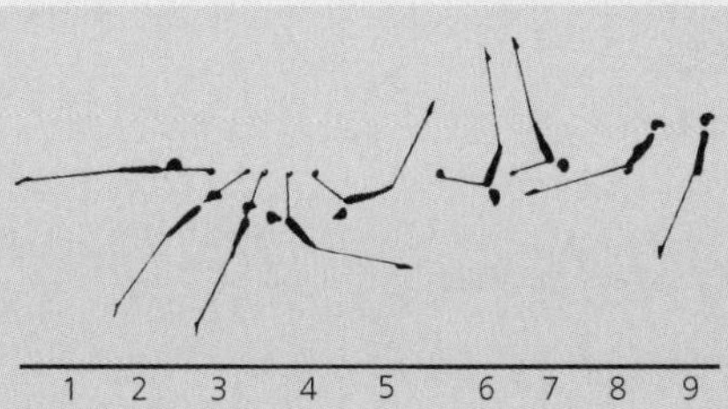

6. Stufe der Erschwerung

Überlagerung des Felgaufschwungs mit einem Armschub in den freien Stütz bzw. flüchtigen Handstand

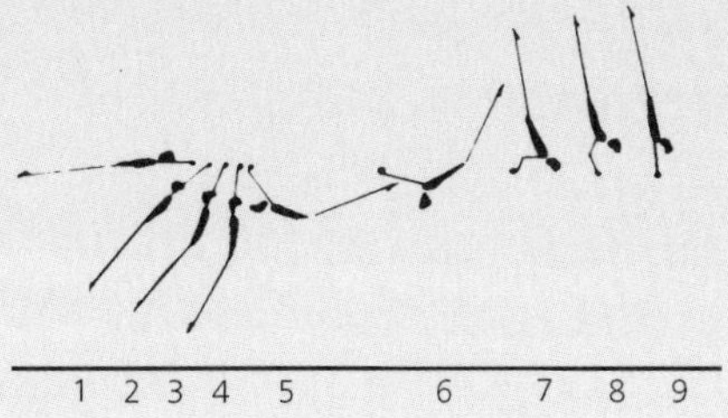

7. Stufe der Erschwerung	Veränderung der Ausgangsposition • Abschwung aus dem Handstand, Riesen-Felgaufschwung in den Handstand	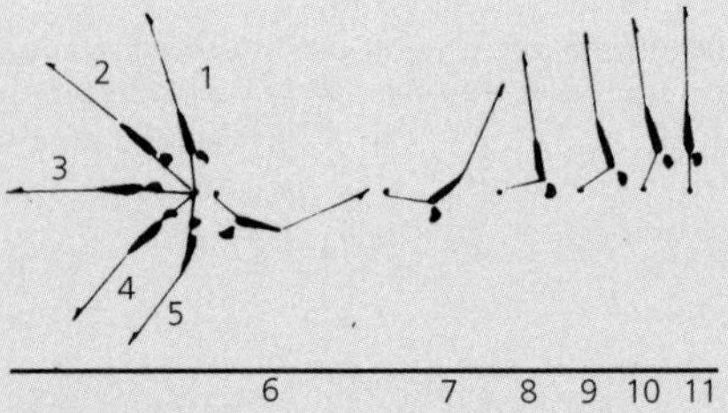
8. Stufe (Weiterungen)	Im weiteren Verlauf der Erschwerung kann durch Überleitung in den Salto rückwärts ein Element aus einer anderen Bewegungsstruktur entstehen	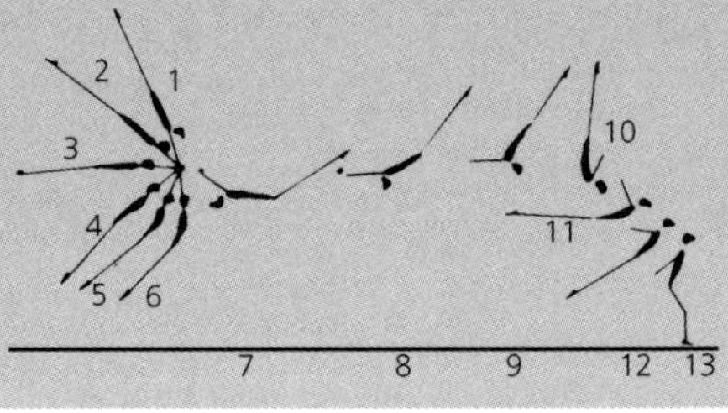

Stellung des Übenden zum Gerät

Da im Gerätturnen die Stellung zum Gerät mit „vor oder hinter dem Gerät" bezeichnet wird, soll in diesem kurzen Vorspann eine Erläuterung dazu gegeben werden, um Mißverständnisse zu vermeiden.
Um eindeutige Anweisungen zur Ausgangsstellung des Übenden zum Gerät zu ermöglichen, wird dies an einigen Beispielen verdeutlicht.

1. Um eine Stellung oder Richtung zu erklären, benötigen wir ein sogenanntes Bezugssystem. Dies kann einmal der eigene Körper oder aber auch ein Gerät sein. Grundsätzlich gilt, daß die vorgesehene Bewegungsrichtung von der Stelle des Körpers und seiner Blickrichtung ausgeht. Dabei gilt als vorausgesetzt, daß sich der Kopf in normaler Stellung befindet (nicht gedreht) und bleibt.

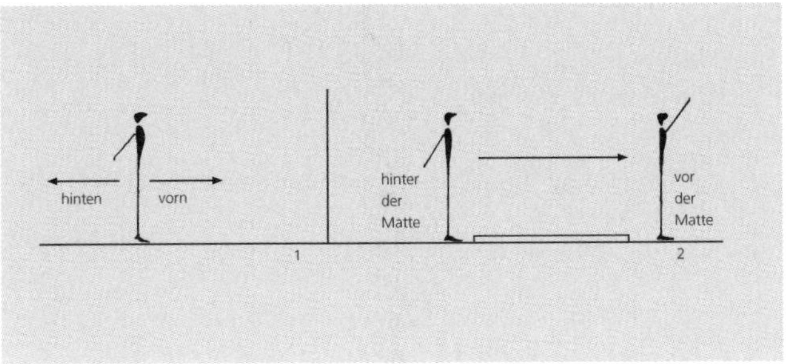

2. Wird ein Gerät von einem außerhalb Stehenden von der Seite betrachtet, so ergibt sich die gleiche Erklärung wie vorhin.

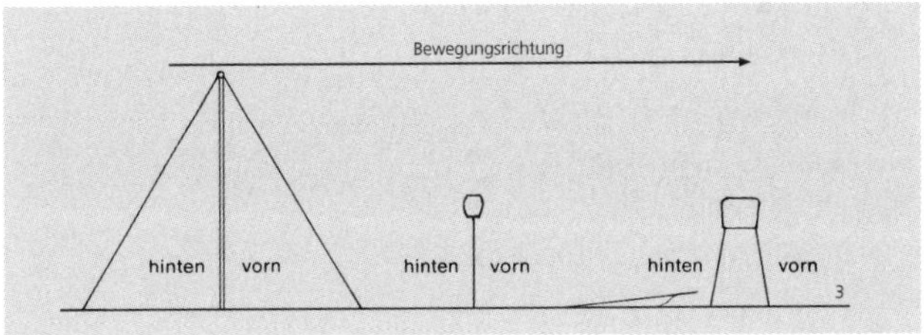

3. Nimmt ein Übender eine bestimmte Stellung zu Geräten ein, so gelten die in den Zeichnungen dargestellten Begründungen und Aussagen.

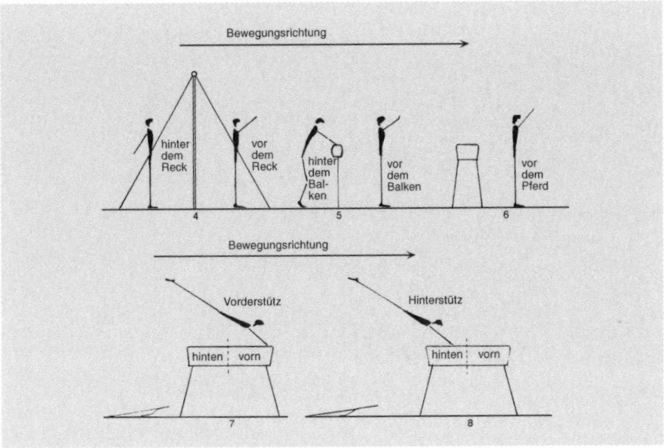

Praktische Umsetzung

Boden

Das Bodenturnen läßt in seiner Besonderheit und Vielfalt die Fundamentalbewegungen fast aller Strukturgruppen zu. So kann beispielsweise mit Formen der Kipp-, Felg-, Roll-, Sprung-, Schwung- und Überschlagbewegungen hier begonnen werden.
Die Fundamentalbewegungen am Boden sind am wenigsten mit dem Faktor Angst verbunden. Die Übenden können sich an Holmen, Stangen u.ä. nicht anschlagen. Außerdem ist im Vergleich zu anderen Geräten die Flughöhe und das Verletzungsrisiko relativ gering.
Für viele Elemente des Bodenturnens benötigt man keine Matten, so ist es möglich, daß sie im Freien auf dem Rasen geturnt werden.
All dies zusammen empfiehlt uns, mit dem Gerätturnen am Boden zu beginnen.

Rollbewegungen

Rolle vorwärts

Strukturzuordnung
Rollbewegung

Funktionsphasenanalyse
Hilfsfunktionsphase II. Ordnung
Aus dem Stand Absenken und Verlagern des KSP nach vorn von den Füßen auf die Hände.

Hilfsfunktionsphase I. Ordnung
Durch Beinabstoß den KSP über und vor die stützenden Hände hinwegbringen.

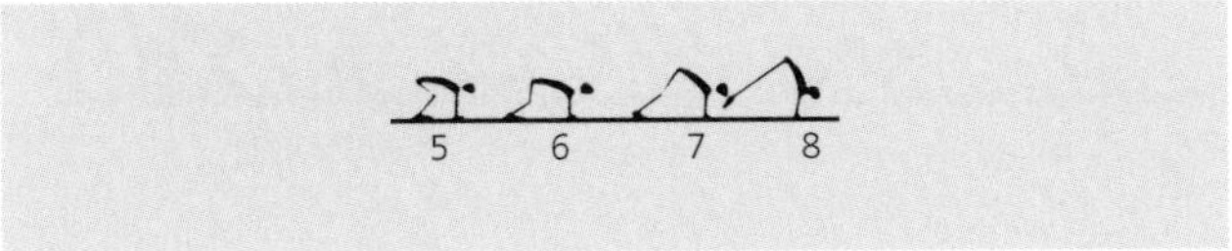

Hauptfunktionsphase
Durch Beugen der vorher gestreckten Arme die Fallgeschwindigkeit des Körpers bremsen, bis der Hinterkopf und die Schultern aufliegen. Den rollenden Körper durch schnelles Annähern der Beine und Arme an den Rumpf, wenn die Hüfte den Boden berührt, in seiner Drehgeschwindigkeit
beschleunigen.

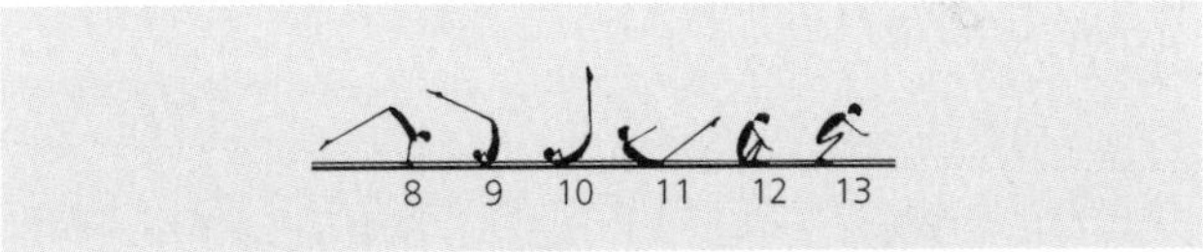

Übergangsfunktionsphase
Aus dem Hockstand aufrichten in den Stand, eine weitere Rolle vorwärts anschließen (siehe II. Ordnung) oder zurückfallen in den Sitz.

Aus der Phasenanalyse ist abzuleiten, daß für die Beherrschung der Rolle vorwärts die Koordination verschieden wichtiger Aktionen erlernt werden muß.
Die Rolle vorwärts von der schiefen Ebene ist zwar leicht, jedoch „technisch-methodischer Selbstbetrug".
Außerdem können, wenn die bremsende Armarbeit nicht erlernt wird, in ungünstigen Situationen Verletzungen im Halswirbelbereich auftreten.

Lernschrittfolgen

1. Rückenschaukel

a) Wir legen Matten aus. Auf jeder Matte sitzen quer zwei Kinder.

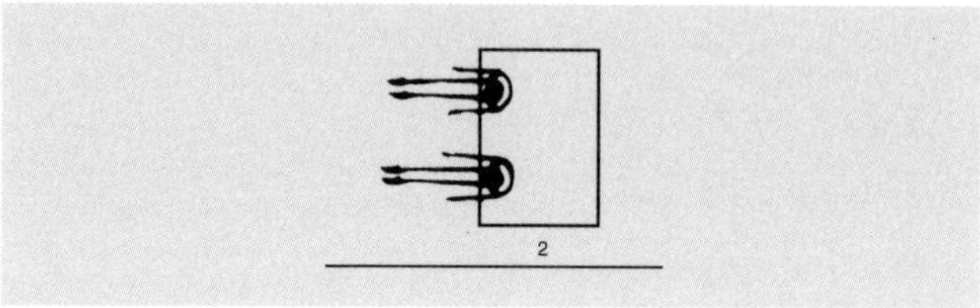

Rollt langsam zurück bis auf die Schultern, daß die gestreckten Beine über dem Kopf sind. Wer kann so das Gleichgewicht halten? Setzt Euch wieder auf.

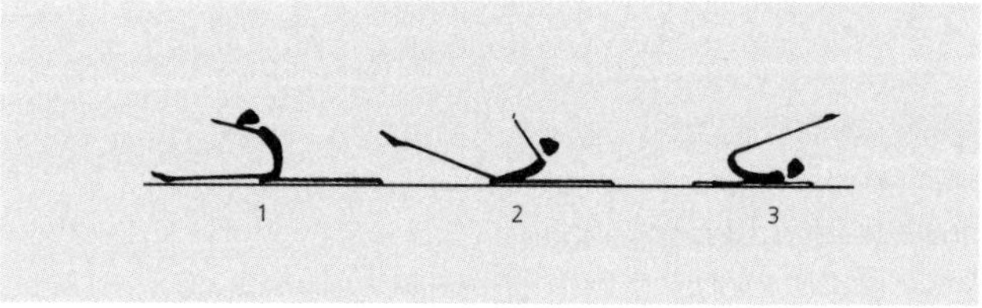

b) Bei gleicher Organisationsform

Turnt das gleiche noch einmal. Nehmt schnell Eure Schienbeine in die Hand und macht Euch klein wie ein Paket. Wer kann so als Paket vor- und zurückschaukeln?

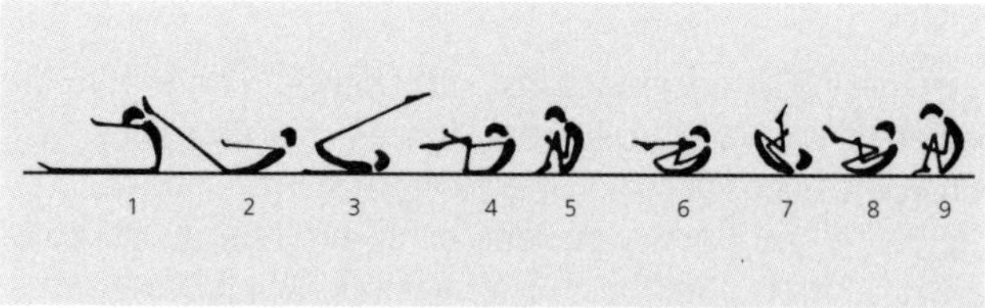

c) Rollt zurück auf die Schulter und haltet das Gleichgewicht. Wer kann seine Beine ganz strecken und die gestreckten Arme hinter dem Kopf auf den Boden legen, ohne das Gleichgewicht zu verlieren? Rollt ab zum Sitz.

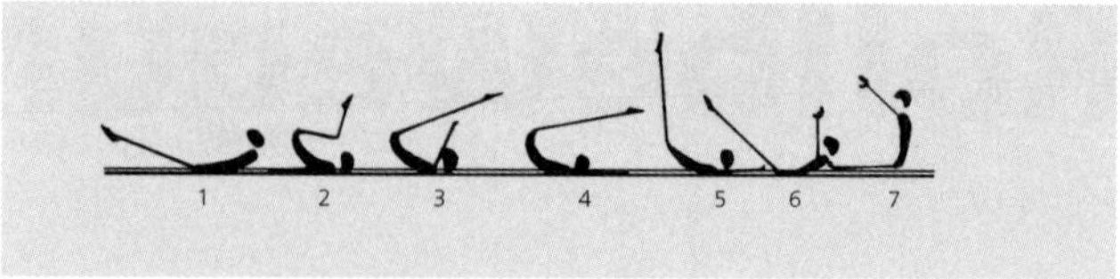

d) Rollt zurück mit gestreckten Beinen, bis Ihr das Gleichgewicht halten könnt wie vorhin. Wer kann die Hüfte strecken und einen Nackenstand (Kerze) erreichen, ohne daß er mit seinen Händen den Körper abstützt? Die Hände bleiben dabei hinter dem Kopf auf dem Boden. Rollt vor in den Sitz und versucht zu spüren, wann das Gesäß die Matte berührt.

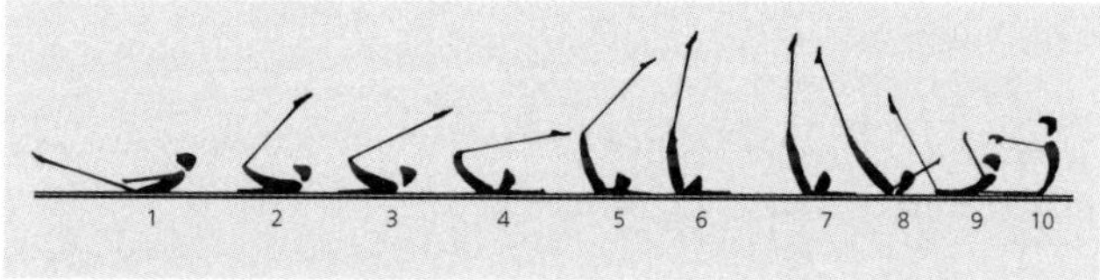

e) Die Kinder sitzen am vorderen Mattenrand.

Rollt zurück, bis Ihr in der „Kerze" das Gleichgewicht haltet. Laßt euren Körper in dieser Haltung mit rundem Rücken nach vorn abrollen. Wer kann dann, wenn sein Gesäß den Boden berührt, ganz schnell ein Paket machen und die Knie an die Brust ziehen, damit er im Hockstand ist?

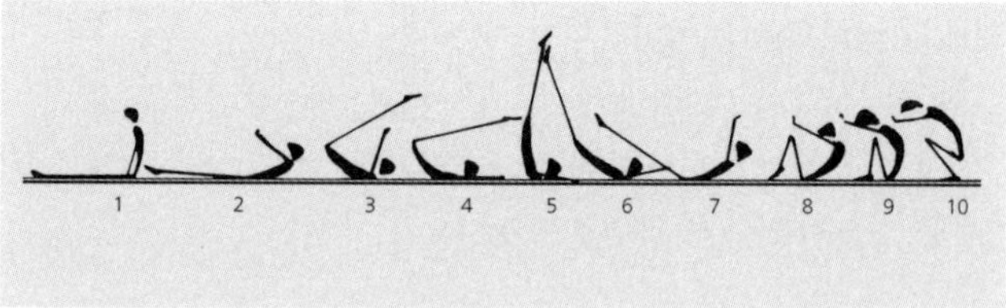

2. Dreherfahrung zur Rolle vorwärts

Kinder mit wenig Bewegungserfahrung oder ängstliche Kinder scheuen sich oft, „kopfunter" zu drehen. Zusätzlich muß bei der Rolle vorwärts durch die „bremsende Arbeit" der Arme die Halswirbelsäule gesichert werden. Da gerade bei den erwähnten Kindern beide Aufgaben gleichzeitig zu lösen oftmals Probleme entstehen, hat sich der nachfolgende Lernschritt sehr bewährt:

Eine Kastengasse als schiefe Ebene wird „oben" so weit geöffnet, daß der Kopf noch dazwischen paßt. Der Geräteaufbau ist wie in nachstehender Zeichnung.

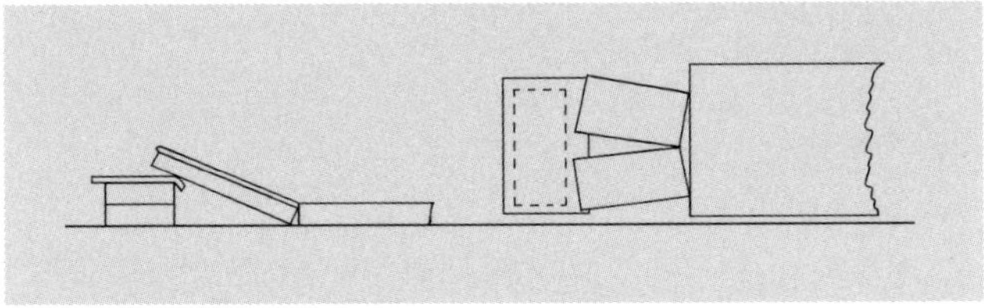

Ein Kind ist im Hockstand auf dem Querkasten, schiebt seinen Kopf zwischen die Kastengasse und legt die Schultern auf den Kasten.
Nimm die Arme nach außen, drück Dich mit den Füßen ab und streck die Beine. Wenn Dein Gesäß den Kasten berührt, hock wie vorher schnell die Beine an, daß Du in den Stand auf der Weichbodenmatte kommst.

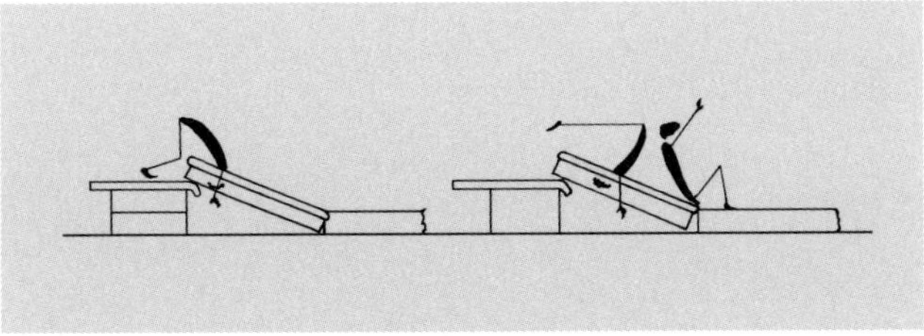

3. Abrollen von erhöhter Plattform

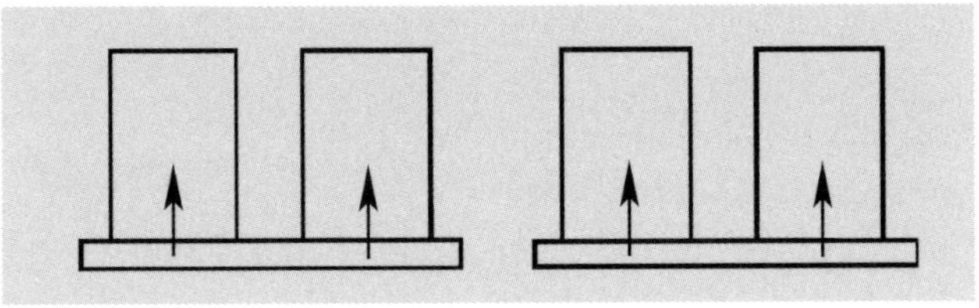

a) Wir stellen Bänke oder Kastendeckel in die Halle und legen davor Turnmatten.
Kniet euch so auf die Bank (Kastendeckel), daß Eure Kniescheiben darüber hinausragen. Setzt die Hände schulterbreit nahe an der Bank auf den Boden. Wer kann seinen Kopf „durch die Hände schieben", daß er mit Hinterkopf und Schulter auf den Boden kommt? Streckt dabei eure Hüfte, rollt ab und hockt an, wenn das Gesäß die Matte berührt.

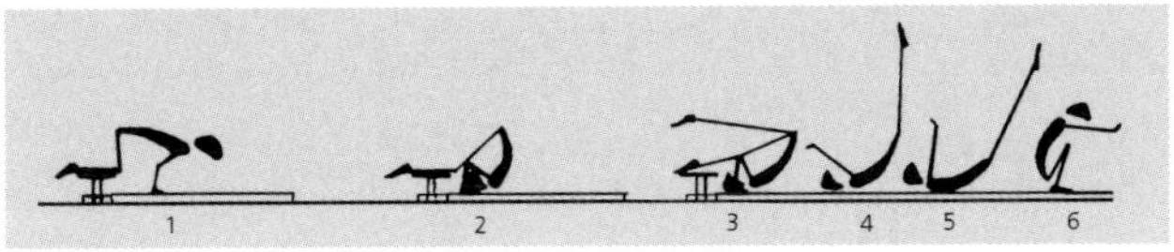

b) Die Kinder stehen im tiefen Hockstand am Bankrand (bei kleinen Kindern an einem Kastendeckelrand).
Setzt die Hände auf wie vorhin und schiebt den Kopf dazwischen. Legt Euren Kopf und Schulter ganz sanft auf die Matte. Stoßt euch mit den Füßen leicht ab (streckt die Beine). Wer kann seine Beine so lange gestreckt lassen, bis er mit dem Gesäß den Boden berührt, sich erst dann schnell klein machen, um in den Stand zu kommen?

4. Rolle vorwärts auf der Ebene
Zwei bis drei Schüler befinden sich an einer Matte und turnen nacheinander in Mattenlängsrichtung. Je ein Kind steht unmittelbar hinter der Turnmatte.

a) Geht in die Hockstellung und setzt Eure Hände auf.
Wer kann genau wie vorhin von der höheren Plattform die Beine strecken und die Rolle vorwärts in den Stand turnen?

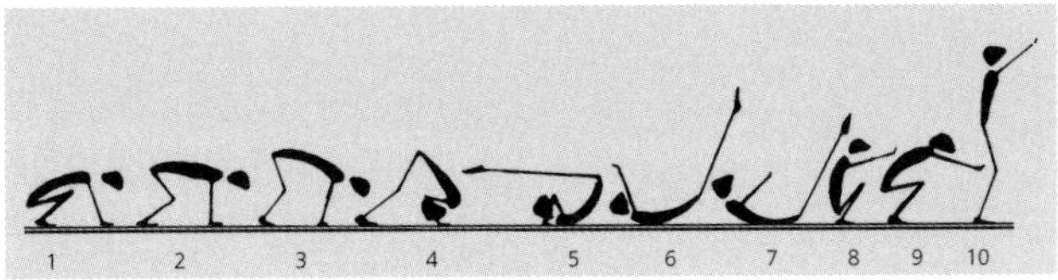

b) Bei gleichem Gerätaufbau steht je ein Kind aufrecht hinter der Matte.

Nehmt Eure Hände hinter den Körper. Geht in eine leichte Hockstellung und verlagert das Gewicht dabei schon nach vorn. Turnt die Rolle vorwärts zügig in den Stand.

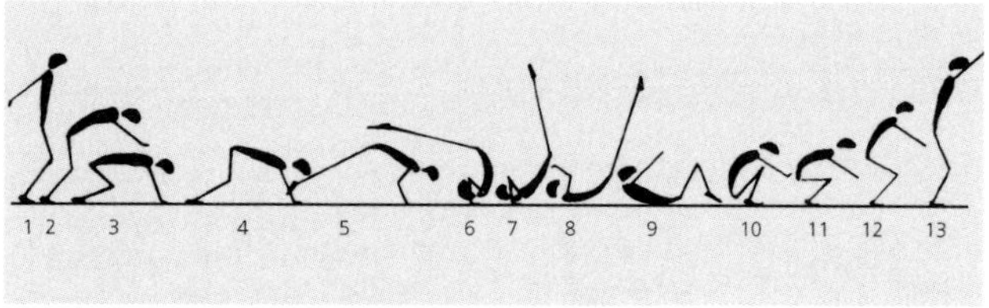

Sprungrolle (Flugrolle)

Strukturzuordnung
a) Sprungbewegung
b) Rollbewegung

Funktionsphasenanalyse
Sie ist gleich wie bei der Rolle vorwärts. Der Unterschied besteht in der stützlosen Phase (Flugphase). Sie wird durch größeren Krafteinsatz beim Absprung erzielt. Im gleichen Maße wird nach dem Stütz der Hände ein größerer Krafteinsatz mit den Armen zum Abbremsen erforderlich.

Lernschrittfolgen
1. Flugphase
Wir stellen Bankgassen mit 0,5 m Abstand von Bank zu Bank auf. Über die Bank legen wir im Abstand von etwa 1,5 m erst Sprungseile, später Turnstäbe. Je mehr Bänke, desto besser. Es empfiehlt sich, im „Strom" üben zu lassen.

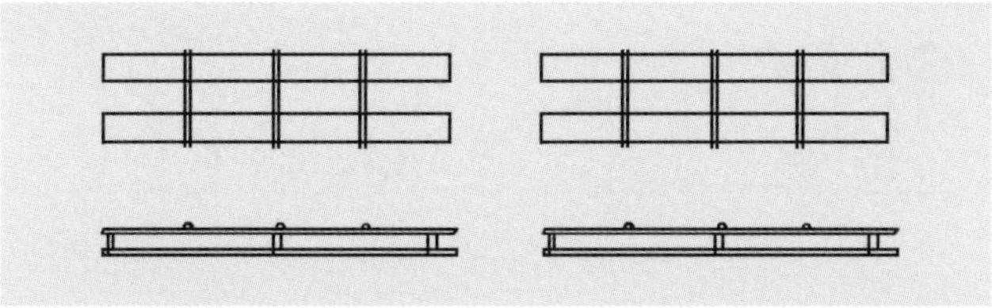

a) Die Kinder stehen hintereinander hinter den Bankgassen in Gruppen.

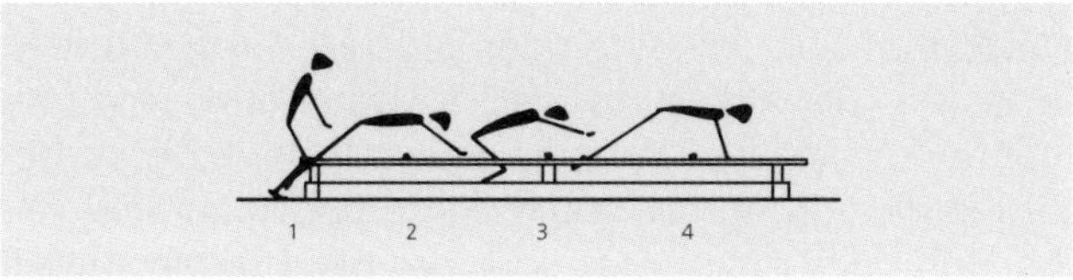

Springt wie „Tiger" über die Stäbe und von den Fußballen auf die stützenden Hände, wieder auf die Füße usw. Wer kann ohne Pause im Stand sofort wieder abspringen, als ob der Boden sehr heiß wäre (prellendes Springen)? Die Stäbe dürft Ihr dabei nicht berühren.

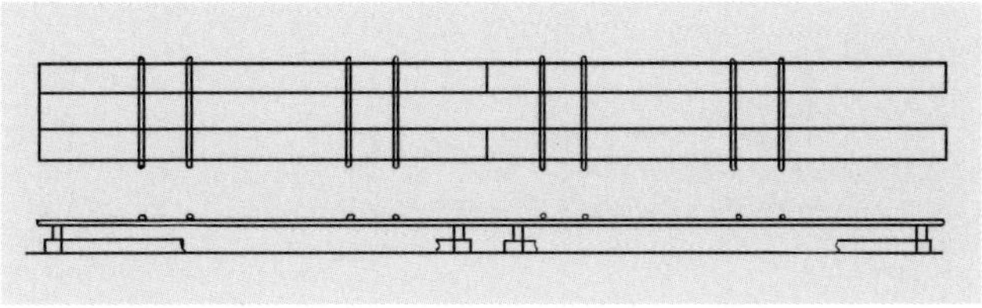

Wir legen je zwei Stäbe so auf die Bänke, daß die „Flugstrecke" größer wird.

b) Bei gleicher Arbeitsorganisation stehen die Kinder hinter den Bankgassen.
Wer kann genau wie vorhin mit ganz schnellen Absprüngen über die jetzt etwas breiteren Hindernisse springen und dabei ganz sicher mit den Händen stützen, ohne die Stäbe zu berühren (prellendes Springen)?

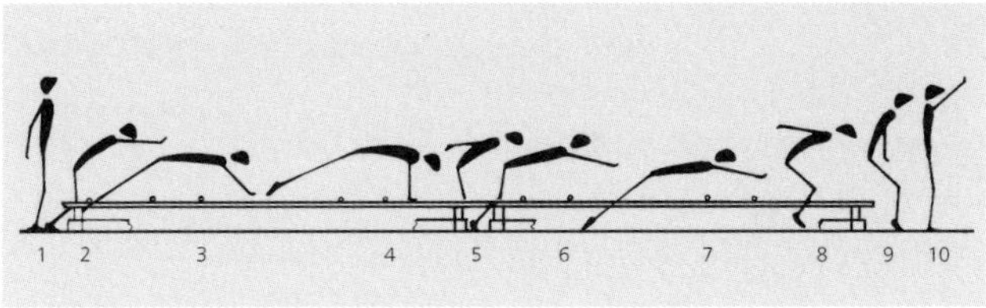

In dieser Phase muß darauf geachtet werden, daß der „Fußkontakt" nur kurzzeitig ist, um ein schnelles Überspringen der Stäbe zu erreichen.

c) Die höhere Stützebene Bank wird jetzt auf die niedere Höhe der Absprungebene Boden verändert.

Wir legen je zwei Turnmatten hintereinander und lassen zwischen beiden Matten einen Graben von etwa 1/2–1 m je nach Größe und Alter der Kinder. In den Mattengraben legen wir einen großen Medizinball (3 kg). Je ein Kind ist im Hockstand am Grabenrand.

Wer kann über den Graben auf die Hände springen, ohne dabei den Ball zu berühren, von den Händen abdrücken, um wieder in den Stand zu kommen?

2. Flugphase mit Abrollen

a) Der Geräteaufbau bleibt gleich. Je ein Kind ist im Hockstand am Grabenrand.

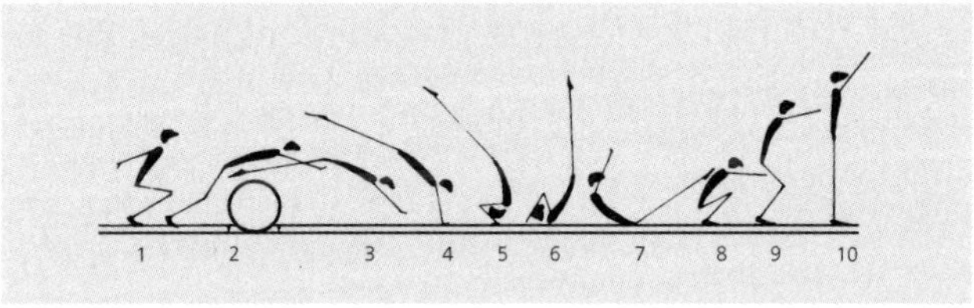

Springt wie vorhin über den Graben auf die Hände und bremst die Geschwindigkeit mit den Armen. Schiebt dann den Kopf so wie bei der Rolle vorwärts zwischen die Hände, daß Ihr Hinterkopf und Schultern sanft auflegen könnt, um danach in den Stand zu kommen.

b) Gleicher Geräteaufbau. Hinter jedem Mattengraben steht ein Kind.
Nehmt Eure Arme nach hinten, beugt leicht die Knie und springt ab zur Sprungrolle über den Ball. Wer kann beim Rollen die Beine so lange gestreckt lassen, bis sein Gesäß den Boden berührt, und erst dann schnell die Beine anhocken, um in den Stand zu kommen?

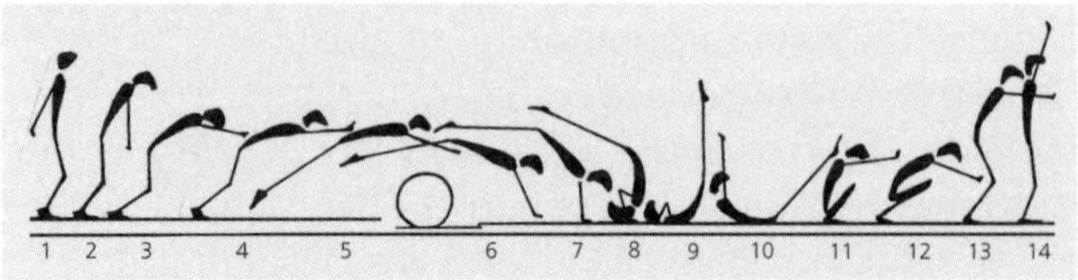

c) Der Ball wird entfernt, die Matten werden hintereinander gelegt. Je ein Kind steht hinter der Matte.
Beugt leicht die Knie und verlagert das Gewicht nach vorn. Springt aus dem Stand ab und turnt die Sprungrolle in den Stand.

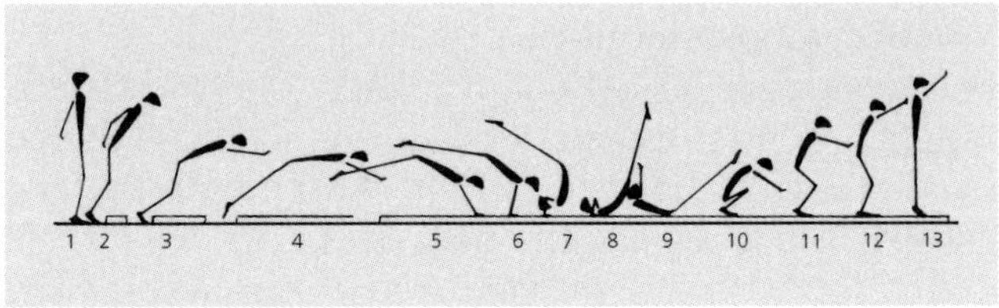

3. Strecksprung und Sprungrolle

Bei gleichem Geräteaufbau wird vor der Sprungrolle ein Strecksprung geturnt. Der prellende Strecksprung wird als schon erarbeitet vorausgesetzt. Je ein Kind steht am Mattenanfang mit dem Gesicht zur Matte.
Turnt einen Strecksprung mit Armkreis rückwärts zur leichten Vorlage und sofort daraus prellend die Sprungrolle.

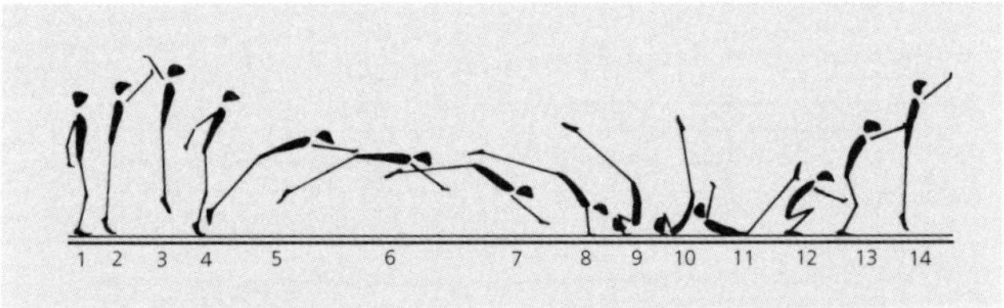

Beim Anfänger darf auf keinen Fall die Sprungrolle aus dem Anlauf oder über „möglichst weiten Graben" geturnt werden. Hier gilt der Leitsatz: **Höhe geht vor Weite!**
Es wäre ebenfalls unverantwortlich, Sprungrollen als Wettkampf über kniende oder liegende Partner turnen zu lassen. Riskant ist es, mit Kindern ohne entsprechende körperliche und bewegungstechnische Vorbereitung die Sprungrolle vom Minitrampolin auf die gleiche Höhe des Absprungs oder gar nach unten turnen zu lassen, auch nicht unter Verwendung einer Weichbodenmatte. Die Abbremsarbeit der Arme ist von entscheidender Bedeutung für die Sicherheit des Übenden.

Rolle rückwärts (in den Grätschstand)

Strukturzuordnung
Rollbewegung

Funktionsphasenanalyse
Hilfsfunktionsphase II. Ordnung
Aus dem Stand Absenken des Körpers nach rückwärts in den Sitz.

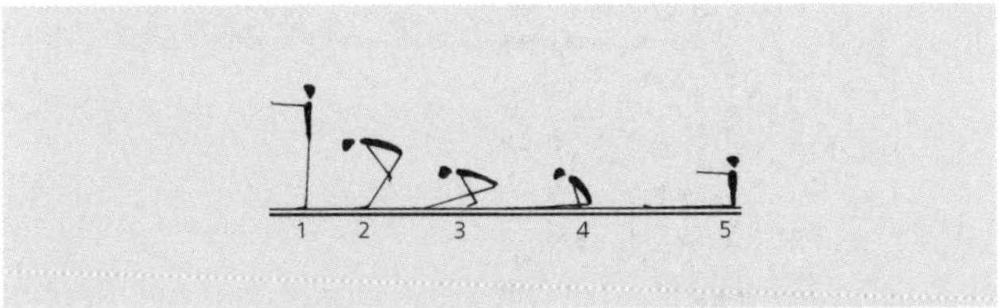

Hilfsfunktionsphase I. Ordnung
Aus dem Sitz zurückrollen und die Hände schulterbreit aufsetzen. Der KSP wird dabei über und hinter die Hände, Schulter und den Kopf gebracht.

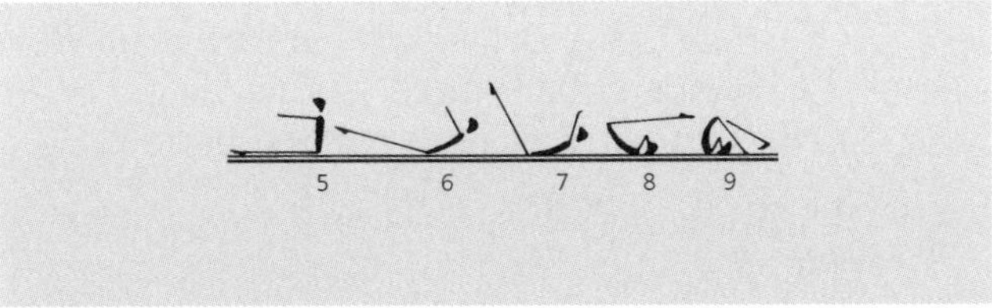

Hauptfunktionsphase
Der rollende Körper wird kurz vor oder beim Fußkontakt der gegrätschten Beine mit dem Armschub in den Grätschstand hochgedrückt.

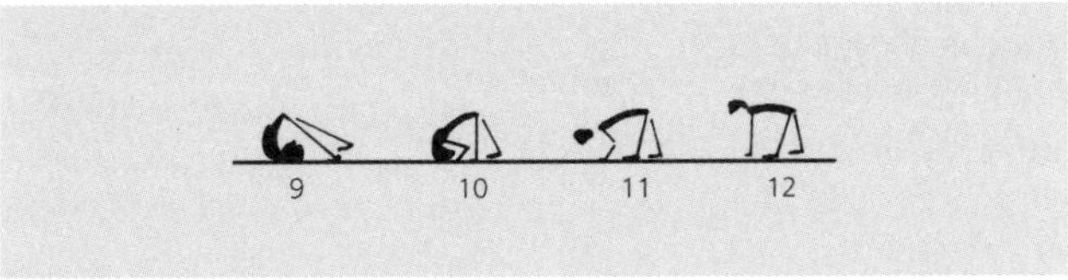

Übergangsfunktionsphase
Aufrichten des Oberkörpers aus dem Grätschliegestütz in den Grätschstand.

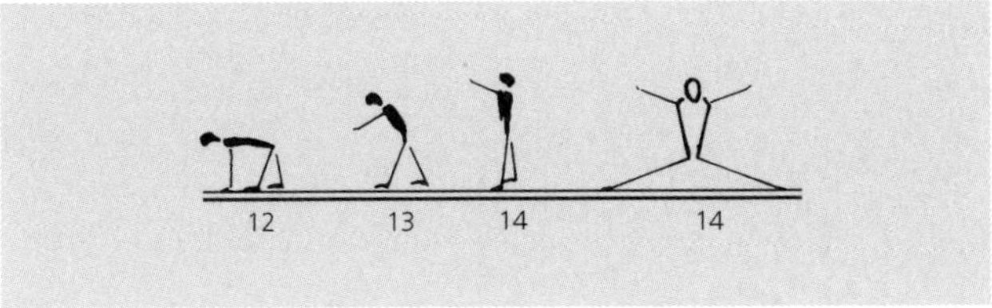

Vorbemerkung
Bei der Rolle rückwärts gilt in noch weit höherem Maße die Forderung, **nicht über die schiefe Ebene** zum Übungsziel zu gelangen. Ist sie doch der erste Übungsteil beim Bodenturnen, bei dem der KSP gegen die Schwerkraft „hochgehoben" werden muß. Die wichtigste Aktion bei diesem Element ist das **Erreichen der optimalen Handposition** für das Hochdrücken des Rumpfes während des Rückwärtsrollens. Wird dies nicht richtig erlernt, ist eine erfolgreiche methodische Weiterführung von der zur Rolle rückwärts zur Felgrolle (in den flüchtigen Handstand) nicht gewährleistet.

Dreherfahrung zur Rolle rückwärts
Während bei der Rolle vorwärts die Arme das Absenken des Kopfes bremsen und die Halswirbelsäule dadurch kaum belastet wird, muß bei der Rolle rückwärts durch Schub der Arme die Belastung der Halswirbelsäule verhindert werden.

Auch hier haben bewegungsunerfahrene und ängstliche Kinder eventuell Probleme, rückwärts „blind" zu rollen. Hinzu kommt, daß die Position des Handaufsatzes eine zusätzliche koordinative Anforderung darstellt. Die Kastengasse als schiefe Ebene ist eine optimale Geländehilfe für einen erfolgversprechenden Lernschritt.

Eine Kastengasse als schiefe Ebene wird „unten" nur so weit geöffnet, daß der Kopf noch dazwischen paßt. Der Geräteaufbau ist in nachfolgender Zeichnung zu sehen. Rechts und links auf der Weichbodenmatte kniet ein Helfer.

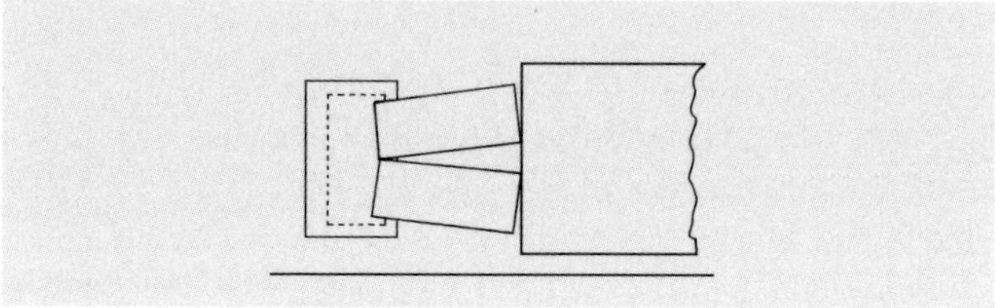

Setz Dich so mit dem Rücken auf die „oberen" Kästen, daß Deine Kniekehlen am Kastenrand sind. Roll langsam zurück und nimm die Arme nach außen, bis der Kopf zwischen der Kastengasse ist und Deine Füße die Weichbodenmatte berühren. Bring dabei die Knie nahe an die Brust, so daß Du in den Hockstand kommst.

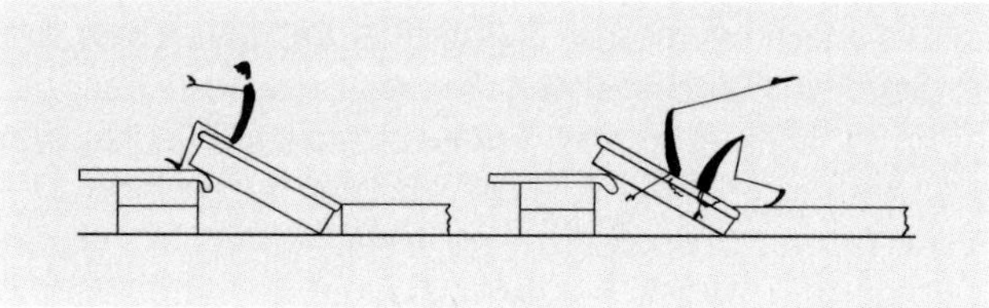

Die Helfer fassen an der Schulter, wenn die Füße Kontakt auf der Weichbodenmatte haben, und unterstützen durch Schieben das Aufrichten in den Hockstand.

Vorübung: Hochdrücken aus dem Grätschstand

Wenn Kinder die folgende Aufgabe lösen können, sind sie auch in der Lage, die Rolle rückwärts zu erlernen.

Setzt aus dem Grätschstand den Kopf vor die etwas mehr als schulterbreit aufgesetzten Hände auf den Boden und drückt euch wieder hoch in den Grätschstand.

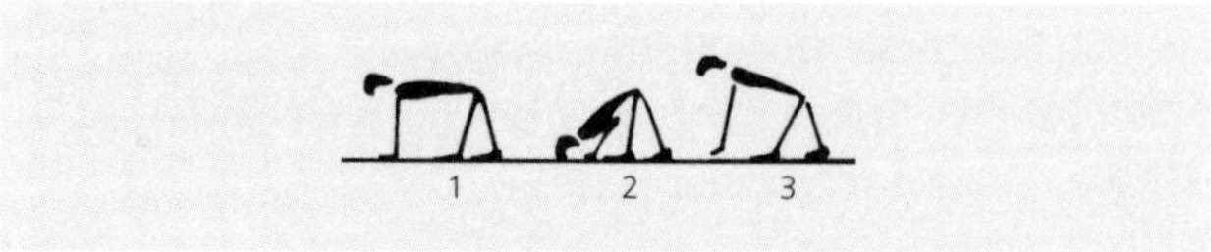

a) Matten werden in der Halle ausgelegt. Je zwei bis drei Kinder sitzen nebeneinander am Mattenrand mit dem Rücken zur Matte.

Rollt mit gestreckten Beinen zurück in die Kipplage und haltet das Gleichgewicht. Die Hände bleiben dabei vorn am Boden. Wer kann nach dem Zurückrollen die Füße hinter sich auf den Boden legen? Rollt wieder in den Sitz und turnt dies mehrmals hintereinander.

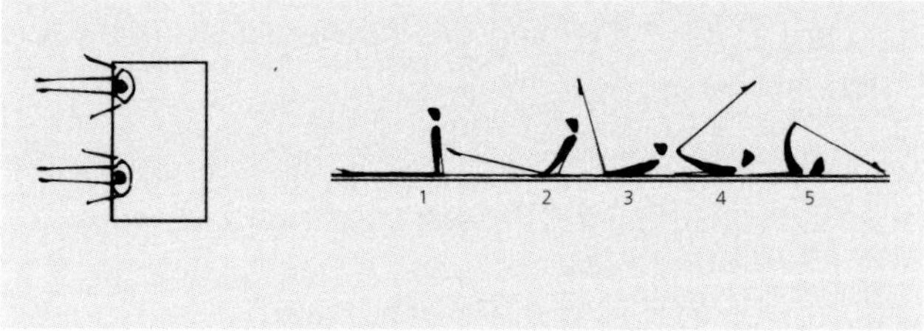

b) Auf jeder Matte arbeitet eine Dreiergruppe. Rechts und links kniet je ein Kind. Das dritte Kind sitzt am Mattenrand mit dem Rücken zur Matte.

Rollt mit gestreckten Beinen zurück in die Kipplage und haltet das Gleichgewicht. Wer kann die Beine grätschen und so mit den Fußspitzen den Boden berühren? Schließt die Beine und rollt mit gestreckten Beinen wieder ab in den Sitz. Turnt das mehrmals hintereinander.

Die Helfer auf beiden Mattenseiten sorgen an der Hüfte dafür, daß ihr Partner nicht nach hinten überrollt.

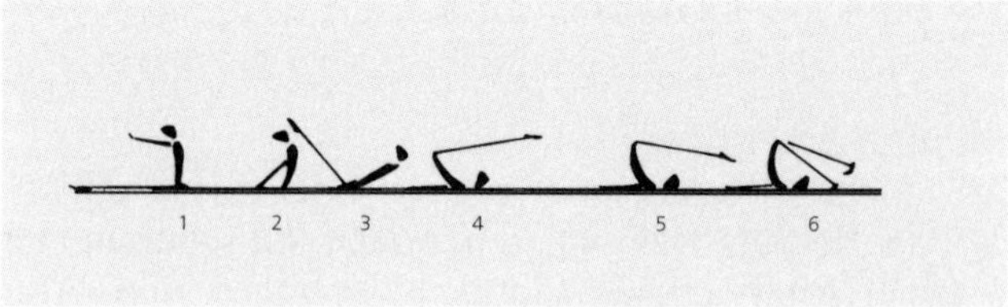

Handaufsatzposition

Gleiche Arbeitsform, Hilfestellung und Ausgangslage.

Rollt zurück in die Kipplage. Wer kann seine Hände außerhalb der Schulter aufsetzen (dabei zeigen die Finger nach hinten oder außen)? Nehmt die Hände wieder weg und rollt wie vorhin nach vorn in den Sitz ab. Turnt dies mehrmals hintereinander, bis er jedesmal die Hände breit genug aufsetzt.

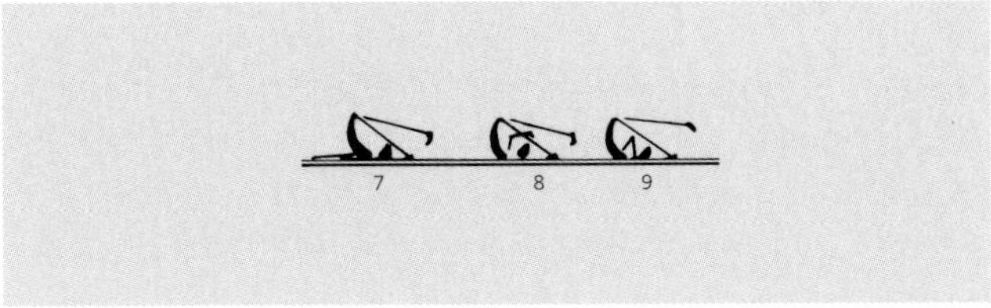

Die Helfer unterstützen durch Eingreifen die richtige Aufsetzposition der Hände. Sie geben den Übenden dabei die notwendigen Anweisungen und Korrekturen.

Rolle rückwärts in den Grätschstand

Bei gleicher Arbeitsform, Hilfestellung und Ausgangslage.

Rollt zurück in die Gleichgewichtslage und setzt die Hände wie vorhin auf. Grätscht die Beine und setzt die Fußspitzen auf den Boden. Wer kann sich so hochdrücken, daß er in den Grätschstand kommt und die Knie dabei gestreckt läßt?

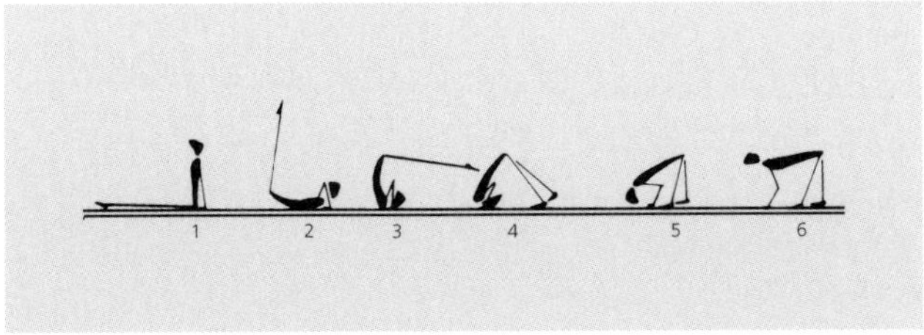

Die Helfer knien neben den Übenden, fassen mit einer Hand unter die Schulter und unterstützen den Armschub. Mit der anderen Hand wird am Gesäß die Drehbewegung bis in den Grätschstand unterstützt.

Die Helfer müssen unbedingt darauf achten, daß die Hände schulterbreit aufgesetzt werden. Werden die Hände zu eng aufgesetzt (zu nahe am Kopf), kann der Schüler sich schlecht hochdrücken. Bei der „kleinen Rolle" ist dies durch die geringe Schubleistung nicht so gut zu erkennen. Bei der später zu erlernenden Felgrolle mit gebeugten Armen (Rolle rückwärts in den flüchtigen Handstand) ist die enge Handstellung neben anderen Fehlern oft die Ursache für den Mißerfolg.

Rücksenken aus dem Stand in den Sitz

An jeder Matte turnt eine Dreiergruppe.

Ein Kind steht mit dem Rücken zur Matte am Mattenrand. Ein Partner steht hinter seinem Rücken. Schüler, die eine gute Rumpfbeugung nach vorn können (Dehnfähigkeit der Beine und Rumpfrückseite), haben es dabei leichter.

Beugt den Oberkörper so weit wie möglich nach vorn herunter bis fast an die Oberschenkel und laßt die Beine dabei gestreckt. Setzt die Hände so auf, daß die Finger zu den Fußspitzen hin zeigen. Bremst die Senkgeschwindigkeit mit den Armen und setzt Euch langsam auf die Matte.

Zwei Helfer hinter dem Rücken des Übenden fassen mit einer Hand im Genick oder an der Schulter und mit der anderen Hand am Gesäß und bremsen so die „Senkgeschwindigkeit" nach hinten zum Sitz.

Rolle rückwärts aus dem Stand in den Grätschstand

Gleiche Arbeits- und Organisationsform. Ein Partner kniet neben der Matte und sichert die Rolle rückwärts. Die Kinder stehen wie vorhin am Mattenrand.

Turnt wie vorhin Rumpfvorbeugen, Händeaufsetzen und Bremsen beim Rücksenken in den Sitz.

Wer kann die Rolle rückwärts in den Grätschstand turnen, ohne die Knie dabei zu beugen?

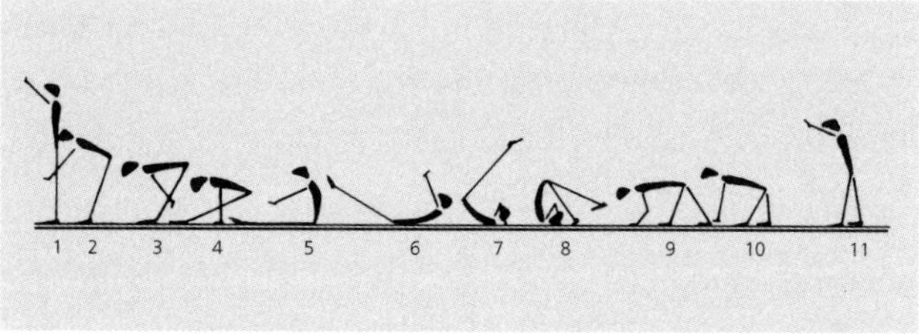

Die Helfer sichern in der eben angegebenen Art und Weise.

Rolle rückwärts in den Hockstand

Auf weitere Vorübungen können wir jetzt verzichten, da die wesentlichen Vorarbeiten für das Gelingen der Rolle rückwärts in den Hockstand durch die Rolle rückwärts in den Grätschstand bereits erfüllt wurden.

a) Je eine Dreiergruppe befindet sich auf einer Matte. Je ein Kind befindet sich im Sitz am Mattenrand.

Rollt zurück und laßt die Beine dabei zusammen und nehmt die Knie an die Brust. Wer kann sich ganz klein machen und mit den Fußspitzen hinten ganz nahe am Kopf fast den Boden berühren?

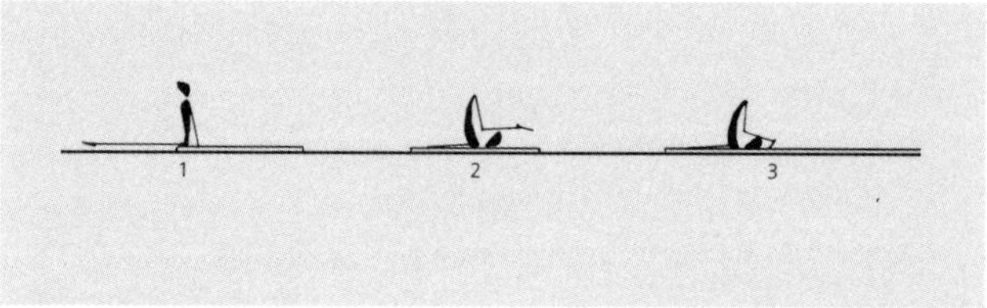

Die Helfer rechts und links sichern an Gesäß und Schulter das Gleichgewicht des Übenden.

b) Bei gleicher Ausgangslage und Hilfestellung.

Rollt zurück und setzt die Hände außerhalb der Schultern auf. Bringt die Fußspitzen fast auf den Boden. Wer kann schnell mit den Händen drücken, seinen Oberkörper dadurch aufrichten, dabei seine Füße aufsetzen und über die Hockstellung in den Stand kommen?

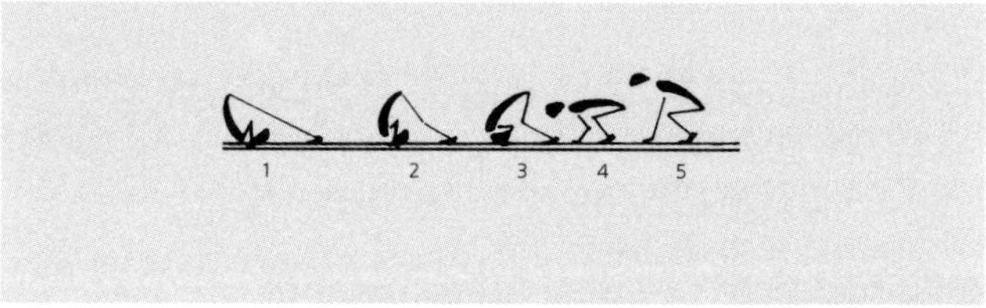

Die Helfer rechts und links unterstützen an der Schulter die „Schubarbeit" und am Gesäß die Drehbewegung.

Überschlagbewegungen

Handstütz-Überschlag seitwärts (Rad)

Strukturzuordnung

a) Sprungbewegung (einbeinig)
b) Überschlagbewegung

Funktionsphasenanalyse

Hilfsfunktionsphase II. Ordnung
Aus dem Stand Verlagerung des KSP vor die Füße, um die Teilrotation vorwärts einzuleiten.

Hilfsfunktionsphase I. Ordnung
Aus der Teilrotation vorwärts mit Aufsetzen des Druckbeins und 1/4 Längsachsendrehung zum „Händeaufsetzen". Gleichzeitig damit wird das Schwungbein vom Boden gelöst.

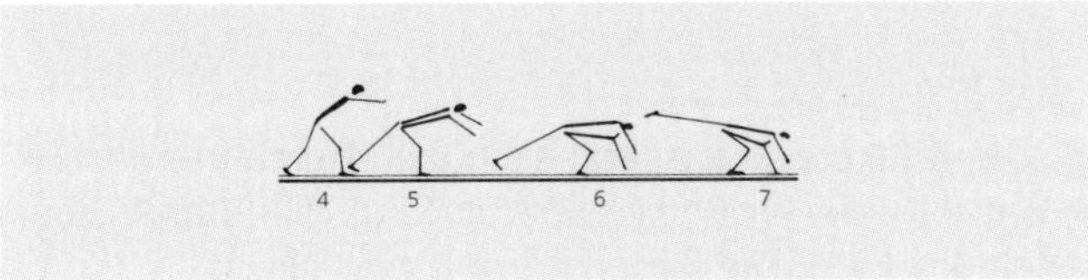

Hauptfunktionsphase
Nach dem Aufsetzen der Hände wird durch Schwungbeinimpuls (einbeiniger Beinschwung) und Druckbeinimpuls (einbeiniger Abdruck) der KSP über die stützenden Hände hinweggebracht.

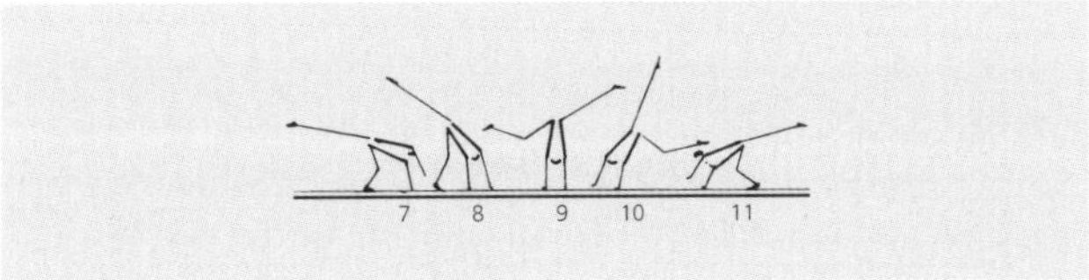

Übergangsfunktionsphase
Aufrichten des Körpers, nachdem das vorherige Schwungbein wieder Bodenkontakt hat, durch Abdruck von den Händen und Abwärtsführen des zweiten Beines (Druckbein).

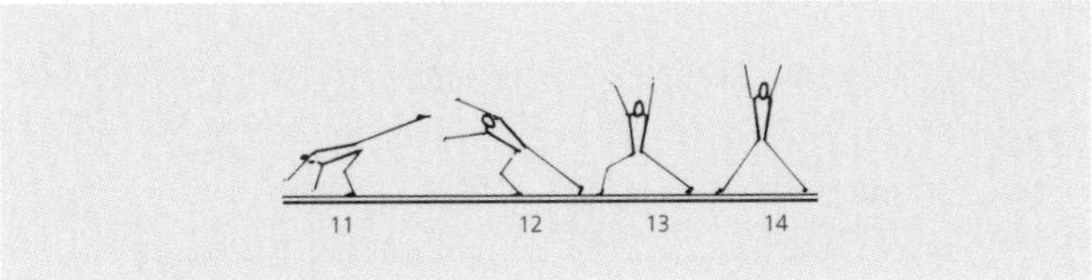

Vorbemerkungen

Da die Stützebene Bank höher ist als die Stützebene Boden, ist ein möglicher Angstfaktor (Kopf unten, Beine oben) auch beim Anfänger relativ unbedeutend. Vorübungen, die keine hohe Energiezufuhr (Kraftlei-

stung) verlangen, sind immer dann angebracht, wenn sie direkt zum eigentlichen Ziel führen, ohne die Gesamtbewegung zu verfälschen.
Da beidbeinige Absprünge leichter sind als einbeinige, die Stützphase jedoch gleich ist, kann über diesen Einstieg mit der eigentlichen Hauptphase der Bewegung begonnen werden. Gleichzeitig ist die Gewähr gegeben, daß diese Ausführung des „Rades" von allen Kindern geleistet werden kann.

Lernschrittfolgen

„Drehhocke" über die Bänke mit beidbeinigem Absprung

Wir stellen mehrere Bänke im Abstand von drei bis vier Metern quer in die Halle. Als Arbeitsform bietet sich dabei der Übungsstrom an.

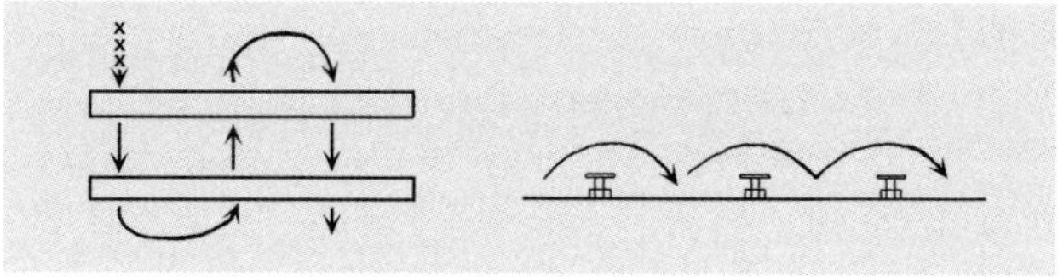

a) Die Kinder stehen in einer Reihe hintereinander hinter einer Bankseite.
Stützt mit den Händen auf der Bank und springt schnell mit den Füßen auf die andere Seite. Lauft zur nächsten Bank und turnt das gleiche usw. über alle Bänke.

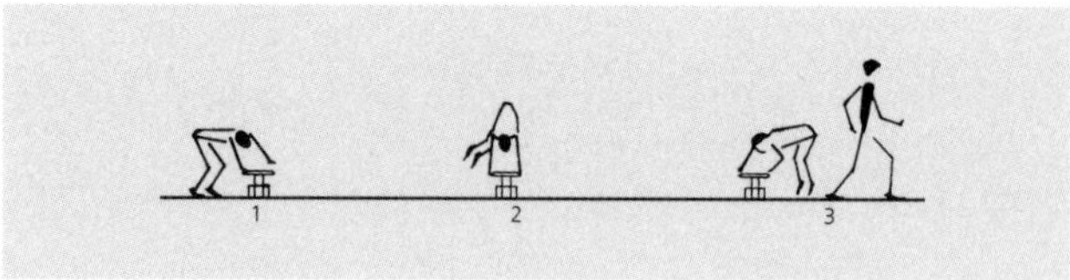

b) Bei gleichem Geräteaufbau und gleicher Arbeitsform.
Stützt mit den Händen auf der Bank und springt darüber. Wer kann in der angefangenen Drehrichtung weiterdrehen, um direkt zur nächsten Bank zu kommen? Turnt an der nächsten Bank das gleiche.

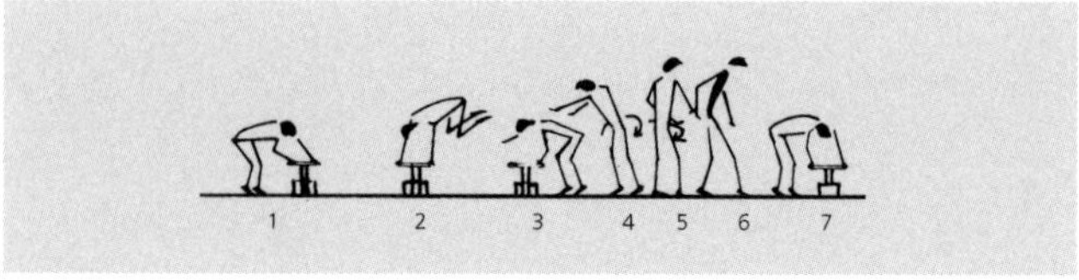

c) Arbeitsform und Gerätaufbau bleiben gleich.
Turnt dasselbe wie vorhin. Wer kann nach dem Drüberspringen erst einen Fuß ganz nahe zur Bank aufsetzen, um auf einem Fuß besser weiterdrehen zu können?

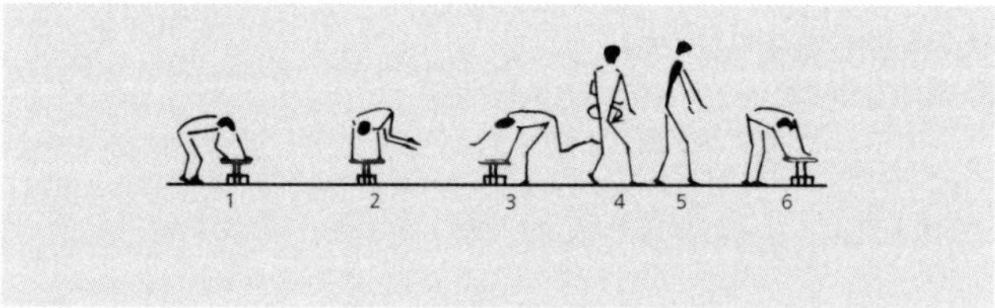

Drehhocke mit einbeinigem Absprung

a) Bei gleichem Geräteaufbau und gleicher Arbeitsform. Die Kinder stehen etwa einen Meter hinter der ersten Bank.
Geht an die Bank und stützt mit den Händen. Wer kann mit den Füßen nacheinander über die Bank springen (scheren)? Setzt wie vorhin nur einen Fuß nahe zur Bank auf. Dreht weiter und lauft zur nächsten Bank, um dasselbe zu turnen.

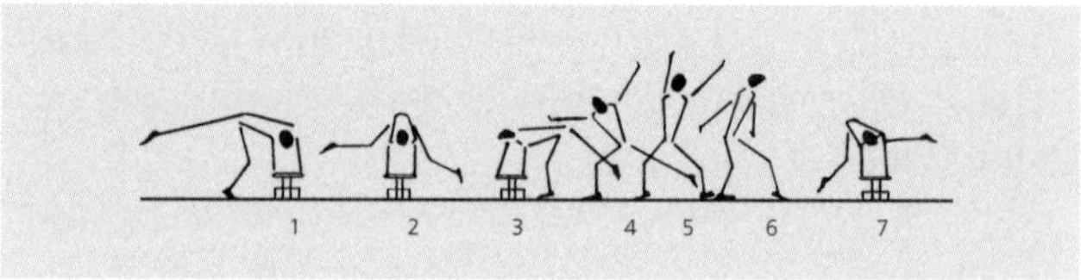

b) Die Bänke werden jetzt so nahe aneinandergestellt, daß die Kinder in unmittelbarer Folge die Bänke überradeln können. Die Arbeitsform bleibt gleich.

Turnt aus dem Gehen die gleiche Übung wie vorhin. Wer kann das erste Bein schnell über die Bank schwingen und den Fuß hinter der Bank auf den Boden setzen, bevor er sein anderes Bein drüber bringt? Dreht weiter und turnt an der nächsten Bank dasselbe usw.

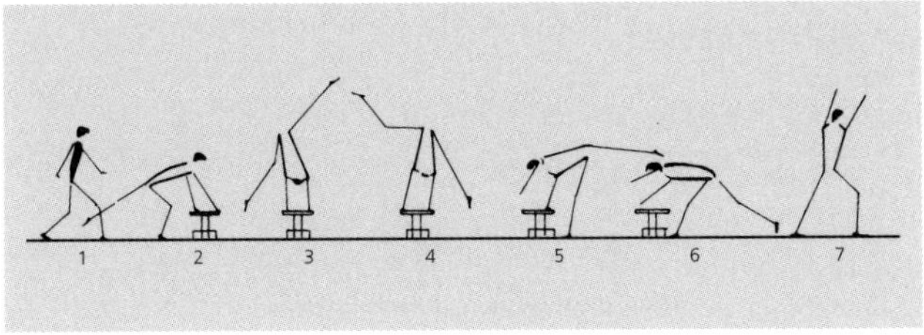

„Rad" auf der Ebene

Das bis jetzt erlernte „Rad" wird den Ansprüchen an eine gute technische Ausführung nicht gerecht. Dafür wäre das Aufschwingen nötig.
Trotzdem stellt diese erlernte Bewegung schon ein „richtiges Rad" dar.

a) Wir legen zwei bis drei Matten quer im Abstand von etwa 1 m hintereinander. Über jede Mattenreihe spannen wir eine Gummischnur 30 bis 50 cm hoch.

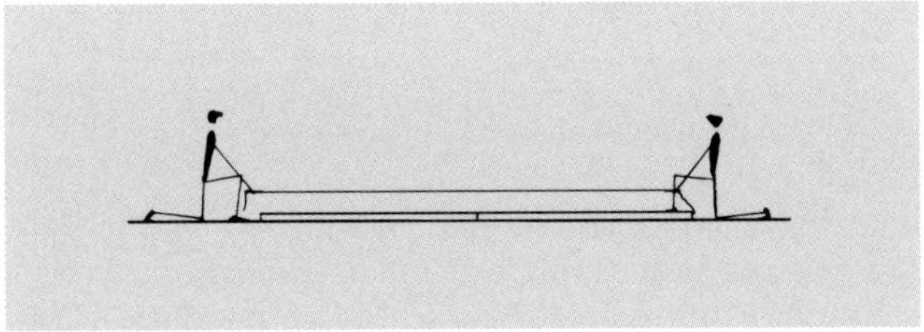

Hinter jeder Mattenreihe steht eine Gruppe Kinder. Was vorher die Bänke waren, sind jetzt die Matten mit der Gummischnur.
Setzt die Hände so auf den Boden, daß die Schnur zwischen den Händen ist. Schwingt und springt nacheinander mit den Beinen wie vorhin an der Bank über die Schnur. Setzt den ersten Fuß ganz nahe an die Hand auf die Matte. Dreht euch weiter, lauft zur nächsten Matte und turnt dasselbe.

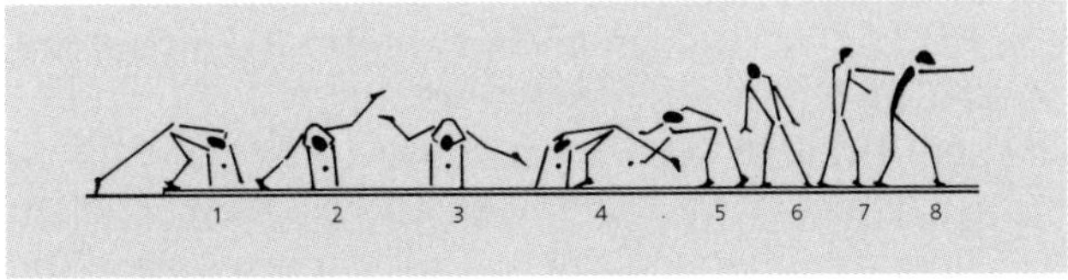

b) Bei gleicher Arbeitsform werden die Gummischnüre je nach Kindergröße höher gehalten.
Turnt das gleiche wie vorhin. Wer kann so über die Schnur schwingen und springen, daß er die Schnur weder mit den Füßen noch mit dem Rumpf berührt? Lauft zur nächsten Matte und turnt dasselbe.
Bei diesem Lernschritt muß darauf geachtet werden, daß das Schwungbein zuerst den Boden ganz nahe an der Hand berührt, bevor das Druckbein Bodenkontakt hat. Sobald die Kinder die Füße nacheinander fast auf einer Linie aufsetzen gelernt haben, wird auf die Gummischnur verzichtet.

c) Die Matten bleiben liegen, die Gummischnüre werden entfernt und auf der Matte wird ein Strich gezogen.
Wer kann jetzt das Rad genauso hoch wie vorhin über die Gummischnur turnen und dabei einen Fuß nach dem anderen auf der Linie aufsetzen, um weiterlaufen zu können?

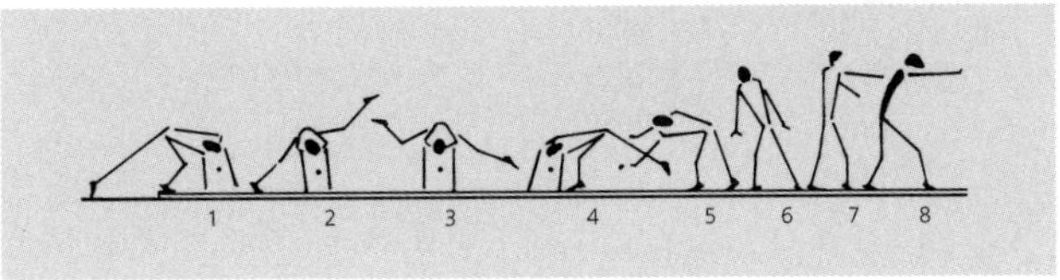

Es empfiehlt sich, das „Rad" nach beiden Seiten (links und rechts) zu lernen.

Der Handstand

Handstandposition

Jede Position, in der man anstatt auf den Füßen auf den Händen steht, ist ein „Handstand".
Um den Schülern die „umgekehrte Lage" bewußt zu machen, müssen wir Hilfen wählen, die allen Schülern den Handstand ermöglichen. Dabei muß gleichzeitig gewährleistet sein, daß die Lernenden eine „falsche" Überstreckung im Sinne einer Hohlkreuzlage von der „richtigen", der vollkommenen Streckung, selbst spüren, unterscheiden und kontrollieren lernen.
Bei sehr differenzierter Betrachtung führt der Schwungbeinimpuls beim Handstandschwingen geradezu zwingend in eine Überstreckung der Wirbelsäule. Auch der sogenannte „Zappelhandstand" bringt als methodischer Schritt keinen brauchbaren Ersatz für die „exakte Position".
Deshalb sollte vor dem Handstandschwingen die Klärung der Position im Handstand unbedingten Vorrang haben.
In den Handstand kann man durch verschiedene Aktionen gelangen. Durch Schwingen, Springen, Heben oder Drücken.

Schwingen

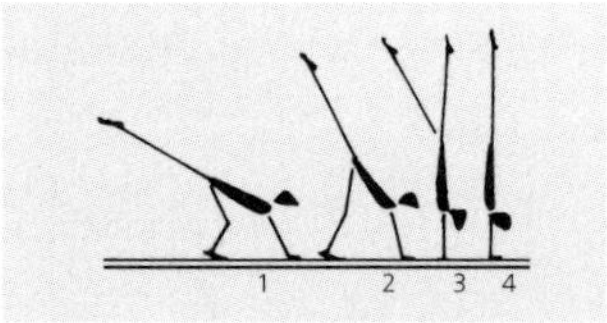

Springen

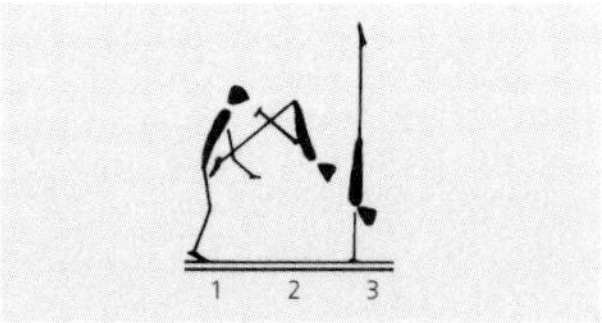

Heben

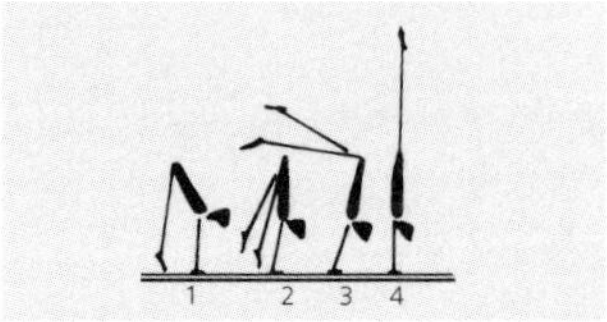

Drücken

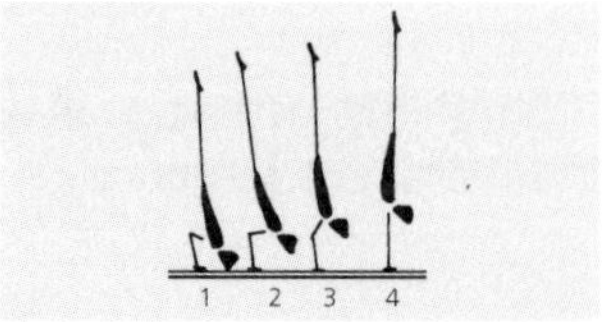

Ein Handstand, der nicht zu einer Belastung der Lendenwirbelsäule führen soll, muß zwei wichtige anatomische Voraussetzungen erfüllen.

a) Die Beweglichkeit im Schulterbereich. Der Arm-Rumpf-Winkel (Rumpfvorderseite) sollte eine Öffnung von 180° zulassen.

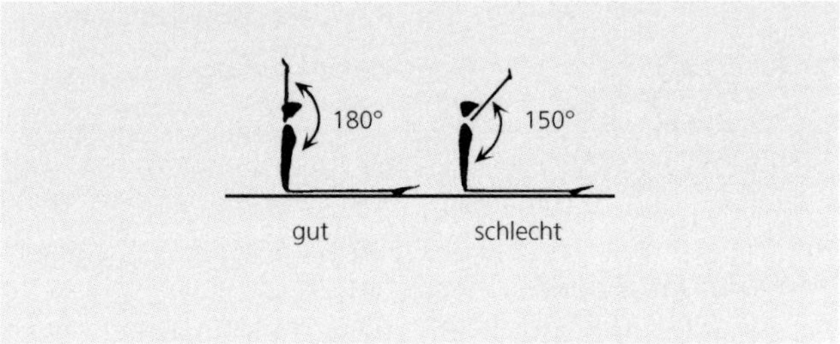

b) Die Muskelkraft im Schulter-Rumpf-Hüft-Bereich muß den Körper vollkommen strecken können.

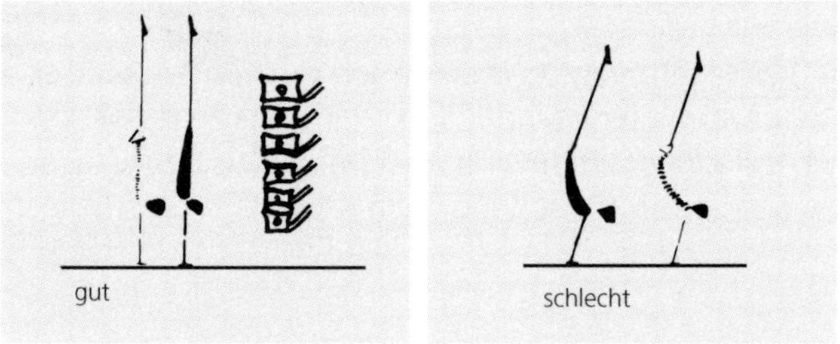

Sind beide Voraussetzungen vorhanden, ermöglicht dies eine günstige statische Position. Die einzelnen Wirbelkörper – mit Ausnahme der Halswirbelsäule – können dadurch ähnlich wie Bauklötze, die übereinandergestellt werden, was zu einer günstigen Gleichgewichtslage führt.
Je geringer diese Beweglichkeit der Schulter oder die Kraft im Rumpf-Bein-Bereich ist, desto mehr wird durch die Wirbelsäule ausgeglichen.
Beim Handstandschwingen ist eine gute Beweglichkeit im Querspreizen günstig.

Je geringer die Beweglichkeit im Querspreizen, desto geringer ist die Arbeitseffektivität des Schwungbeins, dadurch muß die Kraftzufuhr des Druckbeines früher einsetzen.
Bereits hier ist zu erkennen, daß kraftsparendes, ökonomisches und technisch richtiges Turnen unter anderem auch von einer guten Beweglichkeit abhängig ist (dies gilt übrigens nicht nur für den Handstand).

Lernschrittfolgen
a) Wir stellen Böcke und Kästen so hoch, daß sie der Rumpf- plus Armlänge der Übenden entsprechen. Auf einer Seite legen wir je eine Matte längs. Rechts und links steht je ein Partner als Hilfestellung. Ein Kind legt sich mit dem Bauch auf das Gerät.
Setzt die Hände schulterbreit etwa 20 bis 40 cm vor dem Kasten auf die Matte. Die Finger zeigen dabei leicht nach außen und sind gespreizt. Rutscht mit den Beinen so weit nach vorn, daß das Gesäß über dem Kopf ist, Rumpf und Arme eine Linie bilden.
Streckt Euch aus der Schulter ganz nach oben, macht Euch in der Hüfte fest wie ein Brett und schaut zwischen Eure Hände auf den Boden. Rollt nach vorn ab.
Die Helfer verhindern mit ihren Knien ein Ausweichen der Schulter des Übenden nach vorn. Mit Klammergriff am Oberschenkel sichern sie das Abrollen.

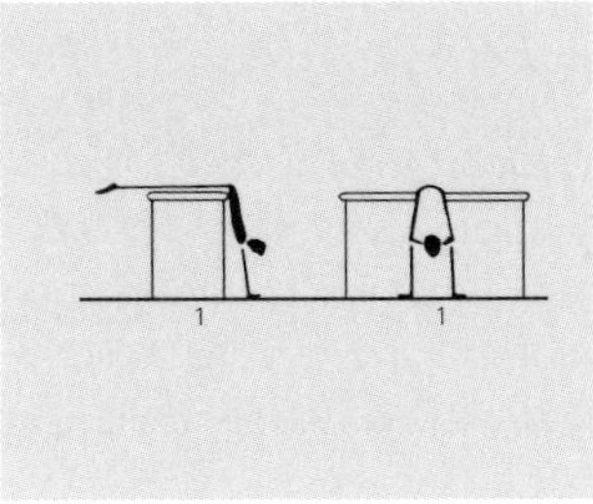

b) Bei gleichem Gerätaufbau und gleicher Arbeitsorganisation liegt ein Schüler auf dem Kasten.
Geht mit den Knien so weit nach vorn, daß Euer Gesäß über den Kopf, die Arme und der Rumpf dabei senkrecht sind. Diese Position müßt Ihr genau registrieren können.
Die Helfer fassen am Oberschenkel und führen Euch so in den Handstand. Wer kann seinen Körper steif wie ein Brett machen? Schaut zwischen Eure Hände und streckt Euch ganz nach oben. Die Helfer legen Euch nachher wieder auf den Kasten und rollt ab.
Die Helfer verhindern mit ihren Knien an der Schulter ein Ausweichen nach vorn und bringen den Übenden am Oberschenkel bis in die vollkommene Streckung in den Handstand. Sie führen ihn wieder zurück auf den Kasten und begleiten ihn beim Abrollen.

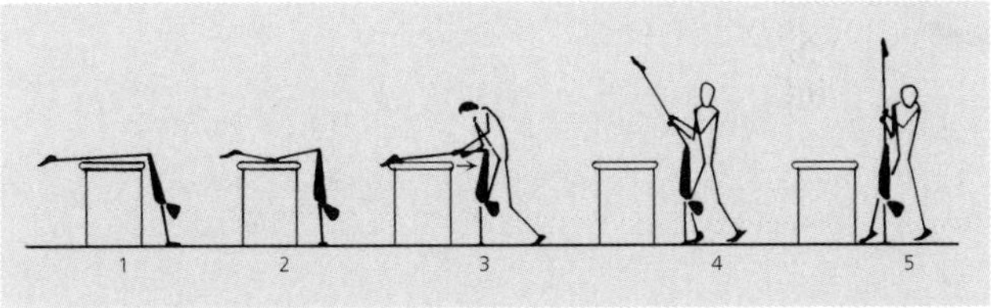

Abrollen aus dem Handstand
a) Bei gleichem Gerätaufbau und gleicher Arbeitsorganisation liegt ein Schüler auf dem Kasten.
Laßt Euch in den Handstand heben. Bleibt im Handstand ganz fest. Schiebt Eure Schultern jetzt nach vorn über die Hände hinweg, beugt leicht die Arme und den Kopf. Rollt vorwärts ab in den Stand.
Die Helfer unterstützen und sichern wie vorhin am Oberschenkel und an der Schulter. Sie müssen dafür sorgen, daß die Übenden über den Handstand hinweg vollkommen gestreckt bleiben. Der Schüler darf erst losgelassen werden, wenn er mit der Schulter den Boden berührt hat.

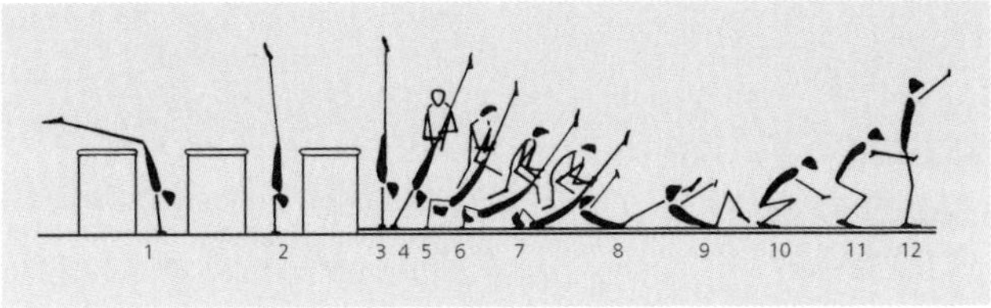

b) Je eine Dreiergruppe hat eine Matte und legt sie quer zur Wand. Je ein Schüler steht an einer Mattenseite direkt an der Wand als Helfer. Der andere ist im Liegestütz vorlings auf der Matte mit den Füßen zur Wand.
Kriecht mit den Füßen an der Wand hoch und geht mit den Händen immer näher an die Wand. Wer kann so nahe heran, daß er mit der Brust an die Wand kommt? Streckt Euch, daß Ihr mit den Fußspitzen so hoch wie möglich kommt. Rollt auf die Matte ab.
Die Helfer sichern mit ihren Knien an der Schulter und mit den Händen an der Oberschenkelrückseite und helfen ihm beim Abrollen.

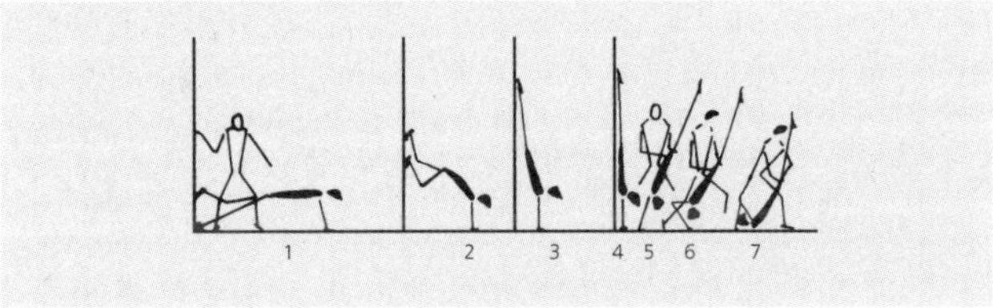

Handstand schwingen

Strukturzuordnung
„Sprungbewegung" (einbeinig)
Schwungbewegung

Funktionsphasenanalyse

Hilfsfunktionsphase II. Ordnung
Aus dem Stand Verlagerung des KSP vor die Füße, um die Teilrotation vorwärts einzuleiten. Spreizen des Druckbeins, um den vorwärts drehenden Körper in der Fallgeschwindigkeit abzubremsen.

Hilfsfunktionsphase I. Ordnung
Aufsetzen und beugen des Druckbeins mit Vorwärtsdrehen des Körpers. Gleichzeitiges Lösen des Schwungsbeins und Absenken des KSP, bis die Hände den Boden sanft berühren.

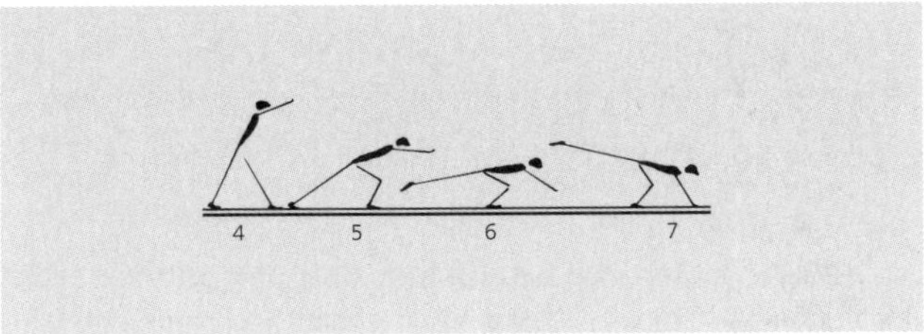

Hauptfunktionsphase
Bei Handkontakt am Boden starker Beinschwung mit einem Bein bis zur Beweglichkeitsgrenze im Querspreizen. Dann explosiver Druckbeinimpuls (einbeiniger Absprung), um den Körperstamm über die stützenden Hände zu bringen.

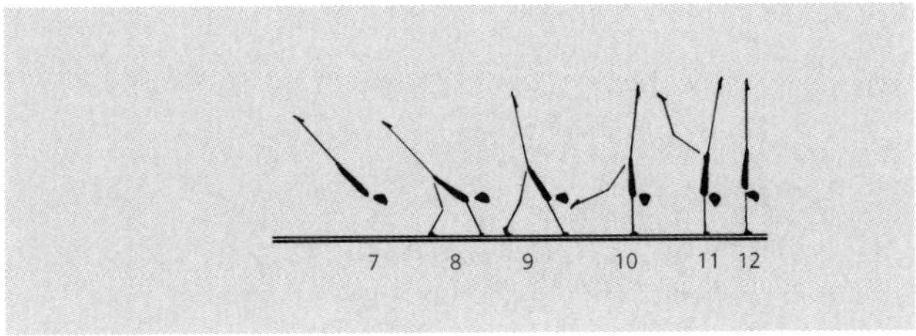

Übergangsfunktionsphase
Je nach Größe der Energiezufuhr durch Schwung- und Druckbein: überschlagen, abrollen oder zurückbewegen in die Ausgangsposition.

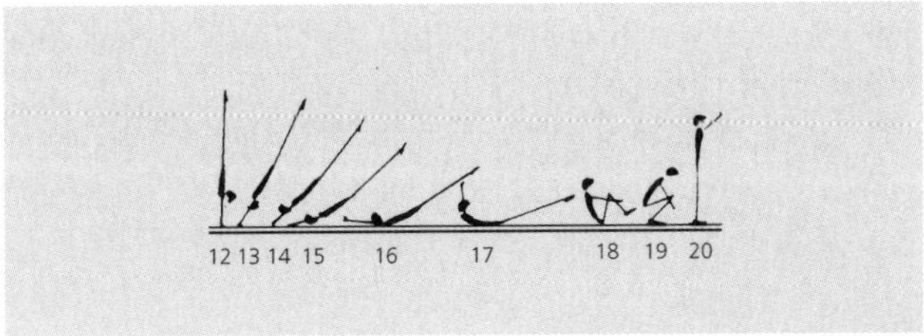

Lernschrittfolgen

Teilrotation vorwärts
a) An jeder Turnmatte turnen je drei Kinder, das erste steht mit den Fußspitzen auf dem Mattenrand.
Laßt Euch nach vorn fallen. Stellt Euch vor, Ihr seid ein Baum, der umgesägt wird. Wer kann ein Bein dabei so nach vorn nehmen, damit er den fallenden Körper abbremsen und seine Hände bei gestreckten Armen sanft auf den Boden setzt?

Die Hände werden schulterbreit mit leicht gespreizten Fingern aufgesetzt.
Aufrichten und nach vorn weglaufen.

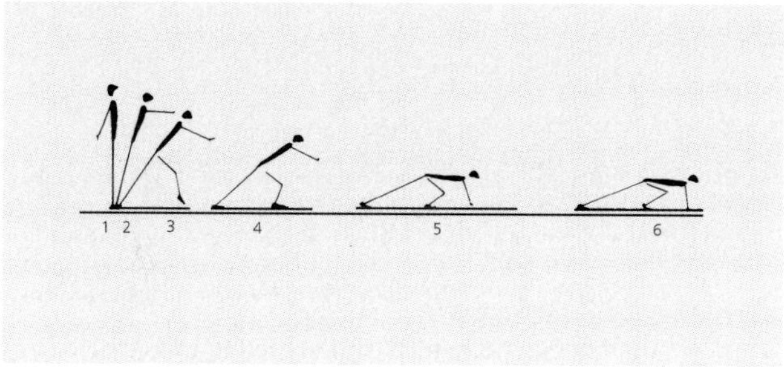

b) Ausgangsstellung wie vorher.
Auf der Matte ziehen wir zwei Querstriche. Der Abstand beider Striche sollte der Rumpflänge der Übenden entsprechen.
Setzt einen Fuß auf den nahen und die Hände auf den entfernten Strich. Die Arme bleiben gestreckt. Nehmt das hintere Bein (Euer Schwungbein) vom Boden weg und versucht, die Ferse dieses Beines hochzuschwingen. Übt dies mehrmals.

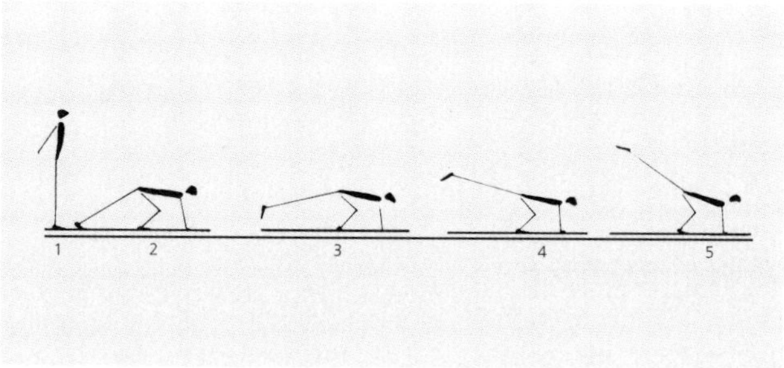

c) Ausgangsstellung bleibt gleich.
Setzt einen Fuß auf den nahen Strich. Stellt Euch vor, ihr seid eine Balkenwaage. Wer kann sich so bewegen wie eine Waage, daß der Oberkörper nach vorn herunterkommt, bis die Hände sanft auf den entfernten Strich gesetzt werden können und dabei gleichzeitig das Schwungbein hochschwingen, ohne daß das vordere Bein (Druckbein) den Boden verläßt? Schaukelt mehrmals vor und zurück.

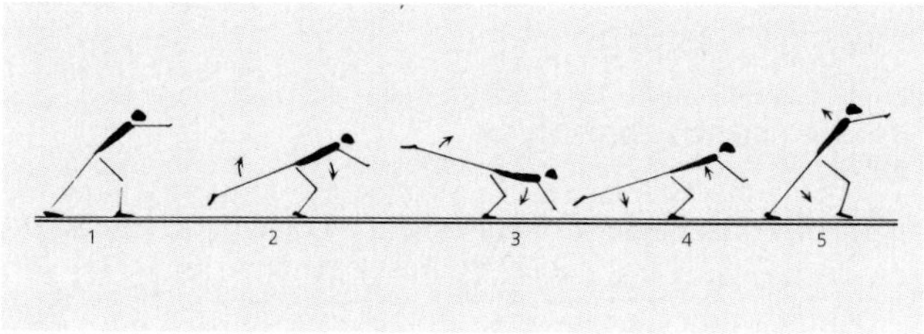

d) Ausgangsstellung bleibt gleich, rechts und links neben der Matte steht ein Helfer.

Schwung- und Druckbeinimpuls

a) Je ein Kind steht hinter der Matte, rechts und links steht je ein Helfer.
Turnt wie vorhin die Balkenwaage. Wer kann dann, wenn das Schwungbein hinten oben ist, mit dem Druckbein kräftig abstoßen? Laßt Eure Arme dabei ganz gestreckt und geht genauso wieder zurück. Schaukelt so mehrmals vor und zurück.

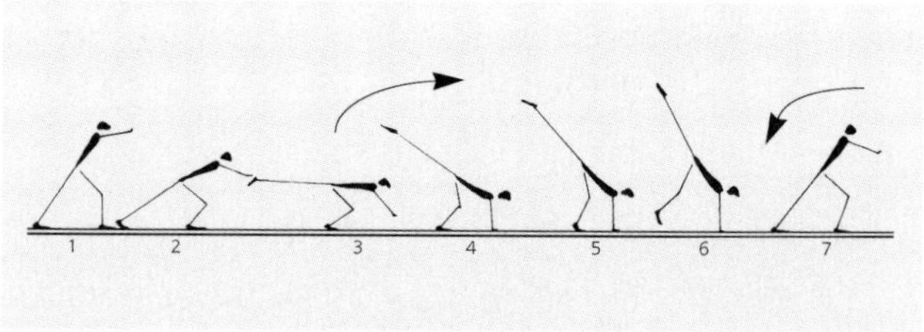

Die Helfer müssen darauf achten, daß der Übende nicht überfällt. Sie fassen frühzeitig am Oberschenkel und begleiten den Übenden. Nicht hochziehen!

b) Ausgangs- und Hilfestellungen wie vorhin.
Laßt Euch fallen wie ein Baum und setzt Fuß und Hände auf die Markierungen. Wer kann mit Schwung- und

Druckbeineinsatz bis fast in den Handstand kommen? Bleibt nicht im Handstand stehen, sondern geht sofort wieder in der gleichen Form zurück. Setzt also immer erst ein Bein auf.

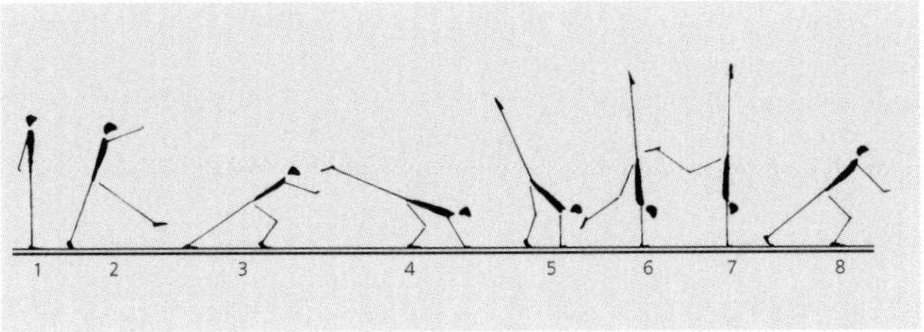

Die Helfer sichern sehr früh am Oberschenkel und setzen gegebenenfalls ein Knie dann gegen die Schulter des Übenden, wenn er im flüchtigen Handstand ist.

c) Gleiche Ausgangs- und Hilfestellung wie vorhin.
Setzt das Druckbein auf den nahen, die Hände sanft auf den entfernten Strich und schwingt in den Handstand. Wer kann sich im Handstand mit fest gespanntem Körper ganz strecken, daß er wie eine Säule steht? Setzt beim Rücksenken zuerst ein Bein auf.

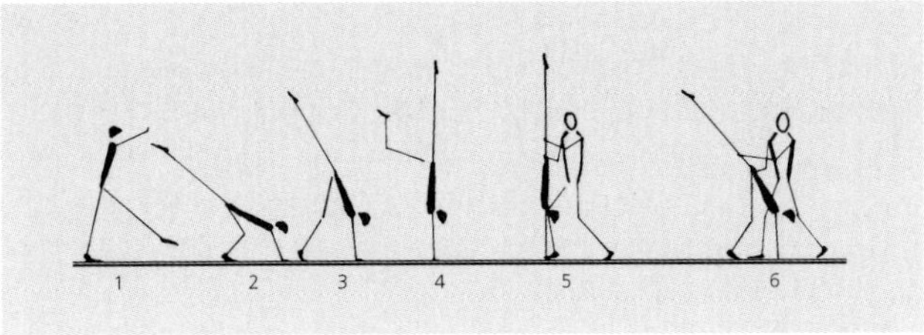

Die Helfer müssen den geraden Handstand absichern. Sagt Eurem Partner, was er machen muß.

Ringe

Turnen an schwingenden Geräten

Schwingende Geräte im Turnen sind die verstellbaren Ringe und die Taue. Kinder können an diesen beiden Geräten die Schwünge im Langhang recht problemlos lernen. Aus Zeitgründen und im Hinblick auf effektive Organisationsformen wird im Anfangsbereich mehr an den Tauen geschwungen als an den Ringen. Dafür gibt es zwei gewichtige Gründe.

a) Die Griffhöhe kann sich jedes Kind selbst wählen, ohne daß dabei das Gerät verstellt werden muß.

b) In der Regel sind in der Turnhalle mehr Taue als Ringe angebracht.

Trotzdem soll auf zwei wesentliche Einschränkungen für das Turnen an den Tauen hingewiesen werden.

Da die Griffebene an den Tauen senkrecht ist (die Erdanziehung wirkt in gleicher Richtung, Abb. 1), können sich Kinder nicht lange halten, sie rutschen ab. Außerdem kann es durch die Rauhigkeit der Taue zu Reibungsverletzungen kommen. Die Griffebene an den Ringen und am Reck ist horizontal, daß heißt, daß der Griff rechtwinkelig zur Erdanziehung wirkt (Abb. 2). Dadurch wird die Griffsicherheit größer. Für die Vor- und Rückschwünge im Langhang gelten je zwei anatomische und psychologische Gesichtspunkte.

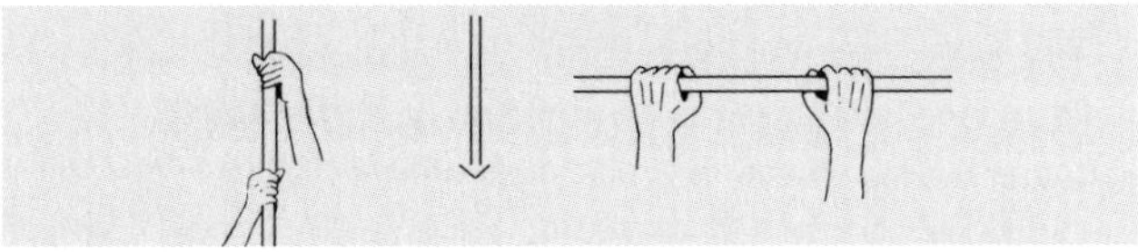

Die Vorschwünge sind einfacher, da

a) die Körperkonstruktion nach vorn (Rumpfvorderseite) eine größere Beugung zuläßt und

b) der Übende Sichtkontakt in Turnrichtung hat.

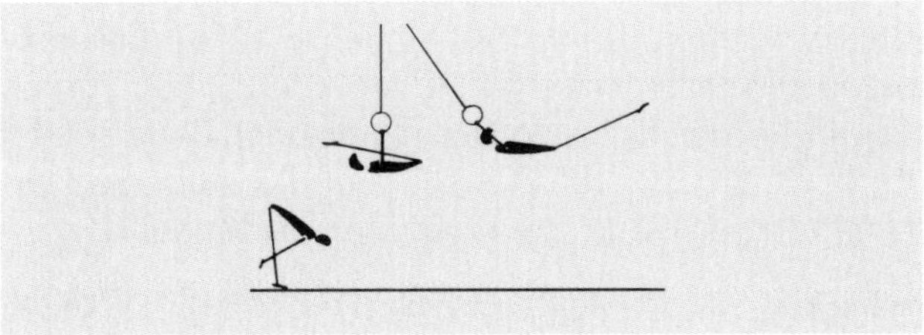

Die Rückschwünge sind schwerer, da

a) die Beugung nach hinten (Rumpfrückseite) durch die Körperkonstruktion geringer ist als nach vorn und

b) der Übende beim Schwingen keinen Sichtkontakt in die Bewegungsrichtung hat.

Schwingen an den Tauen im Langhang mit gebeugten Armen

Strukturzuordnung

Sie erscheint hier nicht sinnvoll, da das Schwingen an den Tauen in der Regel durch eine Auslenkung entsteht, die strukturell nicht einzuordnen ist.

Funktionsphasenanalyse

Sie ist beim Schwingen an den Tauen nicht angebracht, da die Kraftzufuhr (zur Schwungverstärkung) in Bezug auf Intensität und Richtung hierbei unwesentlich ist.

Vorbemerkungen

Vor dem Beginn sollten alle Knoten aus den Tauenden entfernt werden, da sie bei Jungen u.a. beim Niedersprung möglicherweise zu Hodenverletzungen führen können. In der Richtung der pendelnden Taue sollten sich keine Kinder aufhalten (1, 2 und 3 stellt die Pendelrichtung der Taue, die Kreuzchen die Kinder dar).

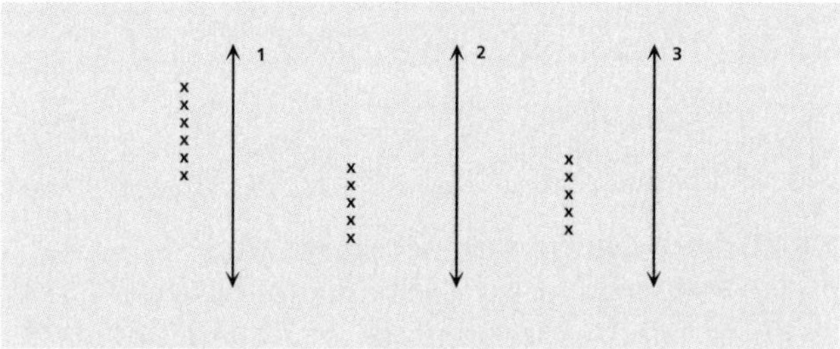

a) 10 m hinter dem Tau steht eine Gruppe Kinder. Je ein Kind faßt ein Tau kopfhoch.

Lauft vor, springt ab und zieht Euch hoch. Wer kann einmal vor- und zurückschwingen und sich oben halten? Laßt beim zweiten Vorschwung am tiefsten Punkt die Taue los und lauft zur anderen Seite weg. Bleibt danach drüben stehen.

Das nächste Kind läuft an, faßt das Tau und turnt dasselbe usw., bis die ganze Gruppe durch ist.

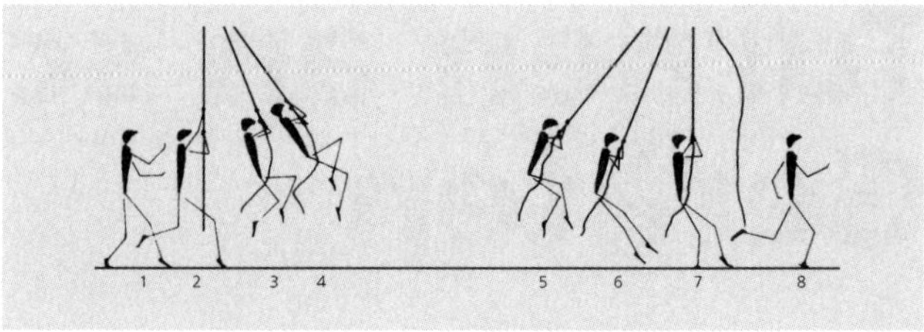

b) Wir stellen etwa drei bis fünf Meter vom tiefsten Punkt Bänke quer zur Schwungrichtung der Taue auf. Unter jede „Taubahn" legen wir Turnmatten. Wenn vorhanden, legen wir auf die andere Seite Weichbodenmatten zum Niedersprung.

Je ein Schüler steht mit einem Tau auf der Bank.

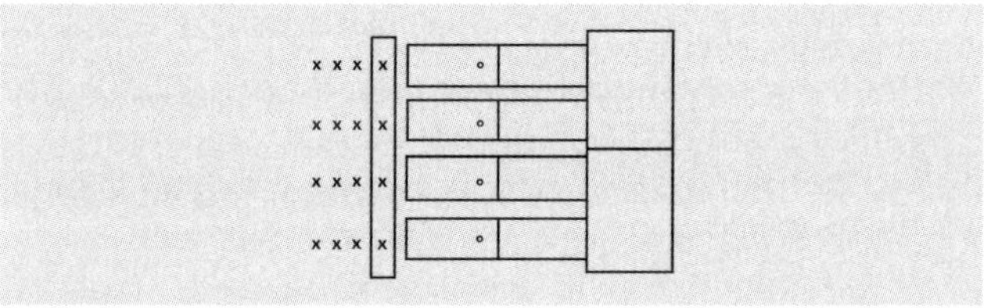

Springt ab, zieht Euch hoch und schwingt auf die andere Seite. Wer kann genau dann loslassen, wenn er am Ende des Vorschwungs über der Matte ist? Lauft außen herum zurück und stellt Euch wieder an.

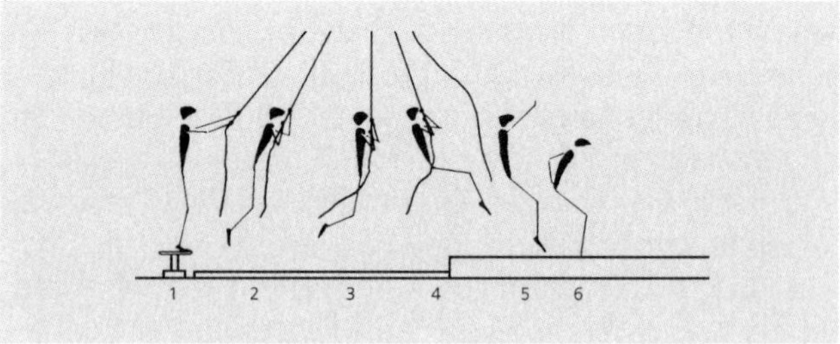

c) Bei gleichem Gerätaufbau und gleicher Arbeitsform steht je ein Schüler mit einem Tau auf der Bank.

Springt weg, zieht Euch hoch. Wer kann vor- und zurückschwingen, ohne daß dabei seine Arme „lang" werden? Übergebt dann nachfolgenden Schüler auf der Bank das Tau.

Der nächste Schüler steht schon auf der Bank und übernimmt das Tau des zurückkommenden Schülers.

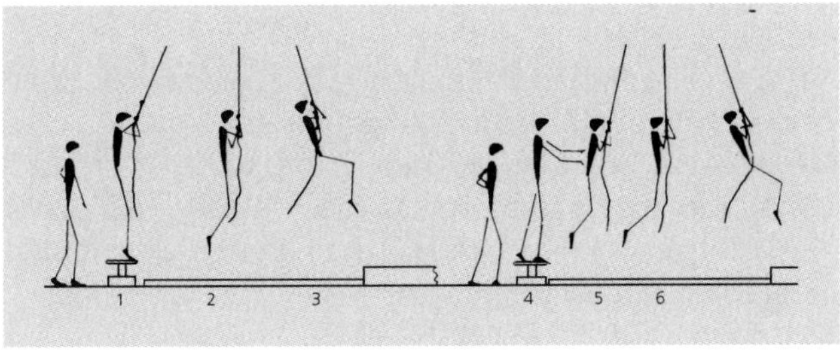

d) Wir entfernen die Bänke und stellen auf beide Seiten zwei- bis dreiteilige Kästen quer zur Schwungrichtung der Taue auf. Die Kästen dürfen nur so weit voneinander entfernt sein, daß die Kinder sicher von einer auf die andere Seite schwingen können. Hinter jedem Kasten steht die gleiche Anzahl Kinder.

Je zwei Kinder stehen auf jedem Kasten, die anderen Kinder stehen hinter dem Kasten auf dem Boden. Je einer der beiden Schüler faßt das Tau auf dem Kasten.

Springt ab, zieht Euch hoch und schwingt zur anderen Seite auf den Kasten in den Stand. Übergebt dem anderen das Tau und springt ab. Stellt Euch am anderen Kasten an, damit Ihr später wieder zurückschwingen könnt.

Der „tauerwartende" Schüler sichert die Landung desjenigen, der angeschwungen kommt.

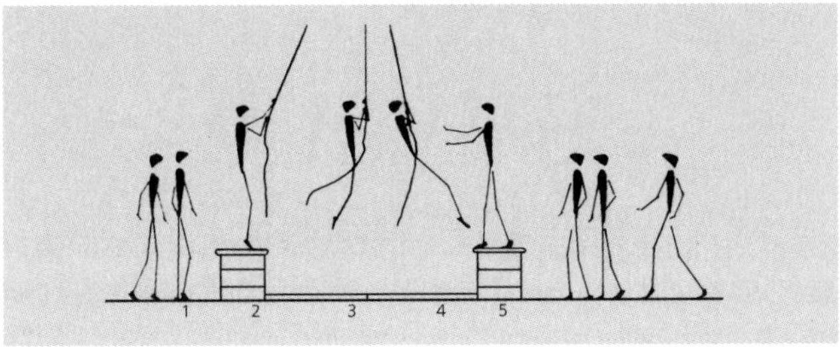

e) Die Übungsgruppen stehen auf einer Seite hinter den Kästen. Auf jedem Kasten stehen zwei Kinder. Einer davon hat das Seil.

Springt ab, zieht Euch hoch und schwingt hinüber in den flüchtigen Stand. Wer kann sich schnell umdrehen, abspringen und wieder zum Ausgangskasten zurückschwingen? Übergebt das Tau und springt ab.

Der Partner auf dem Kasten übernimmt den anschwingenden Schüler, sichert ihn im Stand und nimmt das Seil, um selbst zu schwingen usw.

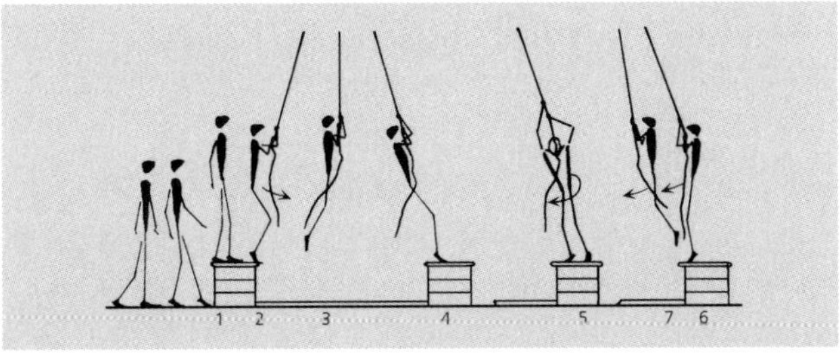

Schwingen an den Ringen mit gebeugten Armen

a) Wir stellen quer zur Schwungrichtung der Ringe auf beiden Seiten je einen zwei- bis dreiteiligen Kasten, etwa zwei bis drei Meter vom tiefsten Punkt entfernt, auf. Die Ringe werden so hoch gestellt, daß die Kinder im Stand unter dem tiefsten Punkt die Ringe gerade noch fassen können. Unter jede Schwungbahn legen wir Turnmatten. Auf jeder Seite hinter jedem Kasten steht die gleiche Anzahl von Kindern. Auf jedem Kasten stehen zwei Kinder und fassen je einen Ring.

Springt wie vorhin mit den Tauen ab und schwingt zur anderen Seite hinüber. Wer kann dabei immer durch die Ringe schauen? Übergib den Ring und spring ab.

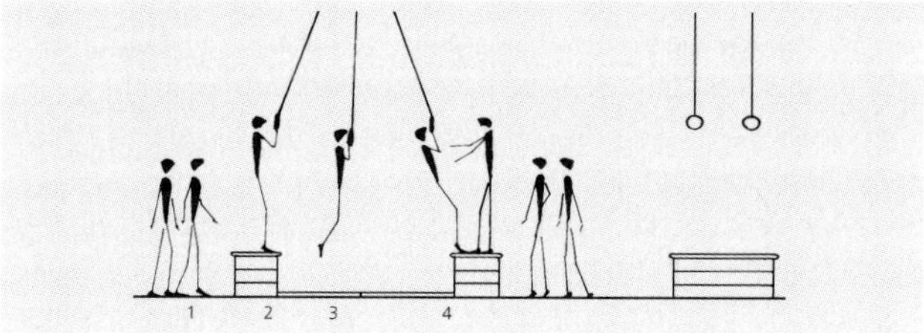

b) Die Gruppen stehen alle an einer Seite hinter den Kästen. Je zwei Schüler stehen auf den Kästen und fassen je einen Ring.

Turnt dasselbe wie vorhin. Wer kann drüben kurz auf dem Kasten stehen, sich umdrehen und zurückschwingen? Schaut im Schwingen immer durch den Ring.

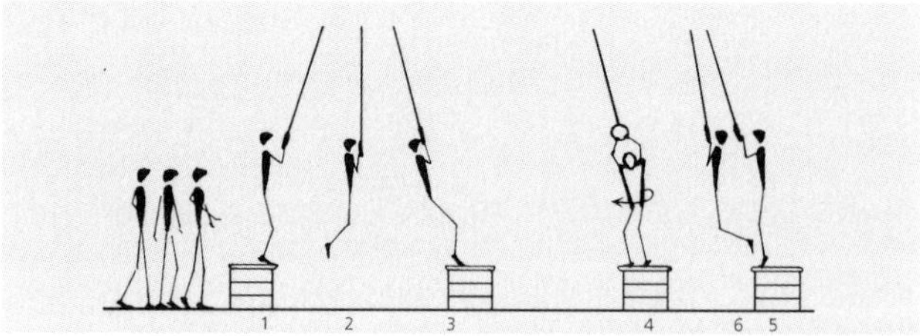

c) Der gegenüberstehende Kasten wird etwa einen Meter näher zur Mitte hin und nur zweiteilig hoch gestellt. Vor die Kästen legen wir je eine Weichbodenmatte.

Alle Kinder sind auf einer Seite hinter den Kästen, zwei stehen auf den Kästen und fassen je einen Ring. Auf der Matte vor den Kästen steht immer ein Helfer.

Springt ab und schwingt hinüber. Wer kann seine Beine so weit vornehmen, daß er über den Kasten hinweg auf die Matte abspringen kann?

Die Ringe schwingen zurück, die beiden nächsten Schüler schwingen hinüber und springen ab usw.

Wer geturnt hat und auf der Matte steht, dreht sich schnell um und sichert seinen nachfolgenden Partner im Niedersprung mit einer Hand am Bauch und mit der anderen am Rücken (Eingabeln).

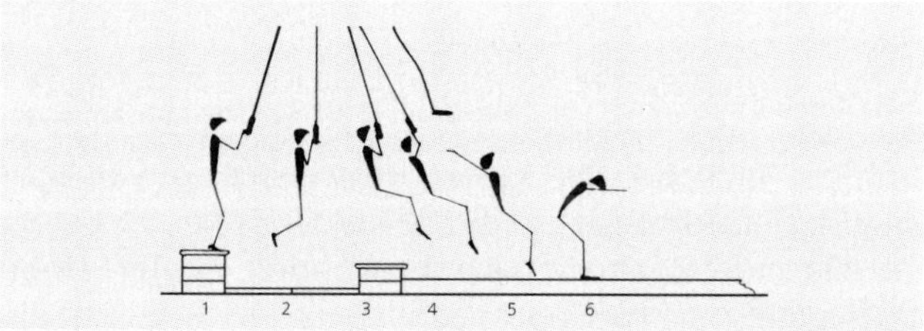

d) Bei gleicher Arbeitsform, Hilfestellung und gleichem Geräteaufbau. Wie vorhin stehen je zwei Kinder auf einem Kasten.

Wer kann aus dem Stand am Kastenrand erst die Hüfte vorfallen lassen (den Körper spannen) und auf die andere Seite hinüberschwingen? Nehmt dabei wie vorhin die Beine weit vor und springt über den Kasten auf die Matte ab.

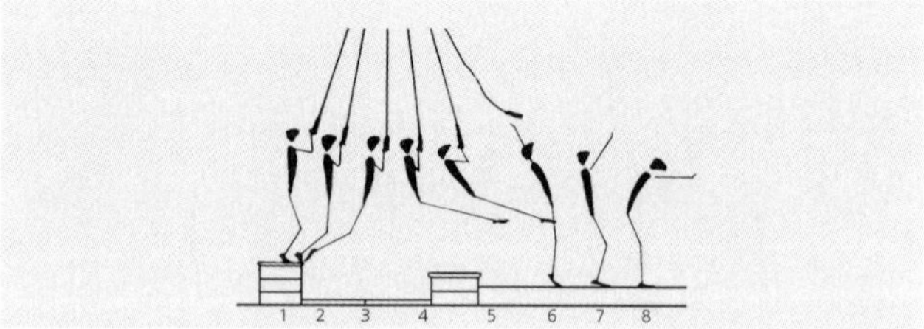

Die Helfer sichern wieder wie vorhin am Bauch und am Rücken die Landung.

Schwingen an den Ringen mit gestreckten Armen

Vorbemerkungen

Bei einer sehr differenzierten Analyse zeigt sich, daß bei der Einführung des **Beinabstoßes mit Schrittstellung** keine eindeutige Überstreckung vor dem Vorschwung und keine günstige Beugung vor dem Rückschwung eintritt. Außerdem würde der Schrittabstoß im Vergleich zu den Schwüngen im Langhang am Reck und im Oberarmhang am Barren keine gleiche Körperlage darstellen. Dies könnte beim Übertragen der Bewegungserfahrung Langhangschwünge auf ein anderes Gerät ein Störfaktor sein.

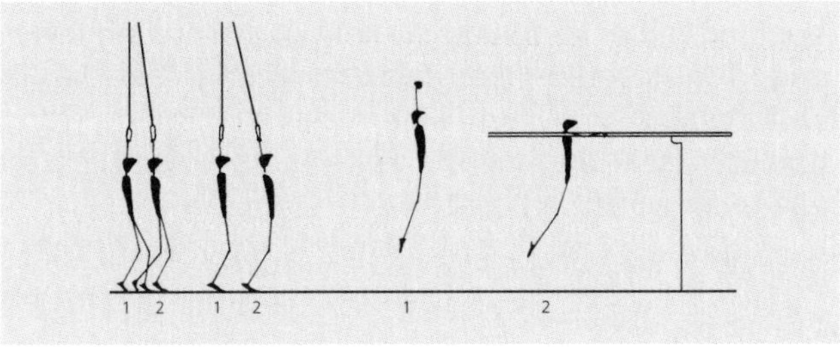

Dies wiederum bedeutet, daß vor allem beim Anfänger die vorgespannte Muskulatur der Rumpfvorder- oder rückseite nicht gewährleistet ist und damit keine optimalen Voraussetzungen für die nachfolgenden Vor- oder Rückschwünge gegeben sind.

„Vorgespannte Muskulatur kontrahiert schneller als lockere", sollte gerade beim Anfänger nicht vergessen werden. Dabei muß auf eine optimale Spannung der gesamten Mittelkörpermuskulatur geachtet werden. Diese Überlegungen raten uns, zumindest **für den Einstieg mit Anfängern** den Abstoß mit geschlossenen Beinen zu beginnen.

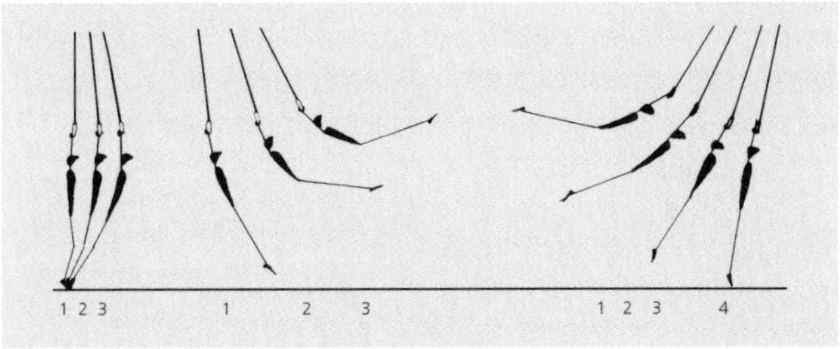

Die folgende Funktionsphasenanalyse wurde nur für den Vorschwung erstellt. Für den Rückschwung würden genau umgekehrte Aussagen in bezug auf die Richtung des Krafteinsatzes und der Körperposition gelten. Die Strukturordnung bleibt gleich.

Schwingen im Langhang

Strukturzuordnung

Schwungbewegung (Für den Vor- und Rückschwung, Beinschwünge)

Funktionsphasenanalyse

Hilfsfunktionsphase II. Ordnung

Der Ab- bzw. Vorschwung beginnt aus der höchsten ausgelenkten Position. Aus einer aktiven Überstreckung werden die Beine nach vorn genommen. Die Füße werden je nach gewünschtem Folgeelement kurz vor, genau auf oder kurz hinter dem tiefsten Punkt aufgesetzt.

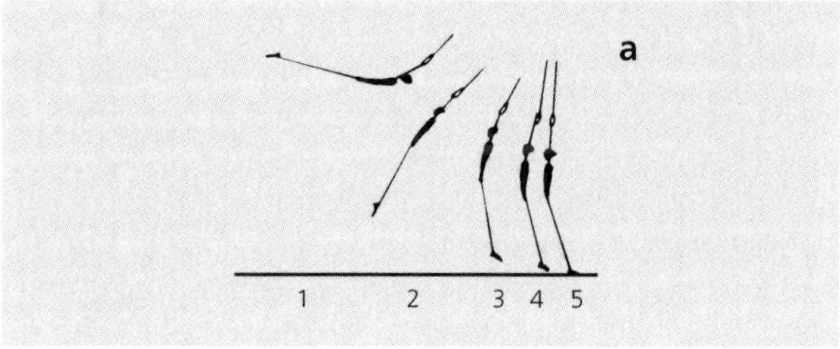

Hilfsfunktionsphase I. Ordnung

Kurz vor dem Passieren des KSP senkrecht unter dem Aufhängepunkt der Ringe (tiefsten Punkt) findet der Fußkontakt statt. Durch den beidbeinigen Abstoß (Kraftstoß nach hinten) wird die Pendelreaktion nach vorn ausgelöst. Dabei muß der Körper bei Ausnutzung der gesamten Beinkraft im letzten Moment des Abstoßes die aktive Überstreckung erreichen.

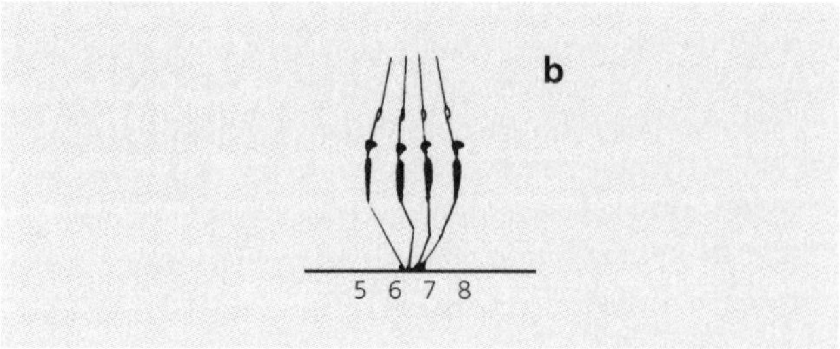

Hauptfunktionsphase

Aus der aktiven Überstreckung wird durch schnellkräftiges Vorhochschwingen der Beine die Hüfte gebeugt und die Körperlänge verkürzt (Schwungverstärkung).

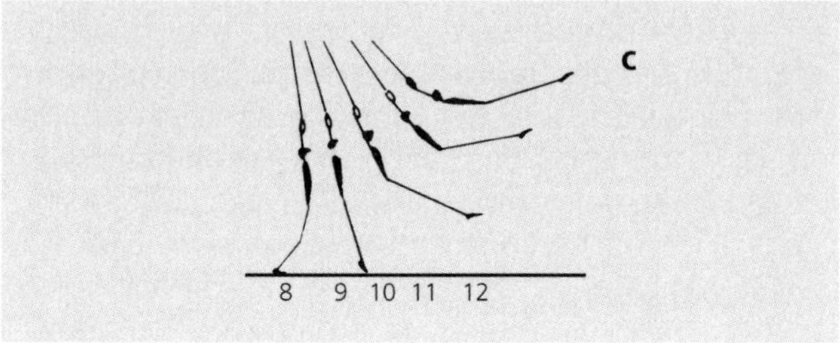

Übergangsfunktionsphase

Die Übergangsfunktionsphase kann entweder durch Kopplung mit einer neuen Struktur (Aufschwungbewegung, 13/14d oder Überschlagbewegung, 13–15e) in den Kipphang bzw. zum Salto rückwärts führen. Ohne Kopplung stellt die höchste Position 1a bzw. 12c den Beginn der Hilfsfunktionsphase II. Ordnung dar.

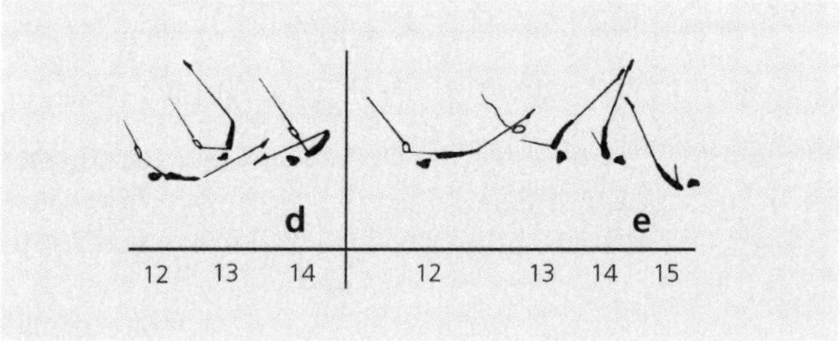

Lernschrittfolgen

1. Beinabstoß

Wir ziehen unter jedes Ringepaar genau unter der Ringeaufhängung einen Querstrich auf den Mattenbahnen.

Damit die Ringe nicht andauernd verstellt werden müssen, sollten die Gruppen der Körpergröße nach eingeteilt und die Ringhöhe danach gewählt werden.

a) Die Ringe werden so hoch eingestellt, daß die Kinder die Ringe im ruhigen Stand unter dem tiefsten Punkt mit gestreckten Armen und leicht gebeugten Knien greifen können. Wenn mehr Kinder gleichzeitig turnen, hat jedes Kind nur einen Ring.

Stellt die Füße hüftbreit auf den Querstrich der Matte und faßt je einen Ring. Wer kann sich ganz aushängen, daß er das Körpergewicht nicht mehr auf den Füßen trägt, sondern mit vollkommen gestreckten Armen und gebeugten Knien an den Ringen hängt und die Füße nur noch leicht Kontakt haben?

Da sich die Ringeseile etwas dehnen, sind die Knie beim Aushängen etwas gebeugt.

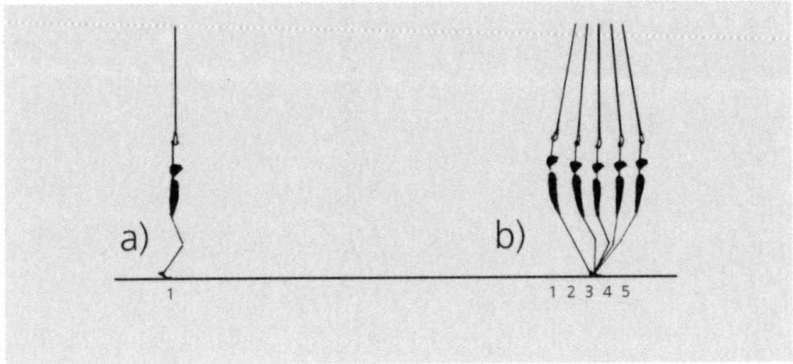

Versucht jetzt, langsam erst die Knie und dann die Hüfte nach vorn zu schieben und wieder zurückzubringen. Immer am Endpunkt vorn und hinten müssen die Beine vollkommen gestreckt sein. An beiden Endpunkten müßt Ihr die Spannung sowohl der vorderen wie auch der hinteren Muskulatur spüren.

b) Bei gleichem Gerätaufbau und gleicher Organisation steht wie vorhin je ein Kind unter einem Ring im Hangstand.
Wer kann wie vorhin erst seine Knie, dann die Hüfte nach vorn schieben und im letzten Moment kräftig mit den Füßen abstoßen und die Füße hinten „schleifen" lassen? Rutscht zurück, bis die Füße auf dem Querstrich und die Knie wieder gebeugt sind. Stoßt Euch wieder ab und laßt jetzt wieder die Füße „nachschleifen".

c) Turnt dasselbe wie vorhin, stoßt Euch jetzt aber kräftiger ab. Wer kann dann, wenn die Füße den Kontakt verlieren, seine Beine aus der Streckung aktiv nach vorn schwingen? Schwingt zurück, setzt beide Füße am tiefsten Punkt auf und stoßt Euch ab. Schwingt die Beine nach hinten und wieder vor, setzt die Füße am tiefsten Punkt in Schrittstellung auf und lauft nach vorn weg.

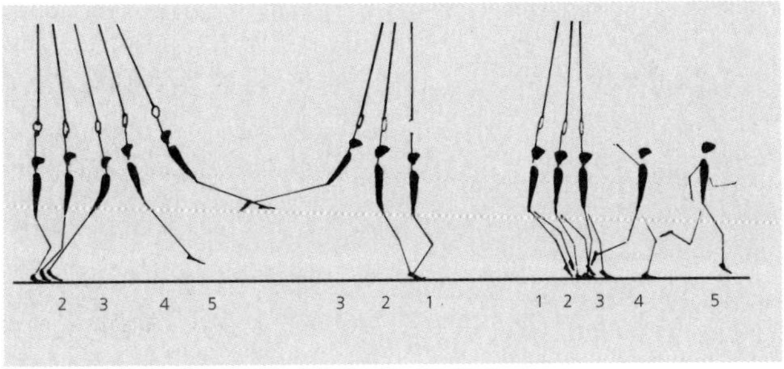

d) Gleicher Gerätaufbau, gleiche Arbeitsorganisation und Hilfestellung.
Stellt Euch wie vorhin unter die Ringe und turnt die gleiche Übung. Wer kann zwei- bis dreimal so schwingen, daß immer nach dem Beinabstoß der Beinschwung nach vorn wie auch der Rückschwung etwas verzögert wird? Der Fußkontakt zum Beinabstoß sollte immer auf dem Querstrich erfolgen. Setzt die Füße beim dritten Vorschwung in Schrittstellung am tiefsten Punkt auf und lauft nach vorn weg.

2. Schwingen am Ringepaar
Unter jedem Ringepaar steht wie vorhin vollkommen ausgehängt ein Kind im Hangstand.
Geht so weit zurück, daß Ihr gerade noch stehen könnt. Springt mit beiden Füßen ab und nehmt die Beine so

vor, daß ihr die Füße genau auf den Querstrich setzen könnt. Stoßt euch kräftig ab, verzögert die Beine und schwingt nach vorn bzw. hinten aus. Turnt wie vorhin an einem Ring das gleiche dreimal. Lauft beim dritten Vorschwung nach vorn weg.

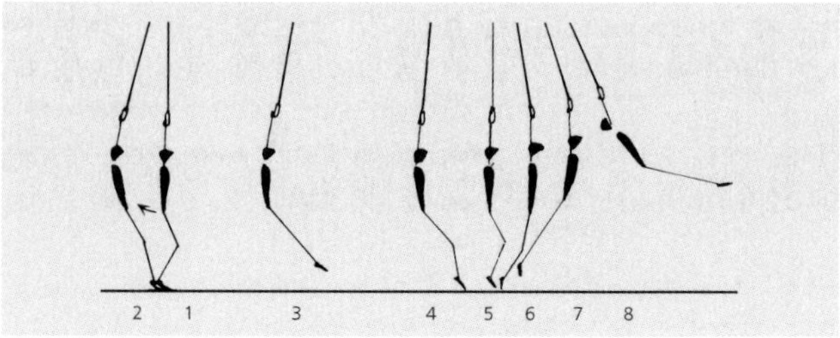

Turnen an den ruhig hängenden Ringen

Das Schwingen im Langhang ist in seiner einfachsten Form für alle Kinder möglich und wurde an den Schaukelringen bereits erlernt. Die Aktionen für alle Aufschwungbewegungen aus dem Langhang sind an allen Geräten gleich. Der Zeitpunkt für den Beginn des Beinschwunges erfolgt etwa mit dem Durchschwingen des KSP unter dem Aufhängepunkt der Ringe (Senkrechten).

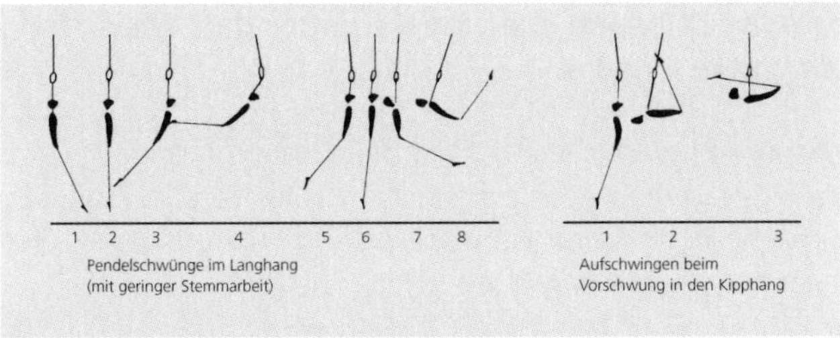

Pendelschwünge im Langhang (mit geringer Stemmarbeit)

Aufschwingen beim Vorschwung in den Kipphang

Die Bewegungserfahrung für den zeitlichen Beginn des Beinschwungs beim Vor- oder Rückschwung kann nicht ohne weiteres von den Schaukelringen auf die ruhig hängenden Ringe übertragen werden. Meist tendieren Kinder dazu, mit dem Beinschwung vor der Senkrechten zu beginnen.

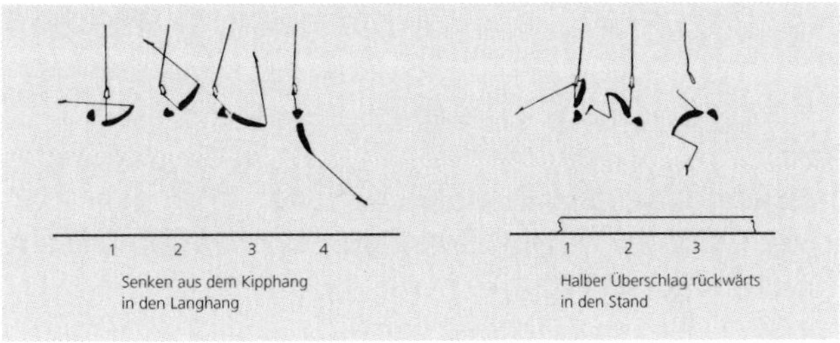

Senken aus dem Kipphang in den Langhang

Halber Überschlag rückwärts in den Stand

Schwingen im Langhang

Strukturzuordnung
Schwungbewegung

Funktionsphasenanalyse
Hilfsfunktionsphase II. Ordnung
Alle Aktionen, die den Körper in die höchste Position vor dem Abschwung bringen.

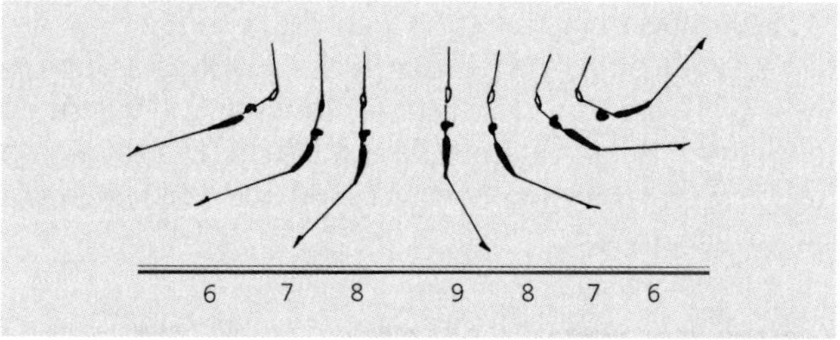

Hilfsfunktionsphase I. Ordnung
Abschwung aus der höchsten Position in die starke Körperspannung der Rumpfvorderseite (für den Vorschwung) oder in eine Spannung der Rumpfrückseite (für den Rückschwung).

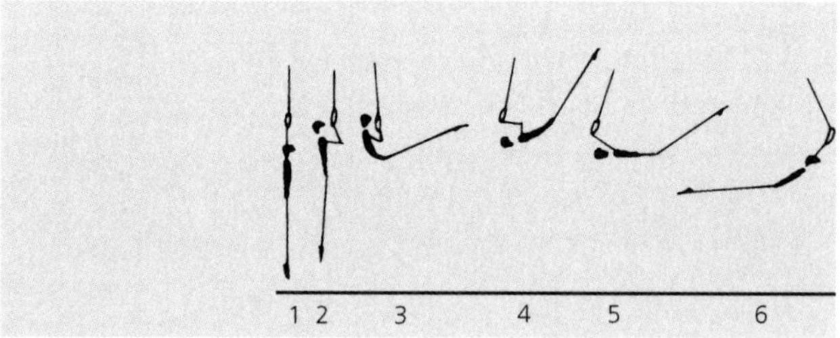

Hauptfunktionsphase
Vor und Rückschwung
Aus der starken Vorspannung der Rumpfvorder- oder rückseite beginnt der Beinschwung, wenn der KSP jeweils die Senkrechte unter der Aufhängung passiert. Beim Vorschwung (Zeichnung 9a) in die Beugung, beim Rückschwung (Zeichnung 10b) in die Überstreckung. Durch die KSP-Annäherung wird in beiden Fällen eine Pendelverkürzung (beim Vorschwung mehr als beim Rückschwung) erreicht.

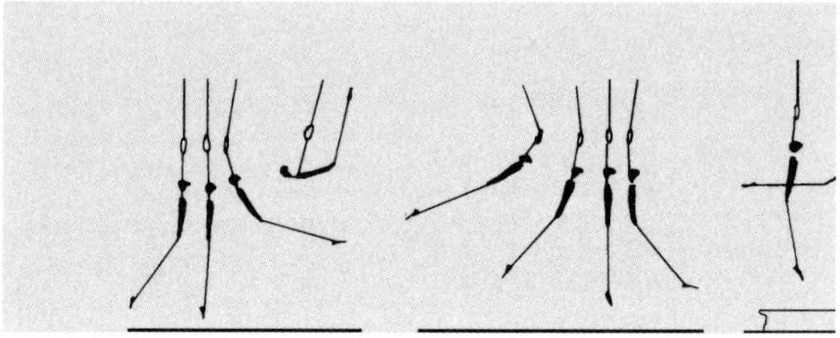

Lernschrittfolgen
a) Die Ringe werden so hoch gestellt, daß die Kinder im Langhang mit den Füßen den Boden nicht berühren. Unter den Ringen liegen, wenn vorhanden, Weichbodenmatten. An mehreren Ringen turnt je ein Übungspaar. Der Übende steht genau unter den Ringen und schaut die Ringe an.
Beug leicht die Knie und hol mit den Armen hinter dem Körper Schwung. Kannst Du bein Abspringen so genau zielen, daß du die Ringe gleich beim ersten Mal mit beiden Händen fassen kannst? Springt ab und turn dies mehrmals hintereinander.

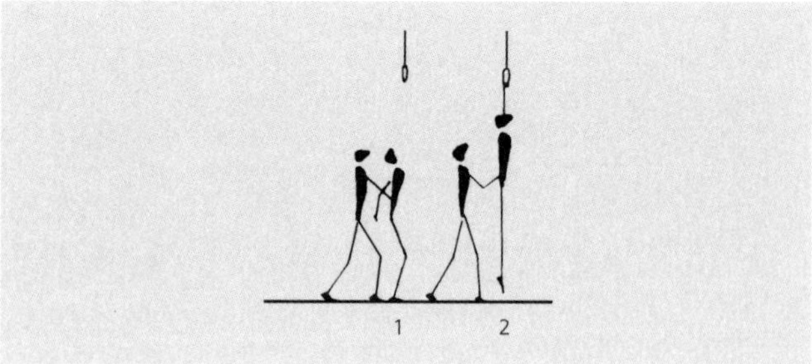

Der Helfer steht unmittelbar hinter dem Übenden, faßt ihn an der Taille und hebt ihn beim Abspringen hoch. Er muß den Übenden im Langhang ruhig anhalten, damit er nicht hin-, her- oder gar seitwärts pendelt.

b) Bei gleicher Ausgangs- und Hilfestellung springt ein Kind in den ruhigen Langhang.
Wer kann im Langhang seine Beine etwas nach vorn nehmen und sie vorn fünf Sekunden halten? Führt sie langsam nach hinten so hoch, wie Ihr könnt. Wer kann sie auch hinten fünf Sekunden halten? Registriert die Kraft und Muskelspannung an der Körpervorderseite und Rückseite. Springt ab.

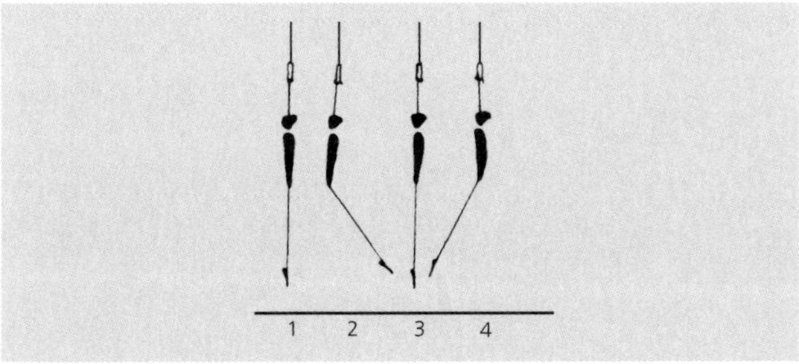

Die Helfer unterstützen das Springen in den ruhigen Langhang und sichern die Landung beim Niedersprung durch Eingabeln am Bauch und am Rücken.

c) Bei gleicher Ausgangslage und Hilfestellung springt ein Kind in den ruhigen Langhang.
Nehmt die Beine etwas nach vorn und senkt sie wieder nach unten. Schwingt dann, wenn die gebeugte Hüfte ganz unten ist, die Beine schnell nach hinten hoch und schwingt wieder abwärts. Schwingt sie dann, wenn sie genau unten durch sind, ebenso schnell wieder nach vorn hoch. Wer kann dabei die gleiche Muskelspannung spüren wie bei der langsamen Übung? Springt nach dem zweiten Rückschwung ab.

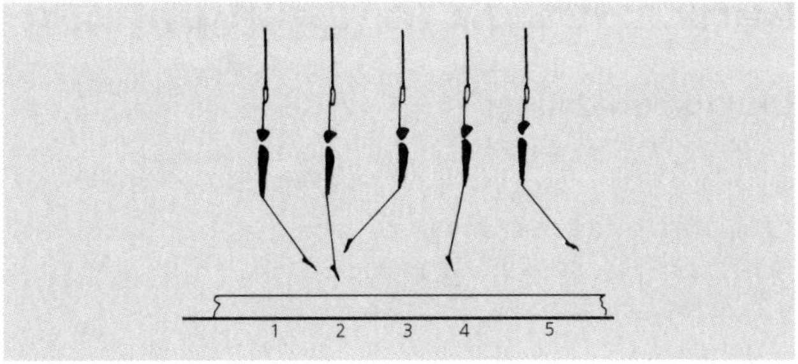

Die Helfer unterstützen und sichern wie vorher.

d) Bei gleicher Ausgangslage und Hilfestellung springt je ein Kind in den Langhang.
Turnt die gleiche Übung wie vorhin mehrmals hintereinander und schwingt dabei die Beine immer am tiefsten Punkt kräftig vor bzw. zurück. Wer kann beim Rückschwingen der Beine die Ringe möglichst weit nach vorn drücken?
Beim Vorschwingen der Beine bilden die Arme und die Ringseite eine Linie. Springt nach dem Rückschwingen am hinteren Umkehrpunkt ab.

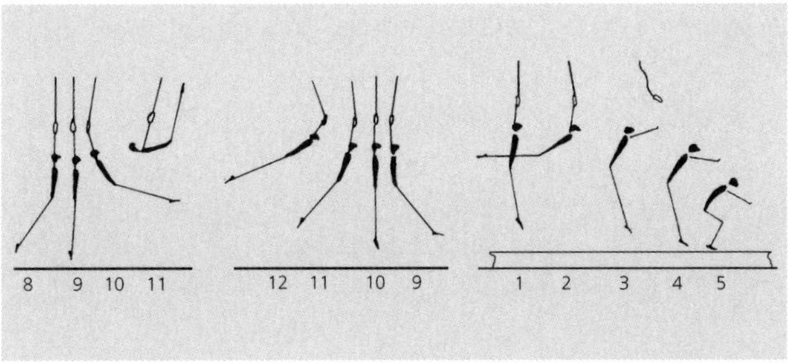

Die Helfer sichern durch Eingabeln den Niedersprung.

Aufschwingen in den Kipphang

Strukturzuordnung:
Aufschwungbewegung

Funktionsphasenanalyse
Hilfsfunktionsphase II. Ordnung
Rückschwingen in die höchste Position.

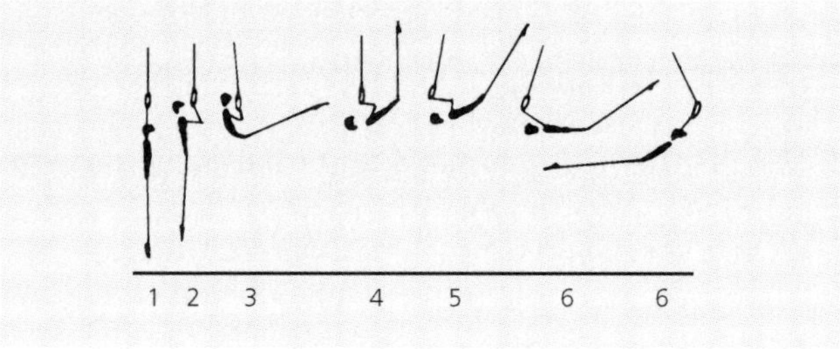

Hilfsfunktionsphase I. Ordnung
Abschwung aus der höchsten Position in die Vorspannung der Rumpfvorderseite bis zur senkrechten Position der Hüfte.

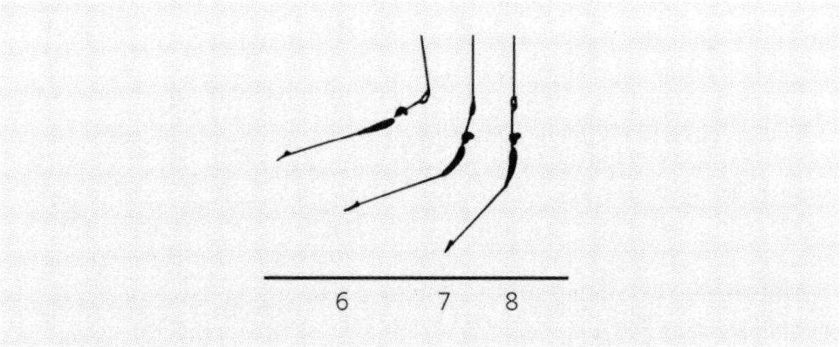

Hauptfunktionsphase
Beim Passieren der Senkrechten erfolgt ein schneller Beinschwung vorhoch. Die Beugung im Bein-Rumpfwinkel führt zur Pendelverkürzung und erleichtert den Aufschwung in den Kipphang.

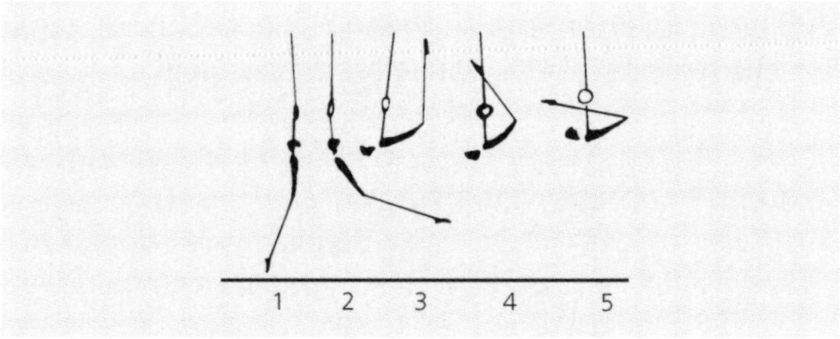

Übergangsfunktionsphase
Der Kipphang ist die Endposition und kann nicht als Phase bezeichnet werden. Der KSP befindet sich dabei zwischen dem Griff der Hände und der Schulter.

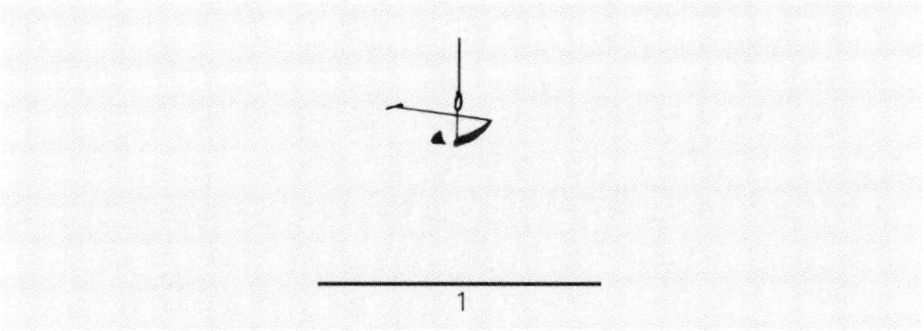

Vorbemerkungen
Die Aufschwungbewegungen beim Vorschwung aus dem Stand oder Langhang in den Kipphang (Barren, Ringe) oder Stütz (Reck) weisen die gleichen Aktionen auf, wobei am Barren und an den Ringen von einer halben Drehung rückwärts um die Körperbreitenachsen gesprochen werden kann.

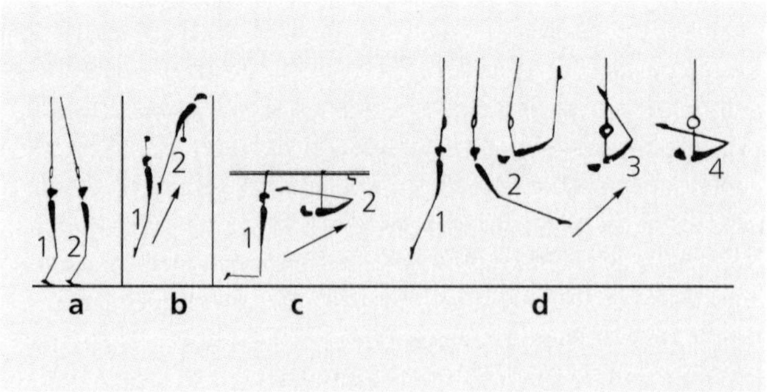

Lernschrittfolgen

1. Kipplage

Trotz der Bewegungserfahrung sollte vor dem Aufschwung in den Kipphang die Erfahrung der Kipplage vom Boden noch einmal wiederholt werden.

a) Je zwei Kinder sitzen quer am Mattenrand auf einer Gummimatte.

Rollt zurück in die Kipplage und haltet das Gleichgewicht. Rollt wieder vor in den Sitz. Wer kann während der ganzen Übung die Beine ganz gestreckt halten?

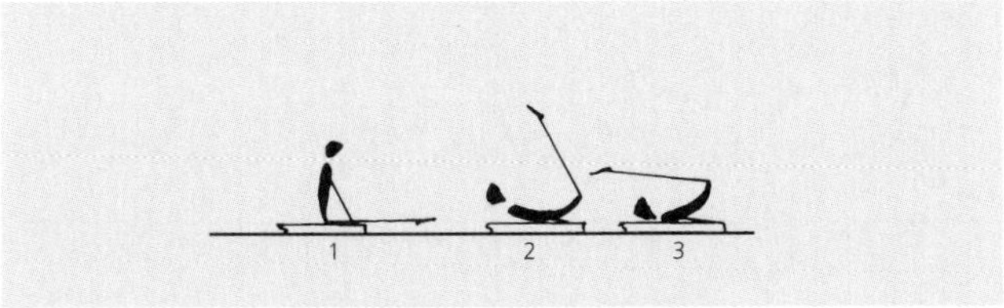

b) Gleiche Ausgangslage am Mattenrand.

Rollt zurück in die Kipplage. Wer kann seine Arme nach oben strecken und dabei das Gleichgewicht halten? Rollt wieder vor in den Sitz.

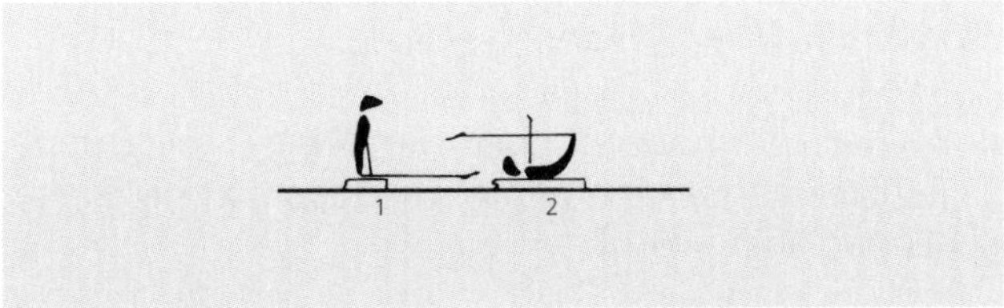

2. Kipphang am Barren

Die Erfahrung „Kipplage" wird vom Boden zuerst auf den Barren übertragen, bevor sie an den Ringen erlernt wird.

a) Wir stellen den Barren brusthoch und sichern ihn rundherum mit Matten ab. An jedem Barren können zwei Dreiergruppen gleichzeitig (je eine am Barrenende) üben. Ein Kind turnt und die beiden anderen jeder Gruppe sind Helfer. Das turnende Kind steht mit dem Gesicht zur Barrenmitte und faßt die Holmenden mit Speichgriff (Handrücken zeigt nach außen).

Stellt einen Fuß (Druckbein) genau unter die Hände und nehmt das andere Bein (Schwungbein) zurück. Schwingt das Schwungbein bis über den Barrenholm und springt erst dann mit dem Druckbein dahinter her. Wer kann sich langsam so weit rückwärts drehen, bis er wieder auf den Füßen ist? Behaltet den Griff, springt wieder ab und dreht euch vorwärts in die Ausgangsstellung. Turnt das mehrmals hintereinander. Wer geturnt hat, hilft dem nächsten.

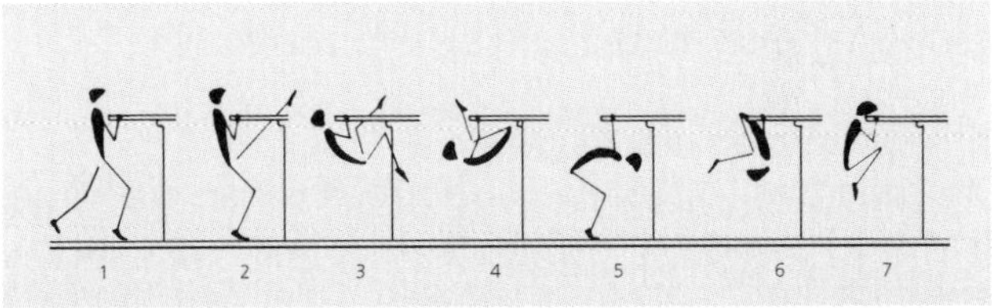

Die Helfer außen unterstützen und sichern an der Schulter und Oberschenkelrückseite den Aufschwung.

b) Bei gleicher Ausgangslage, Arbeitsform und Hilfe.

Schwingt und springt wie vorhin vorhoch. Nehmt die Knie an die Brust und dreht euch rückwärts. Wer kann den Aufschwung abbremsen und das Gleichgewicht im Kipphang drei Sekunden halten? Dreht euch vorwärts in den Stand.

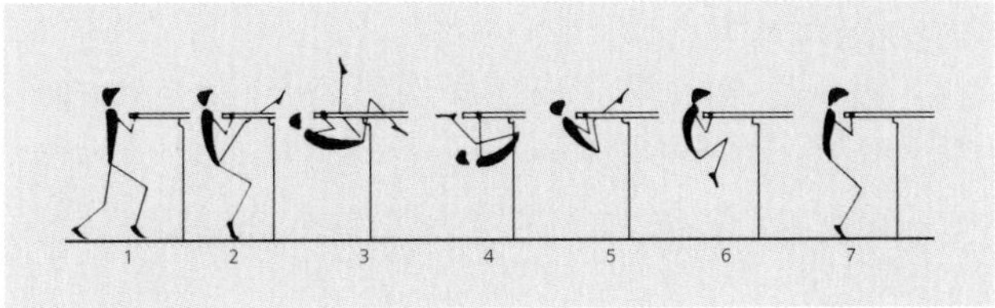

Die Helfer unterstützen den Aufschwung, sichern das Abbremsen im Kipphang und garantieren das Gleichgewicht.

c) Ausgangslage, Helfer und Arbeitsform wie vorhin.
Turnt die gleiche Übung wie vorhin, haltet das Gleichgewicht und schaut Euren Bauch an. Wer kann jetzt seine Knie strecken und so drei Sekunden halten? Dreht euch vorwärts in den Stand.

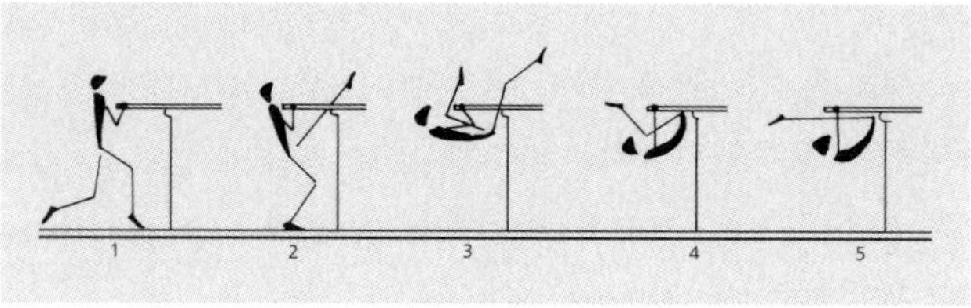

Die Helfer unterstützen und sichern wie vorhin.

3. Kipphang an den Ringen

Die Erfahrung vom Barren übertragen wir an die Ringe. Durch die „wackeligen Ringe" wird zwar das „Gleichgewichthalten" etwas erschwert, die Griffsituation jedoch ist dadurch variabler.

a) Je eine Dreiergruppe ist an den brusthohen Ringen. Je ein Kind steht unter dem Aufhängepunkt in Schrittstellung. Das Sprungbein ist genau unter den Ringen, das Schwungbein ist hinten. Rechts und links von ihm stehen die Helfer.
Schwingt das hintere Bein bis in Ringehöhe und springt mit dem Druckbein erst dann dahinter her. Nehmt die Knie an die Brust und streckt dabei die Arme. Wer kann wie am Barren abbremsen, die Knie strecken und das Gleichgewicht halten? Schaut immer auf Euren Bauch, sonst verliert Ihr die Orientierung! Dreht wieder vorwärts in die Ausgangslage.

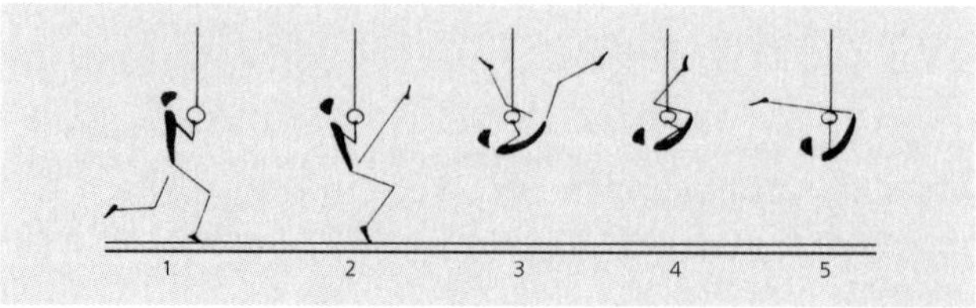

Die Helfer unterstützen und sichern wie am Barren an der Schulter und an der Oberschenkelrückseite bis in den ruhigen Kipphang.

b) Gleiche Arbeitsform, Hilfestellung und Ausgangslage.
Turnt den Aufschwung in den ruhigen Kipphang. Wer kann die der Hüfte strecken (Kerze) und das Gleichgewicht halten? Schaut dabei immer Euren Bauch an. Beugt wieder in der Hüfte und dreht Euch vorwärts in den Stand.

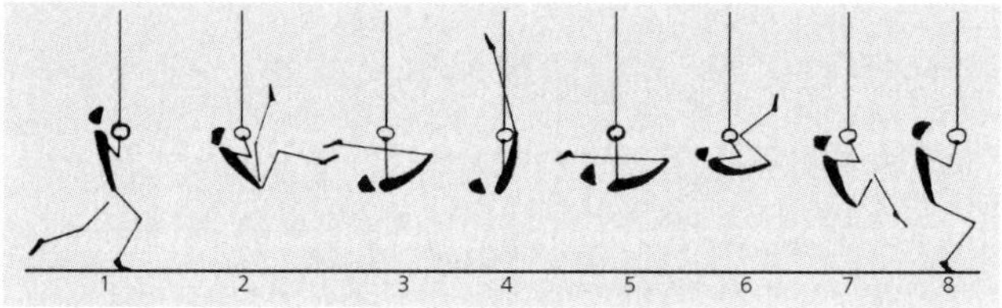

Die Helfer unterstützen wie vorhin. Sie müssen an der Schulter und den Beinen dafür sorgen, daß der Übende im Streckhang sein Gleichgewicht halten kann. Der Kopf darf dabei nicht in den Nacken genommen werden.

4. Schwingen im Langhang mit gebeugten Armen und Aufschwingen in den Kipphang

a) An den reichhohen Ringen turnt eine Dreiergruppe. Ein Schüler steht unter dem Aufhängepunkt der Ringe, rechts und links steht je ein Helfer.
Springt ab und zieht Euch so hoch, daß der Kopf in Ringehöhe ist. Wer kann sich so fünf Sekunden halten? Springt ab.

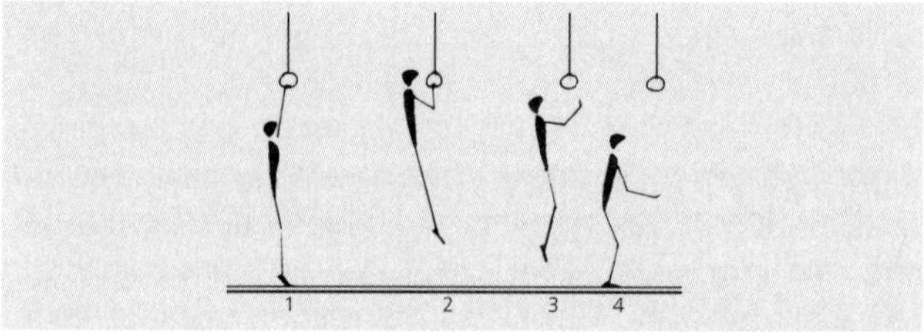

b) Gleiche Ausgangslage.
Springt ab und zieht euch wie vorhin hoch. Wer kann mit gebeugten Armen die Beine fünfmal vor- und zurückschwingen, ohne daß dabei seine Arme lang werden? Springt beim letzten Zurückschwingen ab.

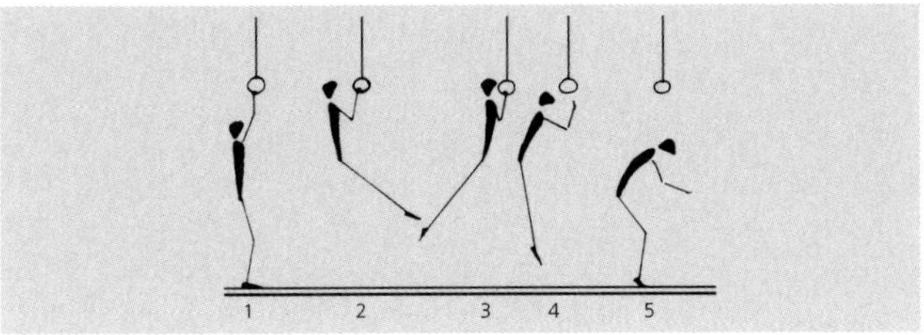

Die Helfer sichern am Bauch und am Rücken die Landung (Eingabeln).

c) Gleiche Ausgangslage.
Springt ab und zieht Euch hoch. Schwingt vor und zurück. Wer kann beim zweiten Vorschwingen seine Beine wie an den niederen Ringen über den Kopf nehmen und gleichzeitig dabei seine Arme strecken, um in den ruhigen Kipphang zu kommen? Schaut dabei immer Euren Bauch an und senkt mit gestreckten Armen langsam in den Stand.

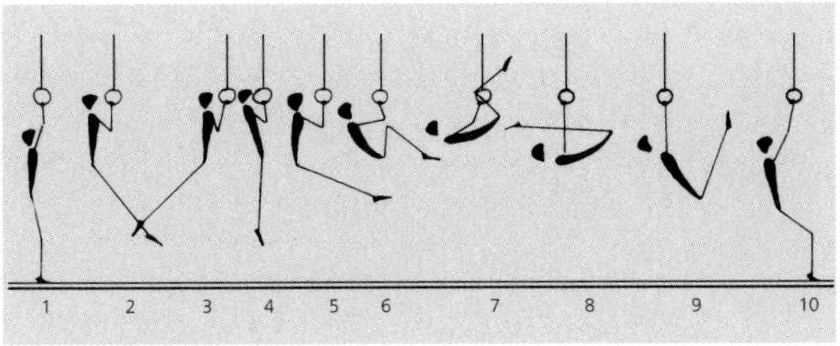

Die Helfer rechts und links unterstützen und sichern den Aufschwung in den Kipphang an der Schulter und der Oberschenkelrückseite. Außerdem beim Senken an der Oberschenkelrückseite mit gestreckten Armen in den Stand. Der Beinschwung auf keinen Fall einsetzen, bevor die Hüfte unter den Ringen (Senkrechten) durchschwingt.

5. Aufschwung aus dem Langhang in den Kipphang

Die Ringe werden sprunghoch gestellt (darunter werden Matten gelegt). An den Ringen übt immer eine Dreiergruppe.

a) Ein Schüler steht genau unter dem Aufhängepunkt der ruhig hängenden Ringe und springt in den Langhang. Ein Helfer steht hinter ihm, faßt dessen Taille und hilft ihm beim Sprung in den Langhang.
Schwingt die Beine vor und zurück. Wer kann beim dritten Vorschwung nach dem Durchschwingen am tiefsten Punkt seine Beine schnell über den Kopf vorhoch schwingen, um in den ruhigen Kipphang zu kommen? Senkt euch wieder nach vorn mit gestreckten Armen. Schwingt zurück und springt am Ende des Rückschwunges ab.

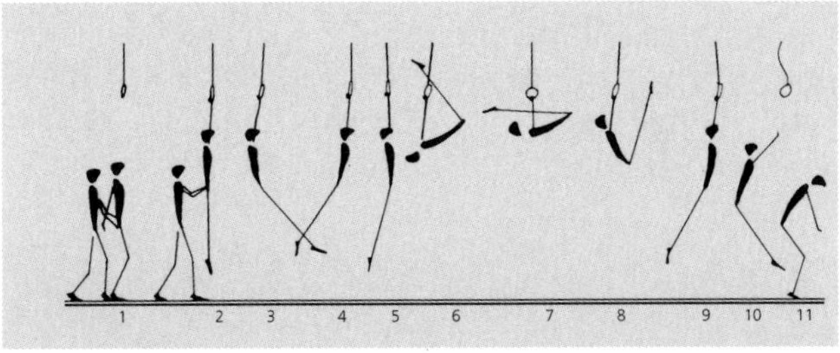

Die Helfer unterstützen notfalls den Aufschwung an der Oberschenkelrückseite und sichern beim Senken aus dem Kipp- in den Langhang an der Oberschenkelrückseite.

b) Bei gleicher Ausgangslage, Hilfestellung und Arbeitsform.
Springt in den Langhang und schwingt vor und zurück. Schwingt auf in den ruhigen Kipphang. Wer kann wie

an den niederen Ringen in der Hüfte strecken und das Gleichgewicht halten? Schaut immer Euren Bauch an. Beugt wieder in der Hüfte und senkt mit gestreckten Armen euren Körper in den Langhang. Schwingt zurück und springt ab.

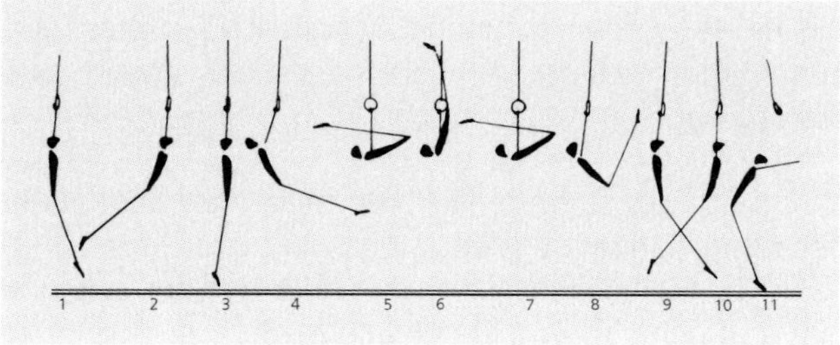

Die Helfer unterstützen und sichern wie vorhin. Beim Streckhang müssen sie darauf achten, daß der Übende das Gleichgewicht nicht verliert und daß er mit gestreckten Armen senkt.

Überschlagbewegung

„Salto“ rückwärts

Die Bezeichnung Salto rückwärts ist für die Ausführung sicher etwas zu hoch gegriffen, mißt man diese Bewegung am technischen und kraftmäßigen Niveau des Leistungsturnens. Der Form jedoch vergleichbar, nur mit weniger Kraftaufwand, ist dieser Bewegungsablauf das Fundamentalelement zum Salto rückwärts. Die Voraussetzungen dafür sind durch das Aufschwingen in den Kipphang bereits vorhanden.

Strukturzuordnung

a) Aufschwungbewegung
b) „Überschlagbewegung“

Funktionsphasenanalyse

Sie ist identisch mit dem Aufschwung in den Kipphang, wird nur mit einer 1/4 Drehung nur die KBA rückwärts erweitert.

Lernschrittfolgen

a) An den reichhohen Ringen ist je eine Dreiergruppe. Unter den Ringen liegen, wenn vorhanden, Weichbodenmatten. Je ein Kind steht genau unter dem Aufhängepunkt der Ringe und faßt sie im Stand. Rechts und links steht ein Helfer.

Springt ab und dreht Euch rückwärts in den Kipphang. Schau nach hinten und dreht Euch langsam so weit rückwärts, bis Ihr den Boden fast mit den Füßen berührt. Laßt die Ringe los und springt ab.

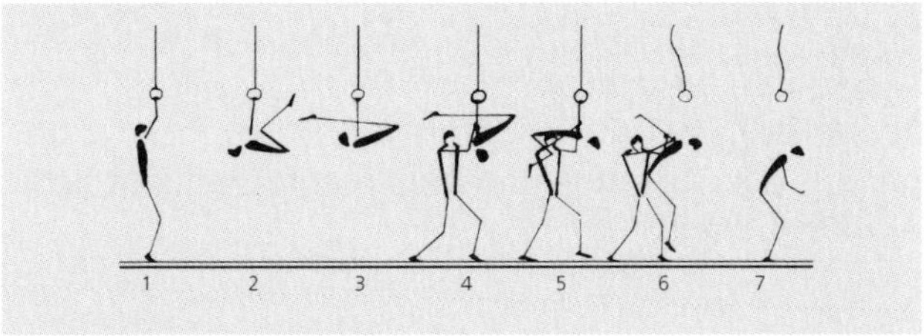

Die Helfer stehen ganz nahe beim Übenden und fassen schon beim Abspringen des Übenden an den Oberarmen im Klammergriff (Drehgriff rückwärts) und sichern ihn bis in den Stand.

b) Bei gleicher Ausgangslage, Hilfestellung und Arbeitsform.

Springt ab und turnt den Kipphang. Wer kann sich jetzt sofort weiter drehen, daß er schon dann, wenn er den Boden sieht, die Ringe losläßt?

Die Helfer müssen wie vorhin sehr nahe am Übenden stehen und ihn wie vorhin bis in den sicheren Stand bringen.

c) Die Ringe werden so hoch gestellt, daß die Kinder im Langhang gerade noch unten durchschwingen können, ohne zu streifen. Arbeitsform und Hilfestellung bleiben gleich.

Ein Kind steht genau unter dem Aufhängepunkt der Ringe, hinter ihm steht ein Helfer und hilft ihm beim Sprung in den Langhang.

Schwingt zweimal vor und zurück. Schwingt beim dritten Vorschwung auf in den Kipphang, dreht euch rückwärts weiter. Schaut dabei nach hinten und löst den Griff, wenn ihr den Boden seht.

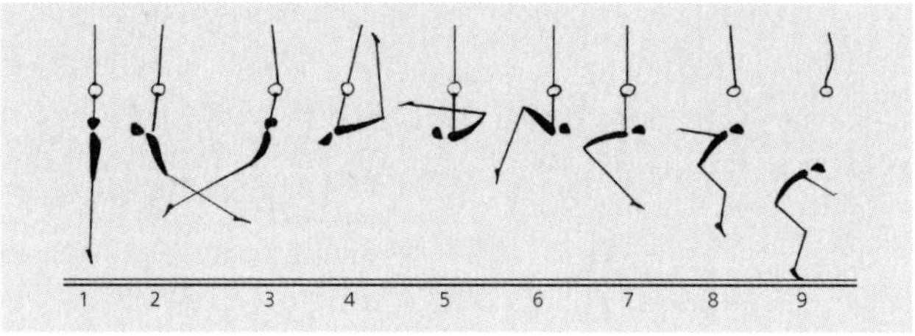

Die Helfer fassen beim dritten Vorschwung im Klammergriff die Oberarme und tragen den Übenden sicher bis in den Stand.

d) Bei gleichem Gerätaufbau, gleicher Arbeitsform und Hilfestellung.

Springt in den Hang und schwingt zweimal vor und zurück. Turnt beim dritten Vorschwung das Aufschwingen in den Kipphang, schaut nach hinten und löst den Griff, wenn Ihr den Boden seht.

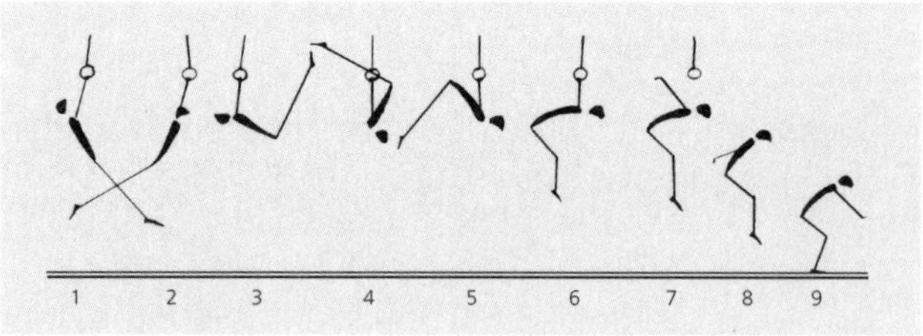

Die Helfer fassen und sichern wie vorher.

An dieser Stelle verweisen wir auf die vom Autor dieses Buches verfaßten weiteren Werke zum Thema Turnen:

In der Reduktion auf die Fundamentalbewegungen des Gerätturnens wurde mit dem **„Fundamentum des Gerätturnens"** eine wesentliche theoretische und bewegungsanalytische Grundlage für Übungsleiter, Trainer und Lehrer erstellt. Das **„Lehrbuch des Gerät- und Kunstturnens" Band 1 und Band 2** stellt den „Überbau" für das **„Gerätturnen mit Kindern"** dar. All diese Bücher sind im Knirsch-Verlag erschienen und für zahlreiche Lehrer, Trainer und Übungsleiter unentbehrliche und notwendige Hilfsmittel geworden. Dem Übenden, dem Schüler oder dem im Verein Aktiven geben diese Werke wesentliche Einblicke in die theoretischen und praktischen Zusammenhänge im Gerät- und Kunstturnen und helfen die eigene Leistung zu begreifen, zu verbessern und zu steigern. Schließlich sei auf das Lehrbuch **„Gerätturnen für Mädchen und Frauen"** hingewiesen, das 1997 bereits in der 2. Auflage erschienen ist.

Sprung

Die im Anfängerbereich gezeigten Stützsprünge sind Grundstützsprünge. Bei den Grundstützsprüngen Hocke und Grätsche handelt es sich für Kinder nur darum, dieses Hindernis stützend zu überwinden.

Dabei sollen die bewegungstechnischen Voraussetzungen für das Absprungverhalten vom Reutherbrett und Minitrampolin erarbeitet werden.
Beim Absprung mit Reutherbrett werden nur die Grundstützsprünge Hocke und Grätsche behandelt.

Landeverhalten

Strukturzuordnung und funktionale Analyse sind nicht erforderlich.

Vorbemerkungen

Bevor Niedersprünge und Abgänge geturnt werden, muß die Technik des Landens erlernt worden sein und darf nicht vernachlässigt werden. Grundsätzlich gilt, daß beim Landen die Knie nie mehr als 90° gebeugt werden dürfen und der Rücken möglichst gerade bleibt.

Lernschrittfolgen

a) Landen auf einem Fuß.

Die Kinder sind verteilt in der Halle.

Springt mit beiden Beinen ab und landet auf einem Fuß.

b) Landen auf beiden Füßen.

Springt mit beiden Beinen ab und landet jetzt auf beiden Füßen so wie vorhin auf einem Fuß. Beugt nur ganz wenig die Knie, haltet den Rücken gerade und bleibt ohne Nachfedern in dieser Position eine Sekunde stehen. Erst danach streckt Ihr die Knie.

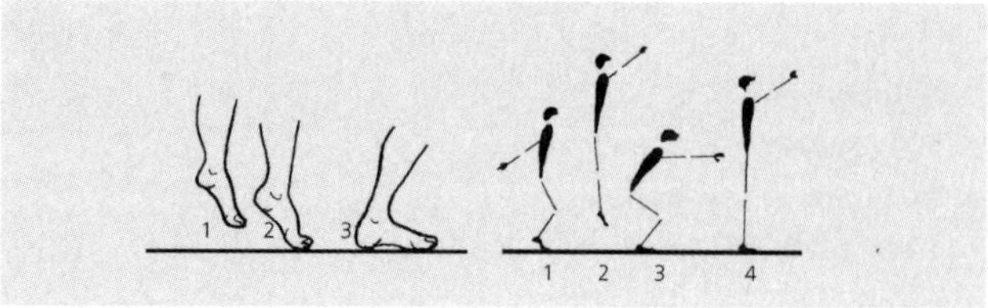

c) Niedersprung von erhöhter Plattform und landen.

Steigt auf den Kasten, geht bis zum vorderen Kastenrand. Springt beidbeinig ab und landet wie vorhin. Die Knie dürft Ihr dabei auf keinen Fall mehr als 90° beugen.

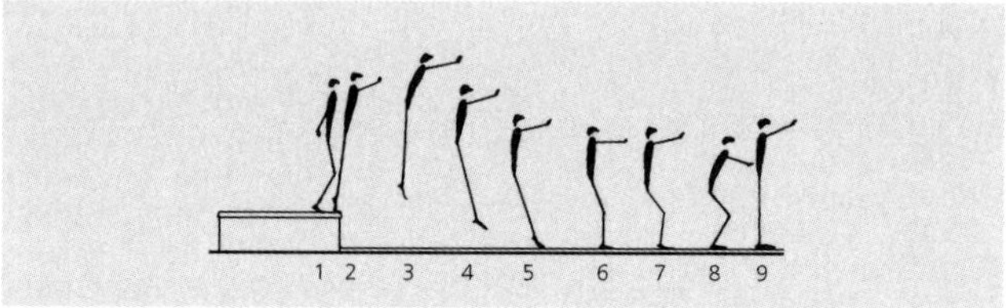

„Grundstützsprung" Hocke

Strukturzuordnung
Sprungbewegungen

Funktionsphasenanalyse
Hilfsfunktionsphase II. Ordnung
Aus dem Stand anlaufen, um die notwendige Horizontalgeschwindigkeit für den Ansprung zu erreichen.

Hilfsfunktionsphase I. Ordnung
Der einbeinige Aufsprung zum beidbeinigen Absprung (Boden, Matte oder Brett). Bei Fußkontakt sind die „Absprunggelenke" nur leicht gebeugt, und es muß die Vorspannung in der Fuß-, Knie- und Hüftmuskulatur vorhanden sein.

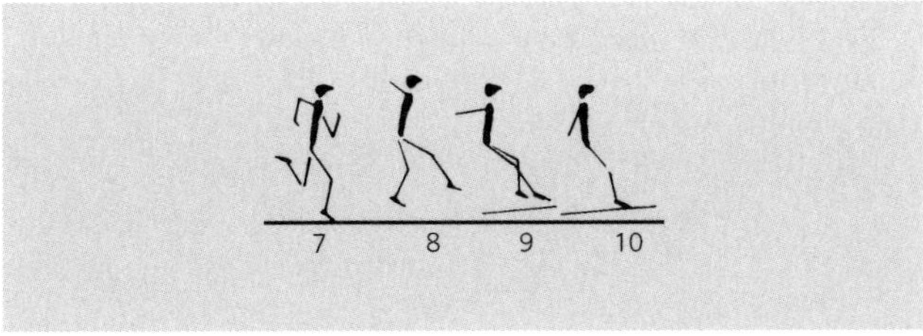

Hauptfunktionsphase
Durch die zeitlich begrenzte „Haltekraft" der Füße beim beidbeinigen Absprung (durch die Bewegung des KSP aus der Anlaufgeschwindigkeit) wird die Drehbewegung vorwärts eingeleitet. Beim Absprung wird nicht nur zusätzlich Rotation, sondern auch Höhe für die erste Flugphase erreicht. Beim Handstütz wird durch den Handabdruck die Drehbewegung vorwärts in eine Drehbewegung rückwärts umgekehrt (exzentrischer Stoß am KSP vorbei). Mit dem Hocken der Beine wird die Drehbewegung rückwärts beschleunigt.

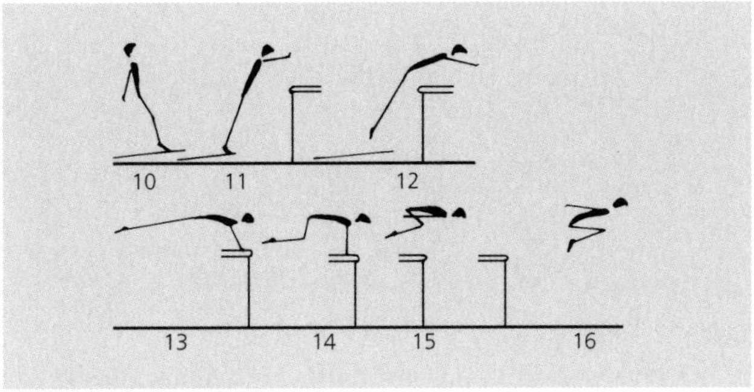

Übergangsfunktionsphase
Während der Drehung rückwärts wird der Körper wieder gestreckt, die Drehgeschwindigkeit verlangsamt, um in den Stand zu kommen.

Die Aktionen der Hauptfunktionsphase beim Grundstützsprung Hocke sind die „Bewegungsbilder", fast deckungsgleich wie beim Stützhoppeln (Hasenhüpfen). Der daraus ableitbare methodische Ausgangspunkt ermöglicht es uns, einen direkten Weg vom Stützhoppeln zur Fundamentalbewegung Sprunghocke zu gehen.
Da den Kindern das Stützhoppeln vom Boden schon bekannt ist, soll nun sowohl die Höhe als auch die Weite der ersten Flugphase vergrößert werden.

Lernschrittfolgen

1. „Stützhocke" auf der Ebene

Wir legen quer in die Halle vor jede Gruppe zwei bis drei Sprungseile oder Reifen im Abstand von etwa 1,00 bis 1,50 m je nach Alter der Kinder.

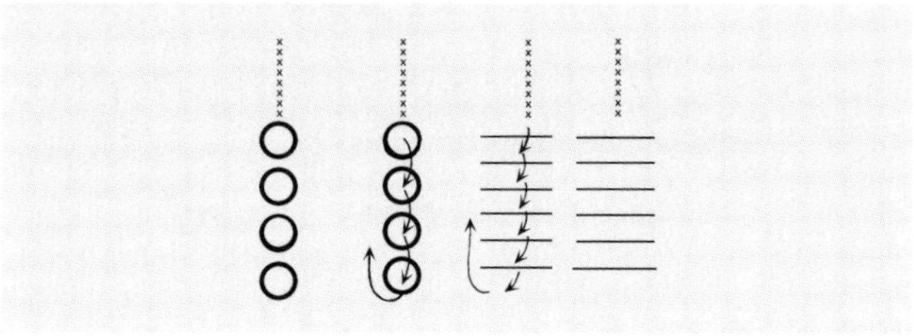

Die Kinder stehen in Reihen hinter den Seilen/Reifen.

Geht hinter den Seilen in die Hocke. Greift über die Seile und springt mit den Füßen dahinter her, daß Ihr danach wieder in der Hocke seid. Wer kann ohne Pause immer über die Seile hocken, springen, hocken, springen, bis er auf der anderen Hallenseite ist? Lauft zurück.

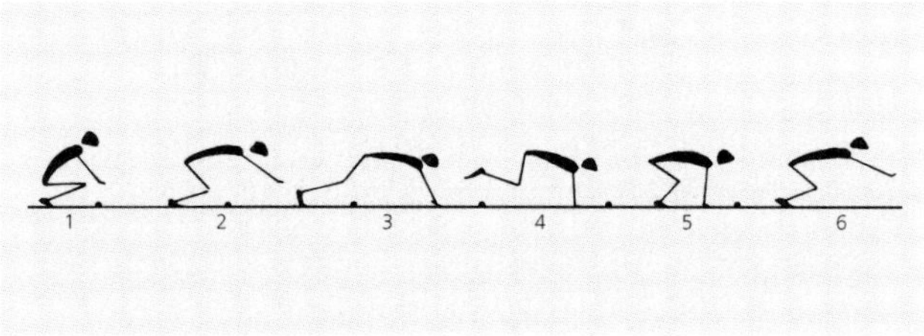

2. „Stützhocke" in der Bankgasse

a) Es werden Bankgassen aufgestellt. Quer über die Bankgassen legen wir jeweils im Abstand von etwa 1,5 m Sprungseile. Je eine Gruppe steht hinter ihrer Bankgasse.

Springt wie vorhin am Boden über die Seile und stützt auf den Bänken. Wer kann dabei nur ganz kurz den Boden mit den Fußballen berühren (als ob der Boden heiß wäre) und sofort weiter über das nächste Seil springen?

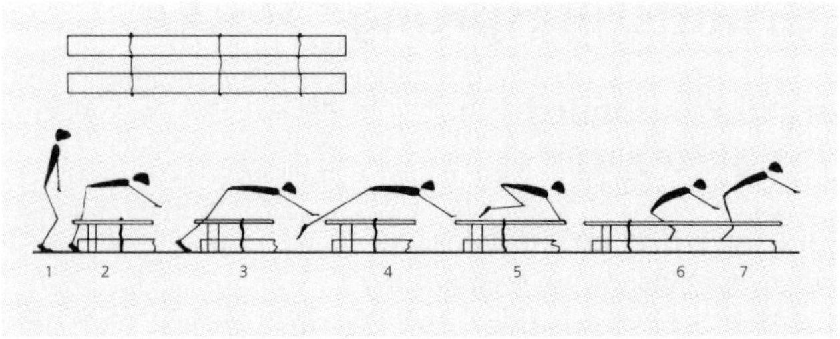

b) Anstatt der Seile legen wir Turnstäbe im gleichen Abstand wie die Seile über die Bänke, die Arbeitsform bleibt gleich.

Springt über die Stäbe. Wer kann ganz schnell hintereinander prellend über die Stäbe springen und dabei zuerst fliegen und dann erst stützen, ohne sie zu berühren?

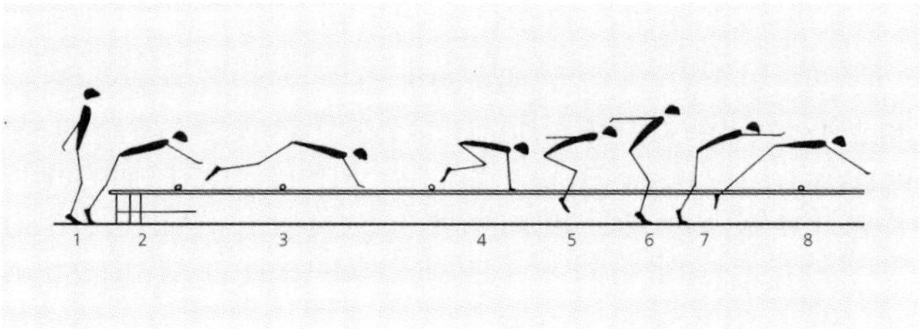

c) Wir legen immer zwei Stäbe als „Grabenhindernis" im Abstand von etwa 0,5 m quer über die Bank. Die Arbeitsform bleibt gleich.

Springt wie vorhin über die Stäbe. Wer kann so springen, daß er zuerst fliegt, bevor er mit den Händen hinter den Stäben auf den Bänken stützt (Springen, Fliegen, Stützen)?

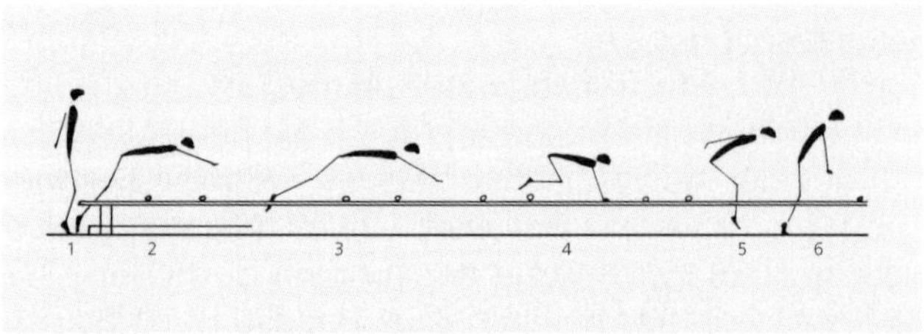

3. Hocke über den Querkasten

Vorerst wird die Hocke nicht mit dem Reutherbrett gesprungen, da die Benützung des Reutherbretts einer gesonderten Einführung bedarf.

Die Kästen werden etwa hüfthoch gestellt. Vor und hinter den Kästen liegen Turnmatten. Der Stützsprung am Kasten erfordert eine exakte Hilfestellung. Unter leichten Bedingungen und bei richtiger Anleitung können Kinder sich ohne weiteres selbst gegenseitig helfen. Für alle geradlinigen Bewegungen wie Hocke usw. benötigen wir Stützhilfe mit Klammergriffhilfe.

a) Zwei Kinder stehen auf der Landeseite vor dem Kasten leicht schräg Rücken an Rücken. Die Helfer müssen nahe aneinander stehen. Fällt ein Kind wirklich einmal vornüber, so wird es durch die Schultern der Helfer vor einem Sturz bewahrt.

Je ein Kind steht im Hockstand auf dem Kasten und stützt. Die Helfer fassen entweder mit beiden Händen am Oberarm oder mit ihrer näheren Hand am Ober- und mit der entfernteren am Unterarm.

Springt aus der Hockstellung leicht nach oben und vorn ab.

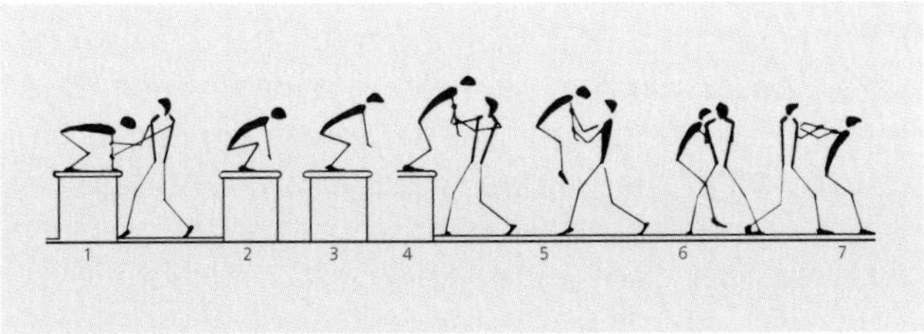

Die Helfer tragen und begleiten den Springer bis in den sicheren Stand. Sie müssen dabei einen Schritt zurück machen, so daß sie sich zueinander drehen.

b) Die Arbeitsorganisation und die Hilfestellung bleiben gleich. Die Kinder stehen in Reihen hinter den Kästen. Zwei bis drei Meter Anlauf, dabei sollte nicht schnell angelaufen werden. Entscheidend ist vorerst der Absprung und nicht der Anlauf, da in dieser Arbeitsstufe keine weite erste Flugphase nötig ist.

Lauft mit ein paar Schritten an, springt ab, stützt auf dem Kasten zum Hockstand. Springt wie vorhin ab.

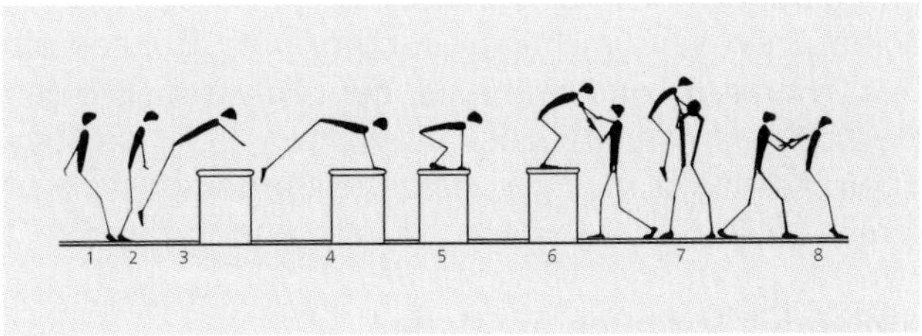

Die Helfer fassen bereits beim Handstütz im Klammergriff und begleiten wie vorhin den Übenden bis in den sicheren Stand.

c) Bei gleicher Arbeitsorganisation, Hilfestellung und Ausgangsposition.

Lauft ein paar Schritte, springt ab und stützt. Wer kann sich wie an der Bankgasse mit den Händen kräftig abstoßen, über den Kasten hocken und wie vorhin landen?

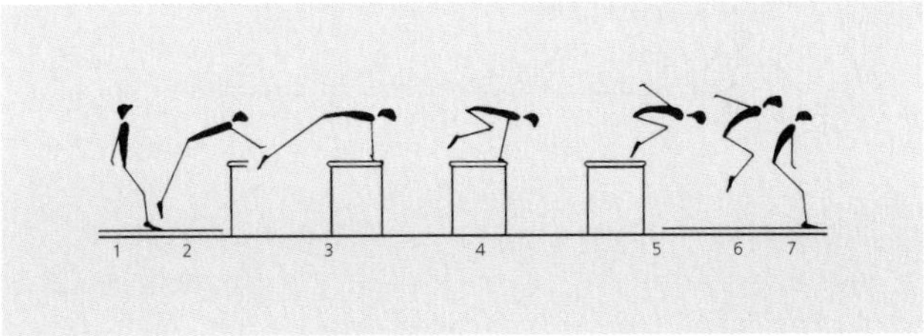

Die Helfer müssen schon vor dem Stütz griffbereit sein und beim Stütz den Übenden wie vorher sicher über den Kasten in den Stand begleiten.

Absprungverhalten vom Reutherbrett

Voraussetzung für diesen Absprung ist das prellende Springen. Diese für fast alle beidbeinigen Absprünge im Gerätturnen sehr wichtige Grundform muß innerhalb der Gymnastik und während der Aufwärmübungen geschult und immer wiederholt werden. Beim beidbeinigen Absprung muß die gesamte Sprungmuskulatur bereits im Aufsprung eine hohe Vorspannung haben.

Prellendes Springen am Boden

a) Die Kinder stehen auf dem Fußballen und haben die Knie fast gestreckt.

Wer kann mit festgespannter Beinmuskulatur und fast gestreckten Knien ganz schnell vom Boden weghüpfen (wie ein Gummiball), ohne daß die Fersen dabei den Boden berühren? Je weniger ihr die Knie beugt, desto schneller kommt ihr vom Boden weg.

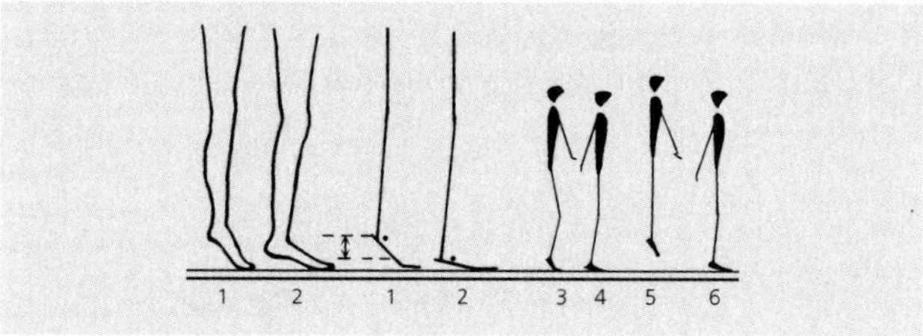

b) Die Kinder haben die gleiche Ausgangsposition.

Springt wie vorhin mit stark gespannter Beinmuskulatur nur auf den Fußballen. Wer kann dabei mit den Armen kleine Kreise unter der Schulter machen?

Prellendes Springen am Reutherbrett

Das prellende Abspringen vom Reutherbrett ist für Kinder aus zwei Gründen nicht einfach.

Erstens: Das geringe Eigengewicht der Kinder, etwa 45 kg (die Reutherbretter sind für etwa 50 bis 75 kg konstruiert).

Zweitens: Die Koordination zwischen dem Schleudereffekt des Brettes und dem prellenden Abspringen in eine zeitliche Übereinstimmung zu erreichen. Als günstig hat sich beim Neulernen mit Kindern eine Dämpfung durch eine aufgelegte Turnmatte erwiesen.

a) Wir legen Reutherbretter direkt an die Sprossenwände.

Greift die Sprosse über dem Kopf und versucht, mehrmals prellend vom Brett mit Matte abzuspringen. Versucht, so hoch wie möglich zu kommen.

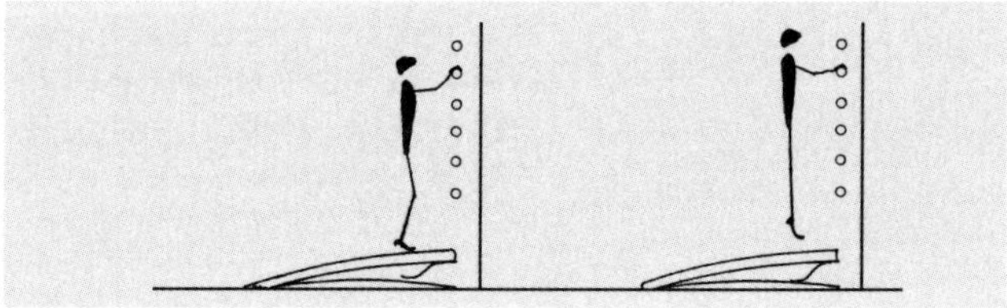

b) Wir legen quer über die Reutherbretter je eine Turnmatte, davor stellen wir längs einen zweiteiligen Kasten. Je ein Kind steht auf der Matte am Brett.

Versucht, wie vorhin an der Sprossenwand nur aus den Fußgelenken jetzt mit kleinen Armkreisen zu springen. Wer kann nach dem dritten Springen vom Reutherbrett abspringen, auf dem Kasten mit gestreckten Beinen landen und seine Arme dabei nach oben schwingen?

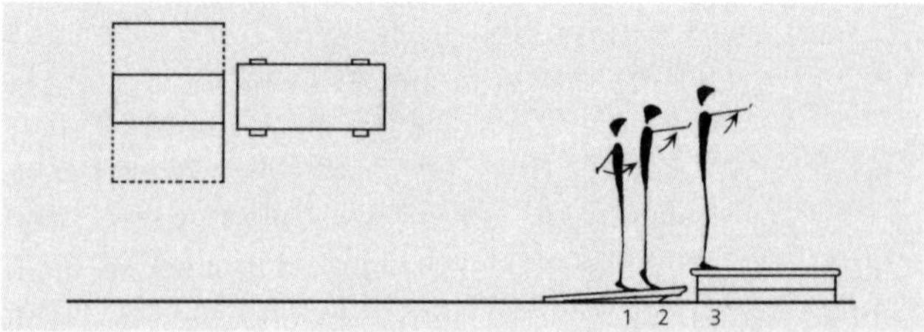

c) Wir legen hinter das Brett eine Turnmatte längs, der andere Gerätaufbau bleibt wie vorher. Die Kinder stehen in Reihen hinter den Sprunganlagen. Das erste Kind steht am entfernten Ende auf der Turnmatte.

Springt aus dem Gehen auf die Matte am Brett. Wer kann sofort (prellend) auf den Kasten springen?

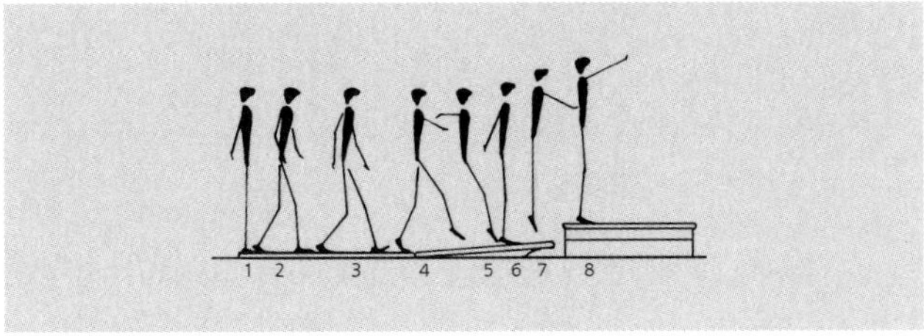

d) Bei gleichem Gerätaufbau, gleicher Arbeitsform und Ausgangsstellung wird der Kasten um einen Einsatz erhöht (dreiteiliger Kasten).

Geht etwas schneller an und springt mit starker Beinspannung sofort vom Brett auf den Kasten. Wer kann dabei nur aus den Fußgelenken springen und die Arme mit nach vorn oben schwingen?

Hocke mit Reutherbrett über den Querkasten

Die Turnmatten auf den Reutherbrettern bleiben. Die Kästen werden quer und etwa brust- bis hüfthoch gestellt. Der Anlauf sollte auf fünf bis sieben Meter begrenzt werden. Die Helfer stehen, wie schon erlernt, auf der Landeseite der Kästen.

Springt nach drei bis fünf Laufschritten von der Matte zur Hocke über den Querkasten.

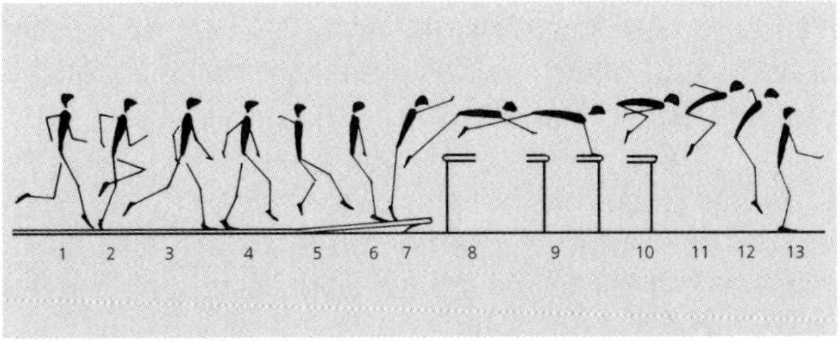

Die Helfer fassen bereits beim Handstütz im Klammergriff und begleiten den Übenden bis in den sicheren Stand.

„Grundstützsprung" Grätsche

Strukturordnung
wie bei der Hocke

Funktionsphasenanalyse
wie bei der Hocke, mit dem Unterschied, daß die Beine „außen" (seitwärts) an den Händen vorbeigebracht werden (Grätschen).

Vorbemerkungen
Während des Aufwärmens und Dehnens wird der Grätschstand geübt, so daß auf eine genauere Darstellung des Grätschstandes verzichtet werden kann.

a) Hinter einem hüfthohen quergestellten Kasten liegt wie bei der Hocke ein Reutherbrett, darauf eine Turnmatte. Vor dem Kasten stehen zwei Helfer wie bei der Hocke. Je ein Kind steht auf dem „Mattenbrett" und stützt mit den Händen auf dem Kasten.
Springt wie bei der Hocke zwei- bis dreimal prellend auf dem Fußballen. Wer kann nach dem dritten Prellspringen sein Gesäß schnell hochziehen, die Beine grätschen und sie sanft auf den Kasten stellen? Springt nach vorne ab.

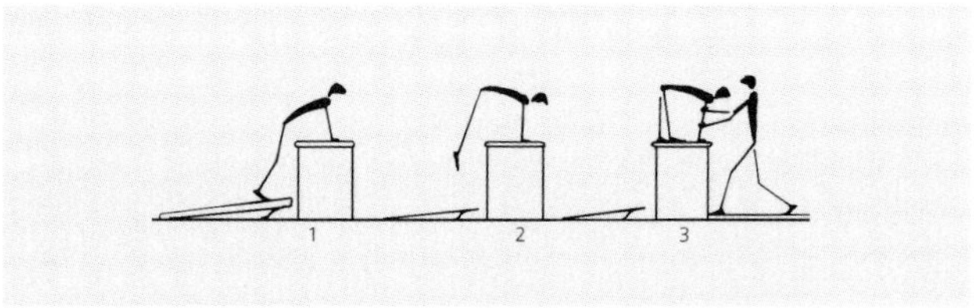

Die Helfer fassen schon beim prellenden Springen im Klammergriff und sichern den Übenden bis zur Landung nach dem Niedersprung.

b) Bei gleichem Gerätaufbau und gleicher Hilfestellung steht je ein Kind etwa zwei bis drei Meter hinter dem „Mattenbrett".
Geht an, springt ab und stützt dabei schnell auf dem Kasten. Wer kann sein Gesäß hochziehen und die gegrätschten Beine sanft auf den Kasten stellen? Springt nach vorn ab.

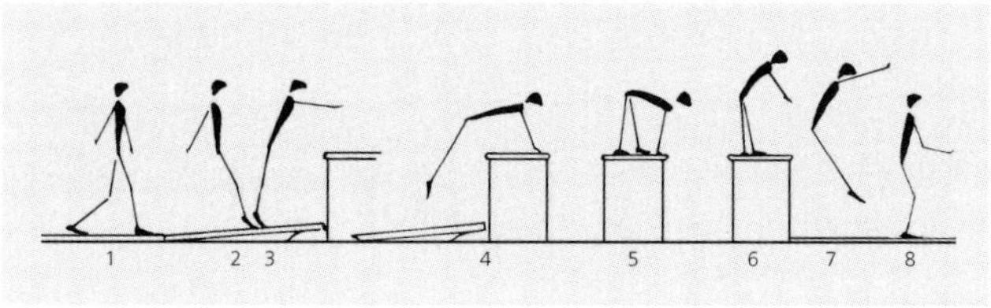

Die Helfer unterstützen und sichern wie vorher bis in den Stand.

c) Gerätaufbau, Ausgangs- und Hilfestellung bleiben gleich. Der Anlauf sollte wie bei der Hocke auf fünf bis sieben Meter begrenzt werden.
Lauft mit ein paar Schritten an und springt ab. Stützt, zieht das Gesäß hoch und grätscht die Beine. Wer kann sich mit den Händen abstoßen, über den Kasten hinwegdrücken, ohne die Füße aufzusetzen?

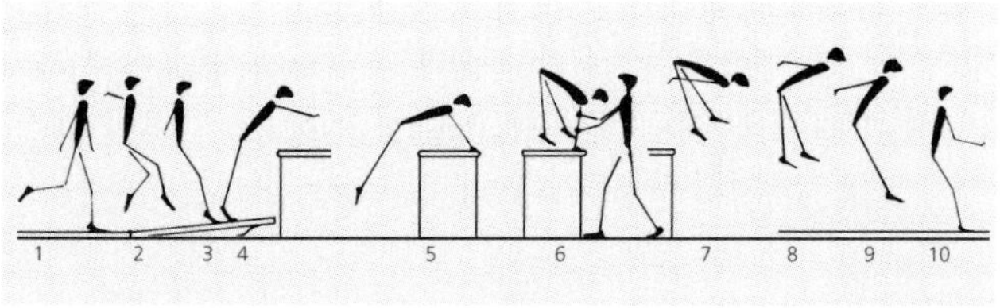

Die Helfer fassen beim Handstütz und sichern bis zum sicheren Stand.

Es muß unbedingt vermieden werden, daß Kinder die Grätsche so springen, daß sie nach dem Absprung die Hände unter dem Gesäß stehen lassen. Dies passiert vor allem, wenn der Kasten längs, ein Doppelbock oder gar das Pferd längs gestellt wird. Diese Art, grätschend ein Hindernis zu überwinden, führt in vielen Fällen zu Verletzungen im Hand- und Unterarmbereich.

Barren

Die Kernteile, die am Barren behandelt werden, sind Schwungbewegungen im Stütz, der Aufschwung in den Kipphang und die Rolle vorwärts aus dem Grätschsitz in den Grätschsitz.

Schwingen im Oberarmstütz (Oberarmhang) ist in der Regel nur bei entsprechend guten Last-Kraft-Verhältnissen der Kinder angebracht, und dann sollte auch nur mit geringen Wiederholungen geturnt werden.
Ohne entsprechende Muskelkraft im Schulterbereich könnten beim Schwingen im Oberarmstütz Verletzungen in der Verbindung des Knorpel-, Band-, Sehnen- und Muskelbereichs von Schlüsselbein zu Brustbein auftreten.

Beim Stützschwingen an diesem Gerät sind zwei verschiedene „Lagesysteme" zu erkennen.

Die Arme vom Handstütz aufwärts bis zu den Schultergelenken sind in einer relativ labilen, der daran hängende Körper in einer relativ stabilen Lage.

Beim Schwingen im Stütz müssen beide Systeme miteinander im Gleichgewicht gehalten werden, sonst wäre ein Sturz unvermeidlich.

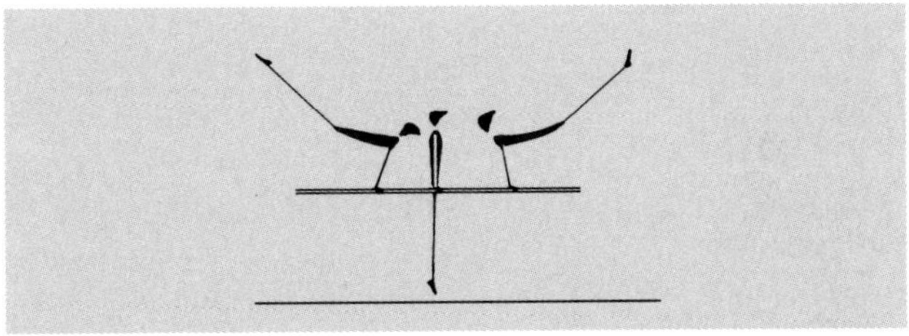

Das bedeutet, daß der KSP des „Schwungsystems Mensch" sich möglichst nahe über den stützenden Händen befinden muß. Für die Praxis heißt dies, daß beim Vorschwung der Beine die Schulter leicht zurück- und beim Rückschwung der Beine die Schulter entsprechend nach vorn genommen werden muß.
Durch die Konstruktion in den Schultergelenken bedingt, ergeben sich folgende Betrachtungen:
Der Arm-Rumpf-Winkel der Körpervorderseite kann bei fast allen Menschen bis zu 180 Grad, in einigen Fällen sogar etwas darüber, geöffnet werden (Abb. a).

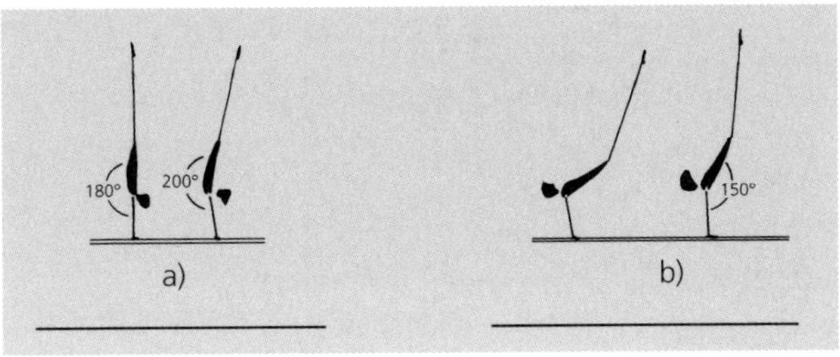

Der Arm-Rumpf-Winkel der Rumpfrückseite kann **normalerweise** bis maximal 150° ohne Ausschultern geöffnet werden (Abb. b).
Etwas vereinfacht kann man von der Funktion der Beinaktionen sagen, daß sie für die „Pendelverkürzung" beim Schwingen im Hang oder Stütz verantwortlich sind.

Der **Vorschwung** sollte aus zwei Gründen vor den Rückschwung gestellt werden:

a) Die „Verkürzung" nach vorn ist leichter (anatomische Gründe) und

b) Die Kinder haben Sichtkontakt in die Bewegungsrichtung.

Schwungbewegungen

Vorschwung im Querstütz und Kehre als Abgang

Strukturzuordnung
Schwungbewegung

Funktionsphasenanalyse
Hilfsfunktionsphase II. Ordnung
Der Körper wird in die höchste Position für einen Abschwung gebracht. Dies ist u.a. durch einen Rückschwung zu erreichen (Abb. 5).

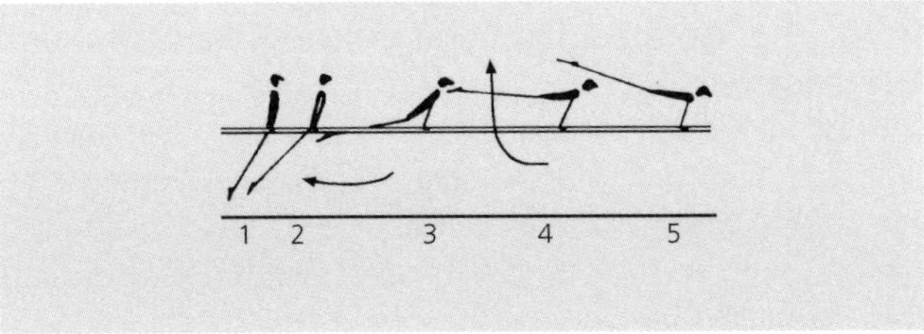

Hilfsfunktionsphase I. Ordnung
Beim Abschwung aus der höchsten Position wird die Hüfte in der letzten Phase vor Passieren der senkrechten Lage in eine aktive Überstreckung und damit Muskelvorspannung des gesamten vorderen Rumpf-Bein-Bereichs gebracht.
Dies ist eine günstige Ausgangsposition für einen „schnellen" Beinschwung vorhoch. Je nach vorgesehener Folgebewegung wird diese Vorspannung etwas vor, genau am oder kurz nach dem Passieren der „Senkrechten" aufgegeben.

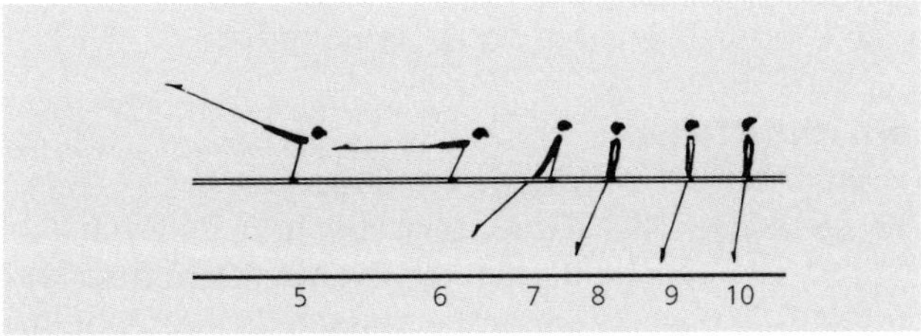

Hauptfunktionsphase
Wenn der KSP des überstreckten Körpers die senkrechte Position unter der Schulter erreicht, wird durch schnelles Vorhochbringen der Beine die Körperlänge verkürzt und dadurch beschleunigt (Pendelverkürzung in der Aufschwungphase).

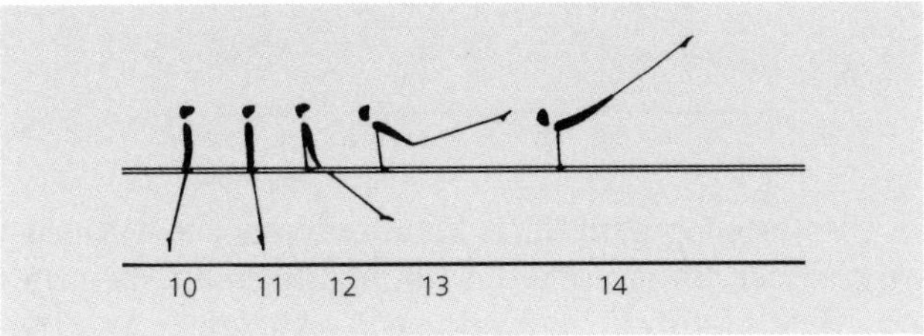

Übergangsfunktionsphase
Sie kann eine ruhige Position wie Grätsch- oder Außenquersitz, die Kehre als Abgang sein oder die Ausgangs-

position für den Abschwung dar und den späteren Rückschwung (Abb. 14).

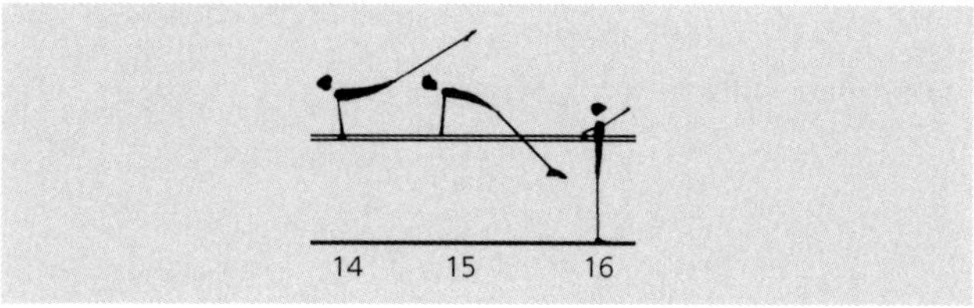

Wird die Übergangsphase mit einer neuen Bewegung überlagert, so entstehen daraus andere Elemente wie Kehren als Abgang mit und ohne Drehungen oder im Stütz (Stützkehre). Alle Vorschwünge können mit und ohne Längsachsendrehung geturnt werden.

Lernschrittfolgen

1. Drehhocke (Hockwende am Barren)

Wir stellen je nach Gruppengröße und Barrenanzahl zwei bis vier niedere Barren, die mit Matten abgesichert sind, auf. Je nach Kindergröße müssen die Barrenholme hüfthoch sein. Hinter den Barren stellen wir Kleinkästen und bei kleinen Kindern einen ein- bis zweiteiligen Kasten längs in den Barren.

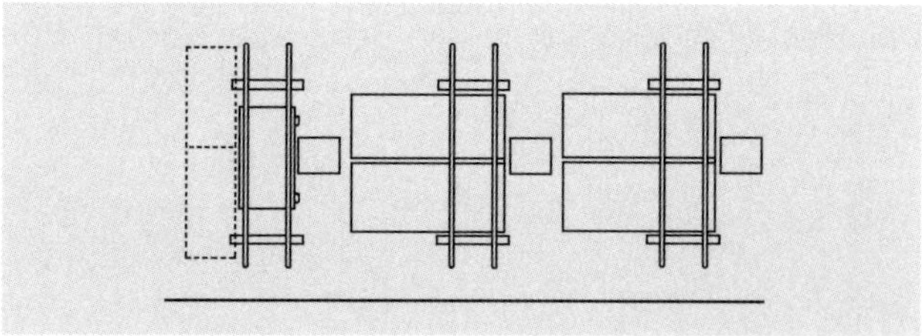

a) Die Arbeitsorganisation kann entweder in Gruppen am gleichen Barren oder im Übungsstrom an allen Barren durchgeführt werden. Wir wählen hier den Übungsstrom.

Die ersten steigen auf den Kleinkasten und Barren, stützen mit den Händen und springen darüber. Laufen zum nächsten Barren usw. Die anderen Kinder folgen.

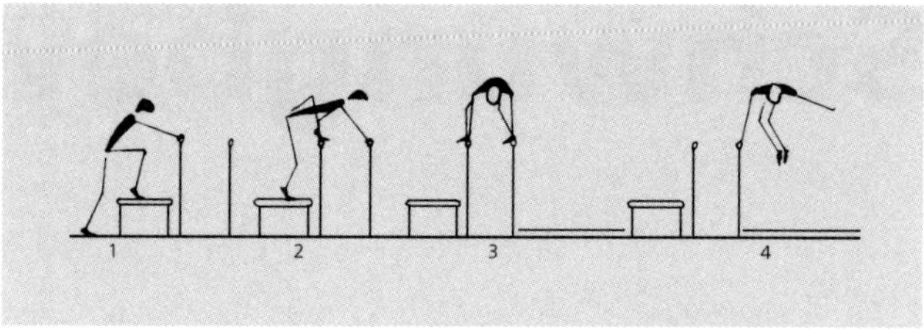

b) Bei gleicher Arbeitsform und Geräteaufbau.

Steigt auf den Kleinkasten und stützt auf den Holmen. Wer kann über einen Holm zwischen den Barren auf den Boden (Kasten) springen und unter dem entfernten Holm weg zum nächsten Barren laufen?

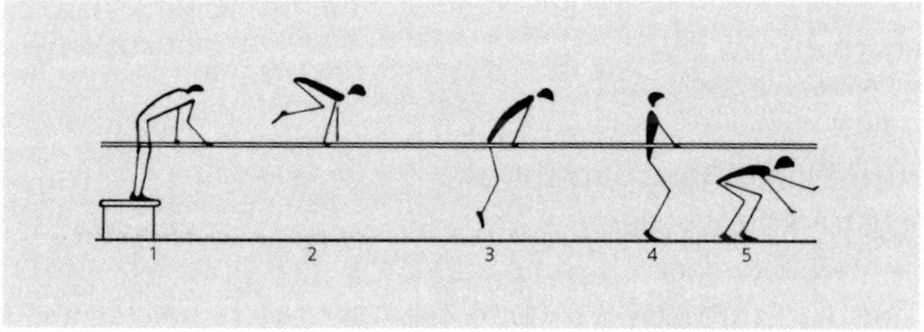

2. Kehre aus dem beidbeinigen Absprung

a) Gleicher Geräteaufbau und gleiche Arbeitsform und Ausgangsstellung.

Springt wie vorhin zwischen den Holmen in den Stand. Wer kann sofort wieder abspringen, die Beine nach vorn hochbringen und sich außen auf einen Holm setzen (Außenquersitz)? Springt sofort wieder ab und lauft zum nächsten Barren.

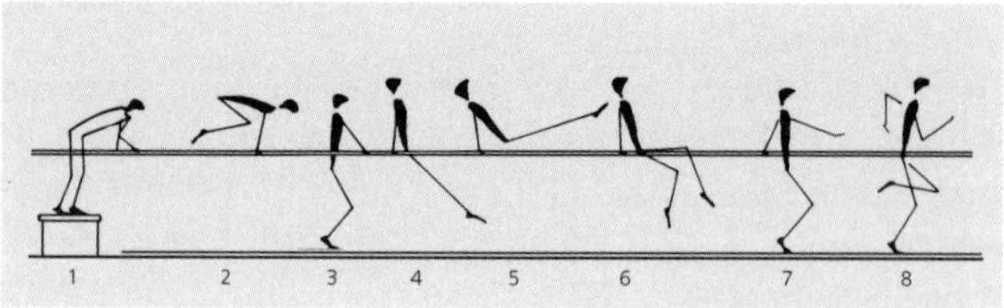

b) Ausgangsstellung, Geräteaufbau und Arbeitsform wie vorher.

Springt wie vorhin in den Barren. Wer kann sofort abspringen und über den anderen Holm hinwegkommen, ohne daß er den Holm berührt? Lauft zum nächsten Barren und turnt dasselbe.

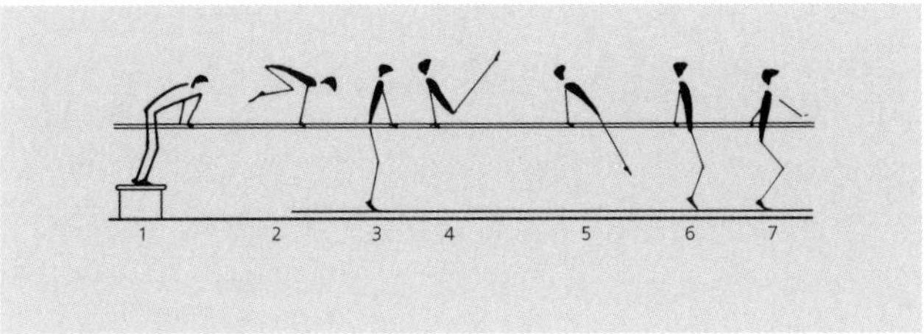

c) Wie vorher.
Turnt die gleiche Übung wie vorher. Wer kann mit gestreckten Beinen leicht die Hüfte überstrecken, über den Holm nach außen abspringen und dabei den Barren nach hinten wegschieben? Laßt die Beine gestreckt.

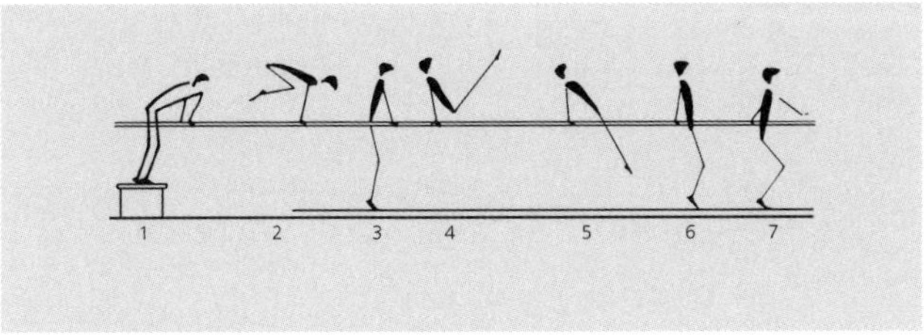

3. Kehre aus dem Vorschwung
Ein Kasten wird quer vor den Barren gestellt. Der Kastendeckel in der Barrenmitte wird entfernt. In und neben dem Barren liegen Matten.

a) Die Gruppe steht hinter dem Barren.
Greift aus dem Stand vom Kasten vor in den Stütz. Laßt die Beine vorschwingen und setzt die Füße vor den Händen auf die Holme auf. Greift wieder vor die Füße und turnt dasselbe. Bringt jetzt zuerst die Knie, dann die Hüfte nach vorn unten, schwingt ein und setzt die Füße wieder auf die Holme. Turnt diese Übung, bis ihr über den Barren hinweg seid. Lauft zum nächsten Barren und turnt dasselbe.

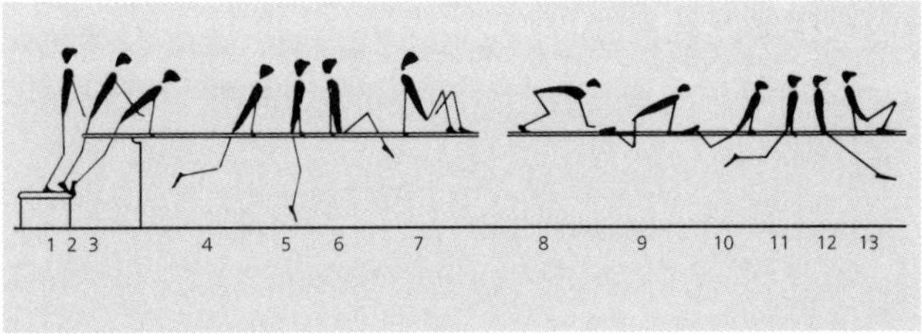

b) Bei gleicher Ausgangsstellung und gleicher Organisation.
Wer kann die gleiche Übung turnen, aber mit nur zwei- bis dreimaligem Vorgreifen und Vorschwingen über den ganzen Barren kommen? Lauft zum nächsten Barren, um die gleiche Übung zu wiederholen.

c) Bei gleicher Ausgangsstellung.
Turnt die gleiche Übung wie vorhin. Wer kann die Beine vorschwingen und außen neben dem Barren abspringen? Lauft zum nächsten Barren und turnt dasselbe.

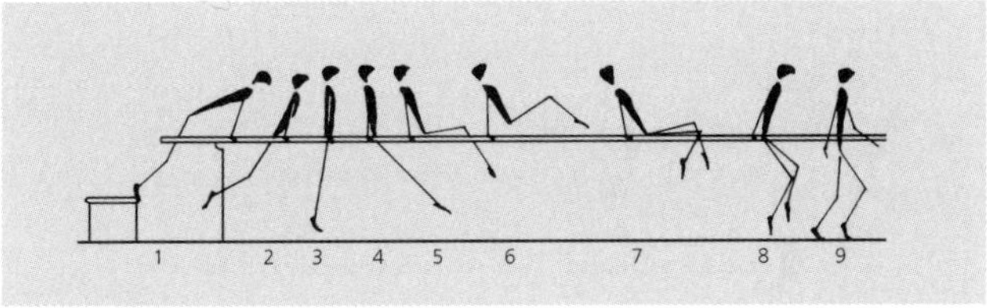

d) Gleiche Ausgangsstellung und Organisationsform.
Turnt die gleiche Übung wie vorhin. Wer kann bei der Kehre die Hüfte so strecken, daß er den Barren nach hinten wegschiebt und möglichst weit vor den Händen außen in den Stand kommt?

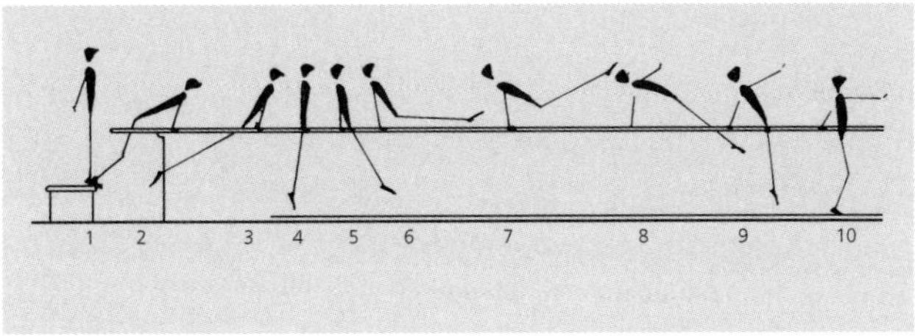

4. Kehre mit Drehung

a) Aus der gleichen Ausgangsstellung und Organisationsform.

Greift vor und schwingt nach vorn. Setzt euch außen auf den Holm. Springt mit einer Vierteldrehung zum Barren ab in den Stand (Außenseitstand vorlings). Lauft zum nächsten Barren, um dasselbe zu turnen usw.

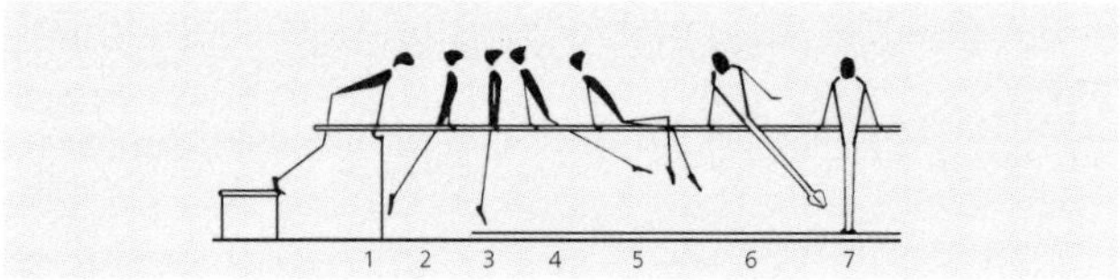

b) Bei gleicher Ausgangsstellung.

Turnt genau wie vorhin die Übung. Versucht aber nach dem Vorschwung der Beine die Vierteldrehung in der Luft zu turnen, so daß ihr mit dem Gesicht zum Barren steht. Lauft zum nächsten Barren, um dasselbe zu turnen.

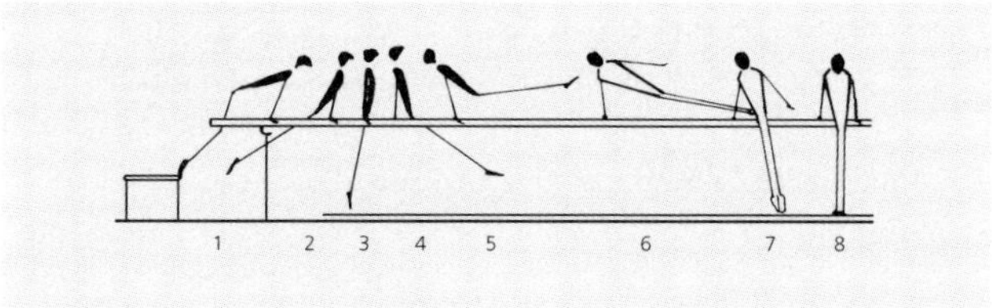

c) Gleiche Ausgangsstellung.

Wer kann die Kehre nach einer halben Drehung in den Stand turnen? Lauft zum nächsten Barren und turnt dasselbe.

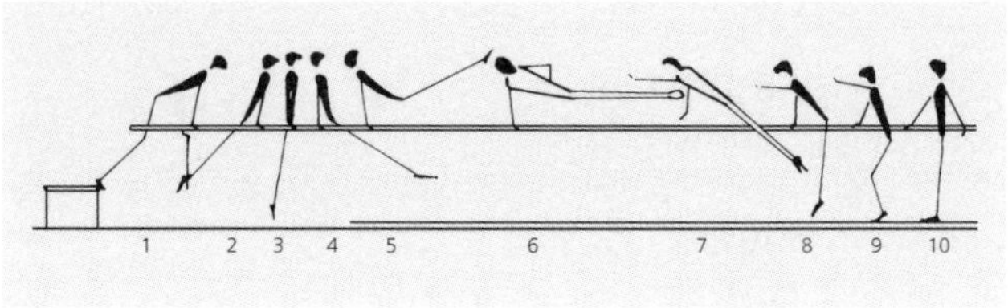

Rückschwung im Querstütz und Wende als Abgang

Strukturzuordnung
Schwungbewegung

Funktionsphasenanalyse
Hilfsfunktionsphase II. Ordnung
Alle Aktionen, die den Körper in die höchste KSP-Position vor dem Abschwung bringen. Im Anfängerbereich ist dies der Vorschwung.

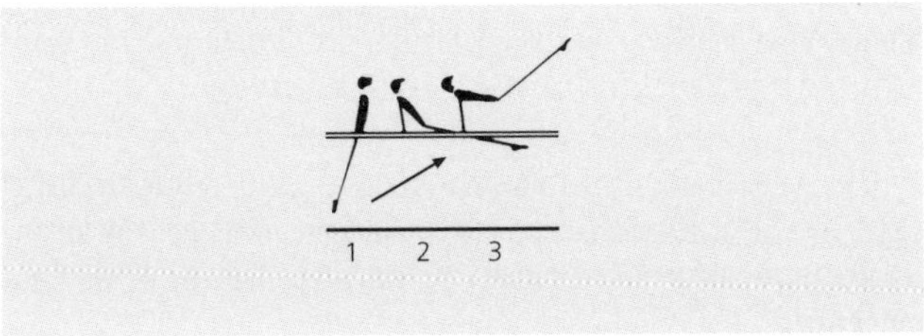

Hilfsfunktionsphase I. Ordnung
Der Abschwung aus der höchsten KSP-Position mit leicht gebeugter Hüfte bis kurz vor Erreichen der senkrechten KSP-Position.

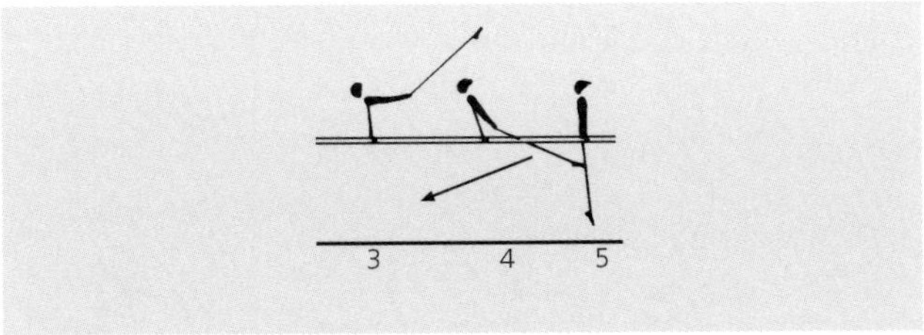

Hauptfunktionsphase
Kurz vor der senkrechten Position (KSP) ist die Hüfte leicht gebeugt. Beim Passieren dieser Position werden die Schultern zuerst nach vorn gedrückt und die Beine schnellkräftig in eine aktive Überstreckung nach hinten hoch geschwungen. Etwa ab der Horizontalen wird die Schulter wieder zurückgenommen und die Aktivüberstreckung aufgegeben. Der Rückschwung geht bis in die höchste KSP-Position (z.B. Handstand).

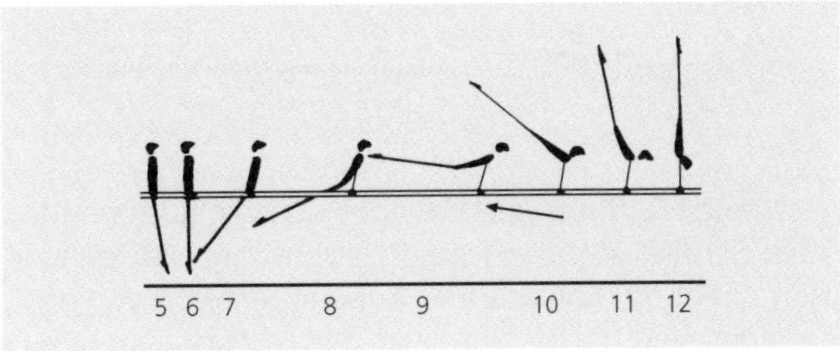

Übergangsfunktionsphase
Sie kann mit seitlicher Verlagerung (Wenden) in den Stand mit und ohne Drehung geturnt werden.

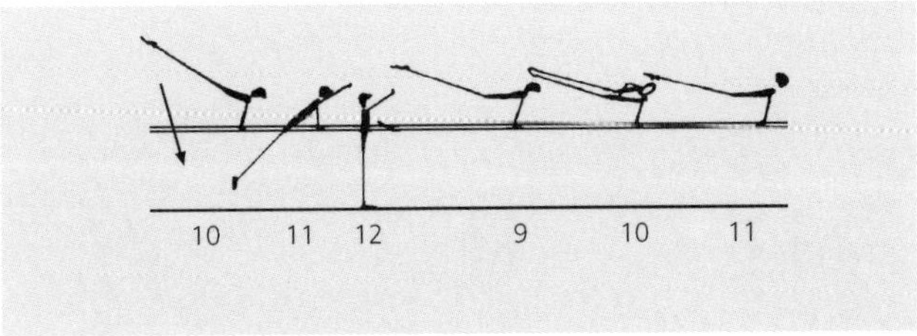

Alle Überlagerungen können mit und ohne Längsachsendrehung geturnt werden.

Die Steuerung des Rückschwungs
a) Wir stellen mehrere Barren hüfthoch. Sechs bis acht Kinder stehen quer im Barren und schauen in die gleiche Richtung.
Springt in den ruhigen Stütz und versucht, euch im Körper zu strecken. Nehmt alle gleichzeitig eure Beine etwas nach vorn und haltet sie so zwei Sekunden (a). Führt sie gleichzeitig langsam zurück, bis ihr sie nicht mehr seht, und haltet sie zwei Sekunden hinten (b). Achtet dabei auf die Muskelspannung „vorn" und „hinten". Dabei dürft ihr nicht ins Schwingen kommen. Springt nach zweimal „vorn und hinten halten" ab.

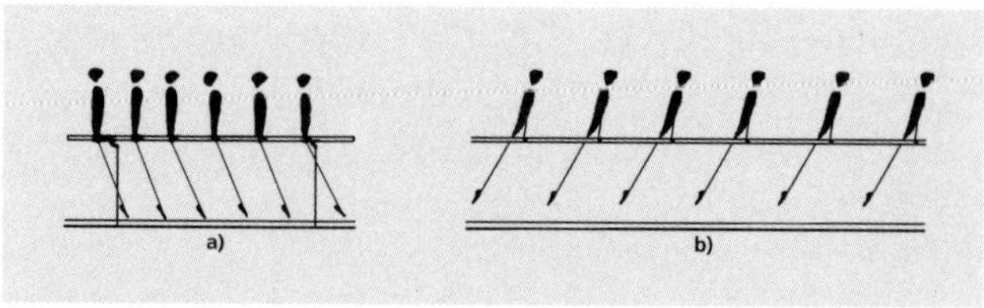

b) Je eine Fünfergruppe befindet sich am Barrenende. Je ein Schüler steht mit dem Gesicht zum Barren und greift direkt am Barrenende (Außenquerstand vorlings). Auf jeder Seite rechts und links des Übenden stehen je zwei Helfer. Zwei vor und zwei hinter dem Übenden.
Springt in den ruhigen Stütz (ohne danach zu schwingen). Nehmt wie vorhin die Beine leicht nach vorn und wieder zurück. Versucht, die Beine einen Moment hinten zu halten. Achtet auf die Spannung der Bauch- und Rückenmuskulatur. Die Helfer sichern euch dabei. Springt ab.

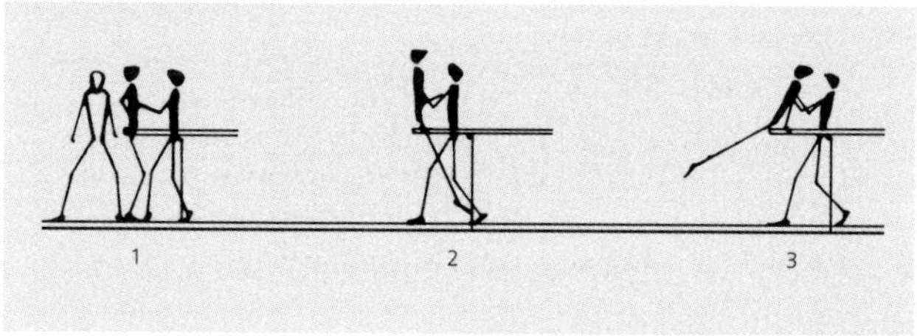

Die Helfer vor dem Übenden sichern im Klammergriff an den Oberarmen. Die hinteren Helfer an den Beinen greifen von unten an Ober- und Unterschenkel und erleichtern durch ein ganz kurzes Anhalten die Aktivüberstreckung.

c) Gleiche Organisationsform, Ausgangsstellung und Hilfestellung. Je ein Schüler springt wie vorhin in den ruhigen Stütz.
Nehmt die Beine vor und wieder zurück. Wer kann dann, wenn die Hüfte beim Rückschwung die Hände passiert, die Fersen ganz kräftig hinten hochschlagen? Haltet am höchsten Punkt bei guter Vorlage und starker Muskelspannung einen Moment diese Überstreckung an. Springt danach ab.

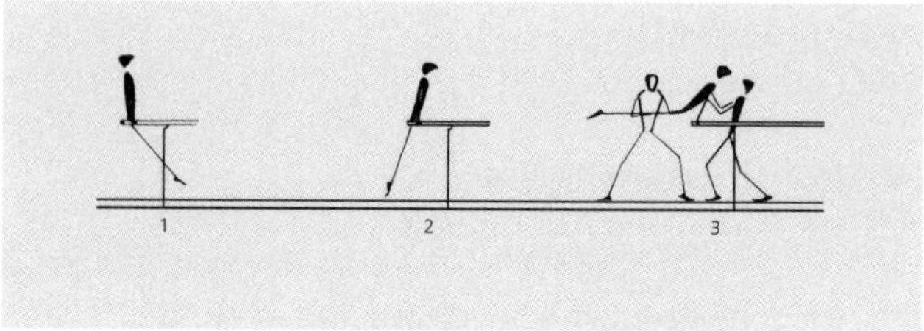

Die Helfer sichern und unterstützen in der gleichen Weise wie vorhin. Dabei ist auf die Vorlage mit vollkommen gestreckten Armen zu achten.

d) Bei gleicher Organisationsform und Hilfestellung steht ein Schüler so hinter dem Barren, daß er mit leichter Vorlage und gestreckten Armen das Barrenende fassen kann.
Springt ab und schwingt leicht vor und wieder zurück. Versucht wie vorhin die Fersen nach dem tiefsten Punkt kräftig rückhoch zu schwingen. Wer kann am höchsten Punkt bei guter Schultervorlage den Körper mit starker Spannung in der Rumpfmuskulatur einen Moment anhalten (freie Stützwaage)? Springt ab, ohne den Griff zu lösen, daß die Füße am gleichen Punkt den Boden berühren wie vorher. Turnt den gleichen Ablauf sofort noch einmal.

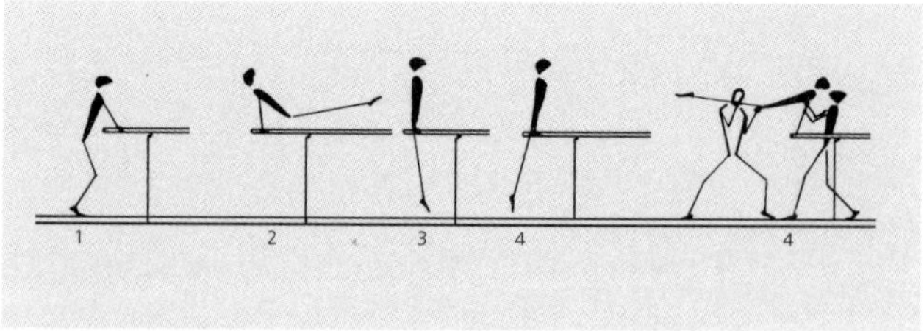

Die Helfer sichern und unterstützen wie vorhin. Es ist auf die aktive Streckung am hinteren Umkehrpunkt zu achten.

Wende

a) Je ein Schüler ist im Liegestütz vorlings, die Füße sind je auf einem Holm.

Nehmt Eure Schulter vor die Hände. Wenn Ihr zur rechten Seite abspringen wollt, muß die linke Hand direkt vor der rechten auf dem rechten Holm stützen. Springt nach rechts ab und löst dabei die rechte Hand.

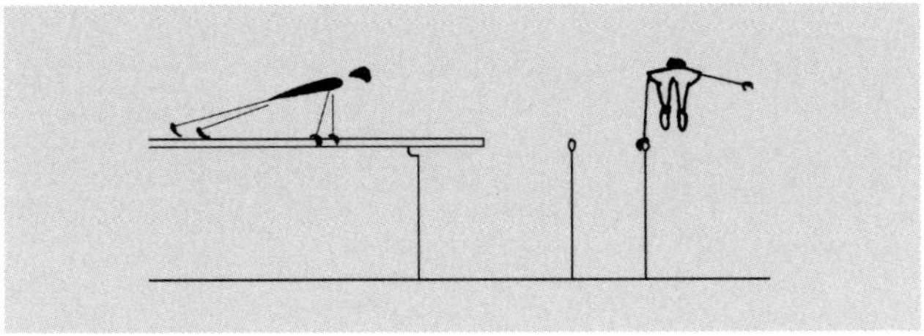

Je ein Helfer steht auf der Niedersprungseite und sichert mit Klammergriff am hinteren Oberarm bis in den Stand.

b) An jedes Barrenende legen wir Matten nebeneinander. An jedem Holmstreben (Säule) befestigen wir eine Gummischnur als Holmsimulation. Ein Schüler spannt die Gummischnur mit „Holmbreite" bis auf eine Entfernung von ca. drei Metern. Je ein Schüler steht in der gleichen Ausgangslage wie vorhin hinter dem Barrenende (pro Barren zwei Fünfergruppen).

Springt in den Stütz zum Vorschwung, schwingt zurück und schwingt die Fersen kräftig rückhoch. Wer kann beim Rückhochschwingen mit guter Vorlage das Gewicht auf einen Holm verlagern und wie vorhin mit beiden Händen auf einen Holm stützen? Springt nach außen über die Gummischnur ab.

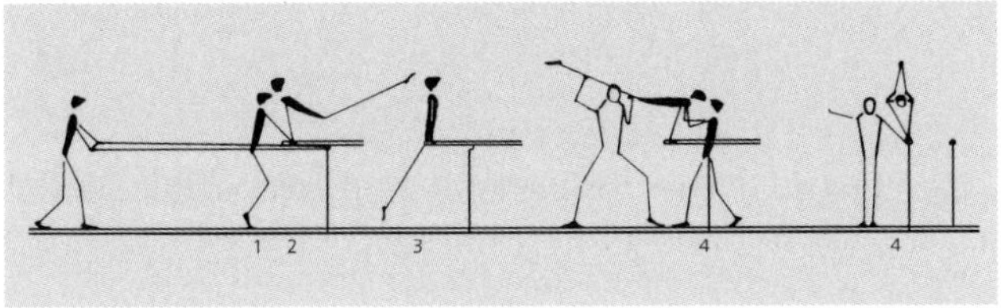

Die Helfer vorn sichern an den Schultern und die hinten an Ober- und Unterschenkelvorderseite. Diese beiden Helfer begleiten den Übenden auch über die Schnur hinweg beim Niedersprung.

In diesem Lernschritt muß darauf hingearbeitet werden, daß die aktive Überstreckung im höchsten Punkt erkennbar ist. Nur beim Beinschwung mit aktiver Überstreckung können sich die Kinder bei einer Wende später in der Barrenmitte die Beine nicht anschlagen.

c) Ein Schüler stützt im Stand mit leichter Vorlage etwa in der Barrenmitte. Auf der „Landeseite" steht ein Helfer.

Springt in den Stütz und schwingt vor und zurück. Versuch wie vorhin, die Beine kräftig rückhoch zu schwingen, um mit seitlicher Gewichtsverlagerung bei guter Vorlage auf einem Holm zu stützen. Wer kann wie vorhin über die Gummischnur über den Barrenholm nach außen abspringen?

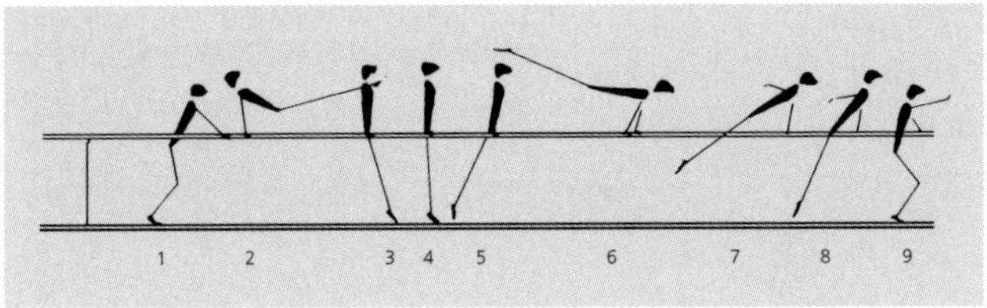

Der Helfer sichert wie vorhin am Oberschenkel. Er muß verhindern, daß der Schüler die Beine an den Holmen anschlägt. Wichtig ist, daß die kurzzeitige „freie Stützwaage" auf einen Holm und die gute Vorlage dem Schüler bewußt gemacht wird. Die aktive Körperspannung beim Rückschwung muß erhalten bleiben bis unmittelbar vor der Landung.

Aufschwungbewegungen

Aufschwung rückwärts in den Kipphang

Strukturzuordnung

a) Aufschwungbewegung
b) Sprungbewegung (beidbeinig)

Funktionsphasenanalyse

Hilfsfunktionsphase I. Ordnung
Aus dem Stand mit gebeugten Armen wird das Schwungbein zurückgeführt (Ausholbewegung). Beim beidbeinigen Absprung entfällt die Hi.F.Ph. I. O.

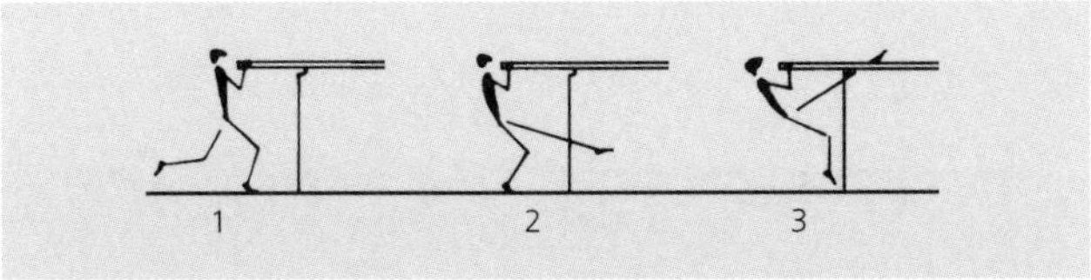

Hauptfunktionsphase
Aufschwingen des hinteren Beines und Abdruck vom Standbein. Annähern der Beine an den Körperstamm und Rückwärtsdrehen in den Kipphang.

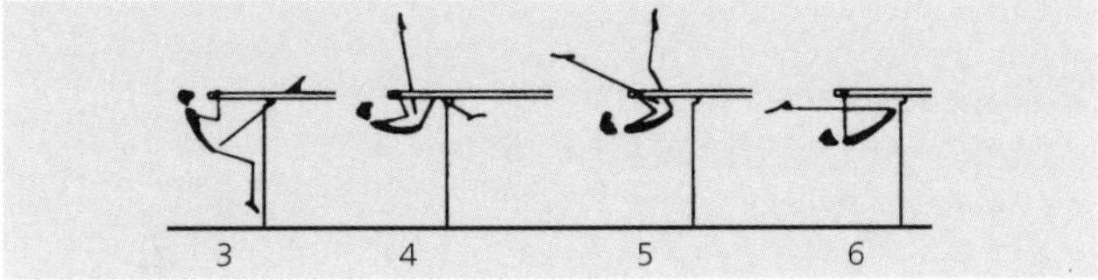

Übergangsfunktionsphase entfällt, da der Kipphang eine ruhige „Endlage" und keine Bewegungsphase ist.

Lernschrittfolgen

1. Drehen vor- und rückwärts in den Stand
Der Aufschwung rückwärts in den Kipphang am Barren ist ein Teilaufschwung und trotz der etwas schwierigen Griffsituation (Ell- oder Speichgriff) leichter als am Reck. Die wesentlichste Erleichterung besteht darin, daß durch die Freiheit in der Holmengasse der KSP nicht so hoch angehoben werden muß wie am Reck. Bei entsprechender Holmhöhe (schulterhoch) erfolgt durch die in der Ausgangslage gebeugten Arme während des Rückwärtsdrehens zu gestreckten Armen ein Absenken der Schulter. Dadurch bleibt beim Drehen rückwärts der KSP annähernd auf gleicher Höhe zur Ausgangslage.

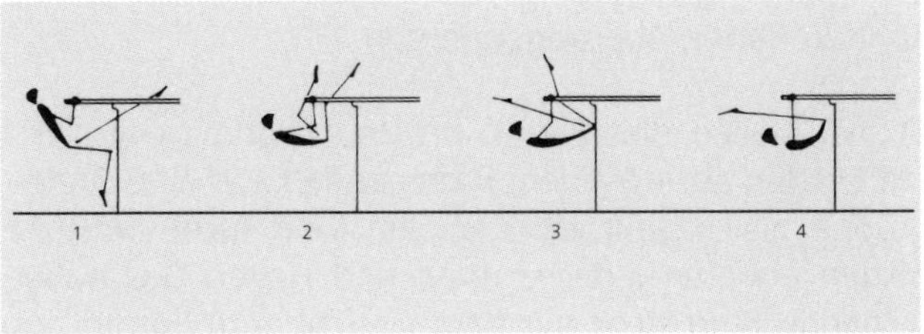

2. Kipplage
Trotz der Bewegungserfahrung der Kipplage vom Bodenturnen, sollte vor dem Kipphang diese Erfahrung noch einmal wiederholt werden.

a) Je zwei Kinder sitzen quer am Mattenrand auf einer Gummimatte.
Rollt zurück auf die Schulter und haltet das Gleichgewicht. Rollt wieder in den Sitz. Wer kann während der ganzen Übung die Beine ganz gestreckt halten?

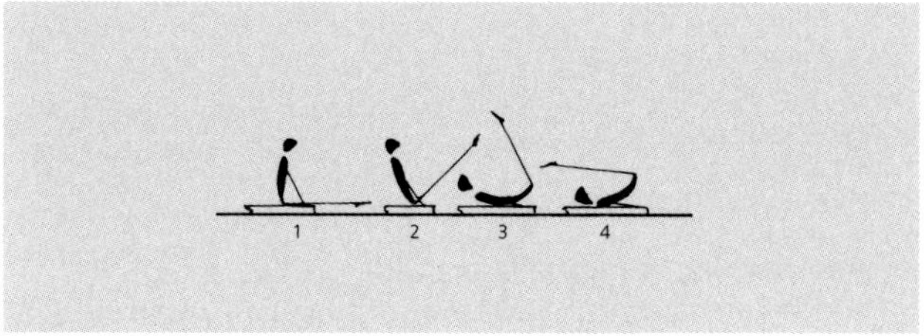

b) Gleiche Ausgangslage am Mattenrand
Turnt das Zurückrollen in die Kipplage. Wer kann sein Gleichgewicht halten und dabei seine Arme nach oben strecken? Rollt wieder ab in den Sitz.

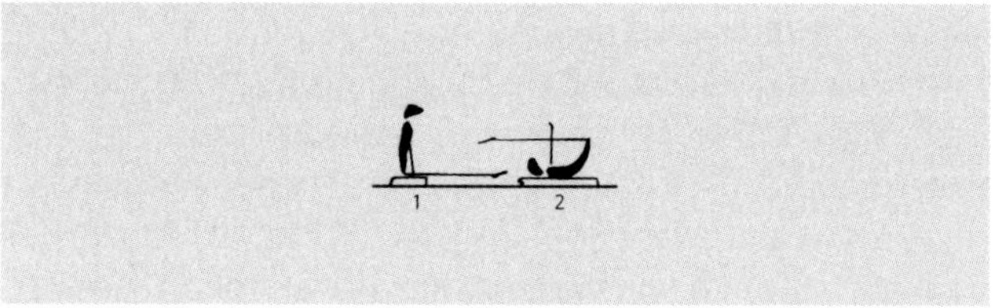

3. Kipphang mit Schwungbeinhilfe
Die Erfahrung Kipphang vom Boden sollen die Kinder auf den Barren übertragen lernen.

a) Wir stellen den Barren brusthoch und sichern ihn mit Matten ab. An jedem Barrenende kann eine Dreiergruppe gleichzeitig arbeiten. Ein Kind turnt, und die beiden anderen jeder Gruppe sind Helfer. Das außen turnende Kind steht mit dem Gesicht zum Barren und faßt die Holmen mit Speichgriff (Handrücken zeigt nach außen).
Stellt einen Fuß (Druckbein) genau unter den Griff der Hände und nehmt das andere Bein (Schwungbein) zurück. Schwingt das Schwungbein bis Augenhöhe und springt erst dann mit dem Druckbein dahinter her. Wer kann sich langsam so weit rückwärts drehen, bis er wieder auf den Füßen ist? Haltet dabei den Holm fest. Springt ab und dreht euch wieder vorwärts in die Ausgangsstellung. Turnt das mehrmals hintereinander.

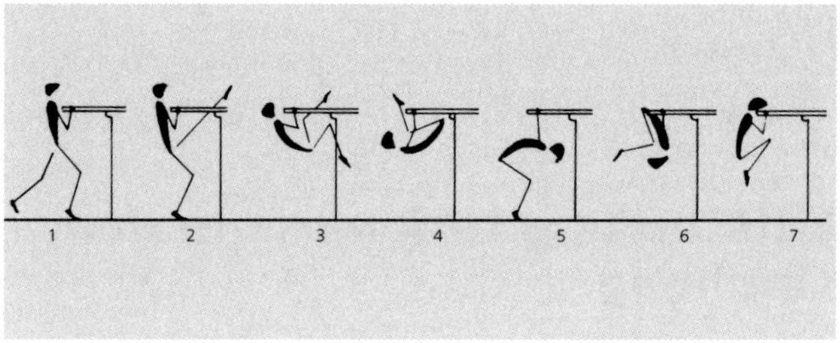

Die Helfer außen unterstützen und sichern an der Schulter und Oberschenkelrückseite die Aufwärtsbewegung.

b) Bei gleicher Ausgangslage, Arbeitsform und Hilfe.
Schwingt und springt wie vorhin vorhoch. Nehmt die Knie an die Brust und dreht euch rückwärts. Wer kann in der Mitte abbremsen und sein Gleichgewicht in dieser Lage drei Sekunden halten? Dreht euch wieder vorwärts in den Stand.

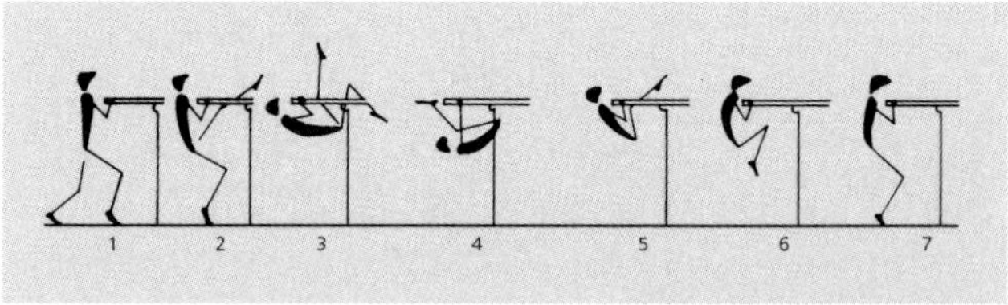

Die Helfer unterstützen die Aufschwungbewegung, sichern das Abbremsen im Kipphang und das Gleichgewicht.

c) Ausgangslage, Arbeitsform und Hilfe wie vorhin.
Turnt die gleiche Übung wie vorhin, haltet im Kipphang das Gleichgewicht und schaut euren Bauch an. Wer kann jetzt seine Knie strecken und so drei Sekunden

halten? Dreht euch langsam wieder vorwärts in den Stand.

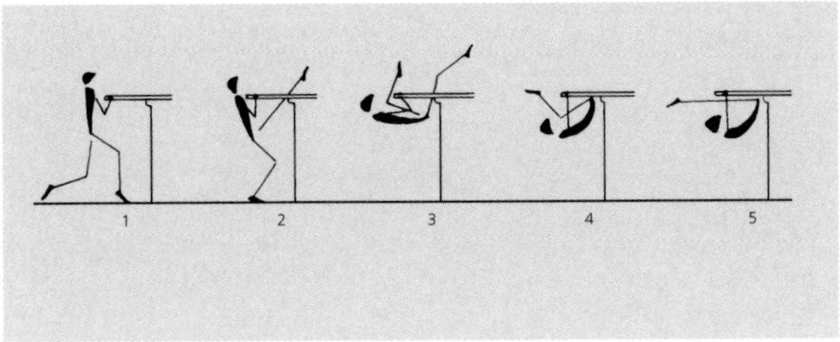

Die Helfer unterstützen und sichern wie vorhin.

d) Ausgangslage, Arbeitsform und Hilfe wie vorhin.
Turnt den Aufschwung in den ruhigen Kipphang. Wer kann sich in der Hüfte strecken, daß er eine „Kerze" macht? Schaut dabei immer euren Bauch an. Beugt wieder in der Hüfte und dreht euch vorwärts in den Stand.

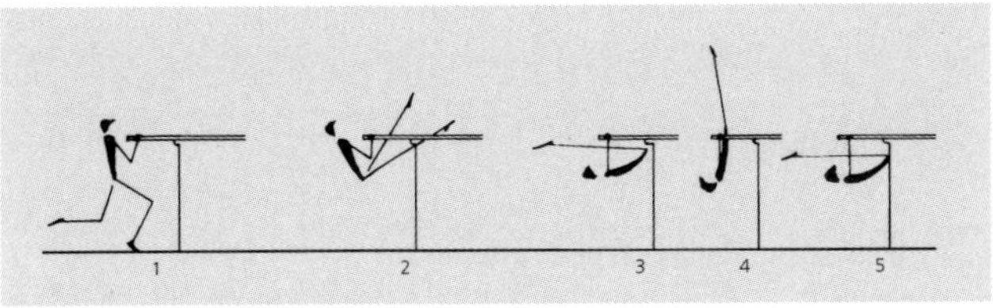

Die Helfer unterstützen wie vorhin. Sie müssen an der Schulter und den Beinen dafür sorgen, daß der Übende in der Kerze sein Gleichgewicht halten kann. Der Kopf darf dabei nicht in den Nacken genommen werden.

4. Beidbeiniger Absprung für den Kipphang
Die turnenden Kinder stellen beide Füße unter den Griff der Hände. Arbeitsform und Hilfe wie vorher.
Springt mit beiden Beinen ab und dreht rückwärts in den ruhigen Kipphang. Streckt und beugt in der Hüfte. Wer kann aus dem Kipphang nach vorne drehen, die gestreckten Beine senken und die Arme dabei beugen, daß er langsam und sanft in den Stand kommt?

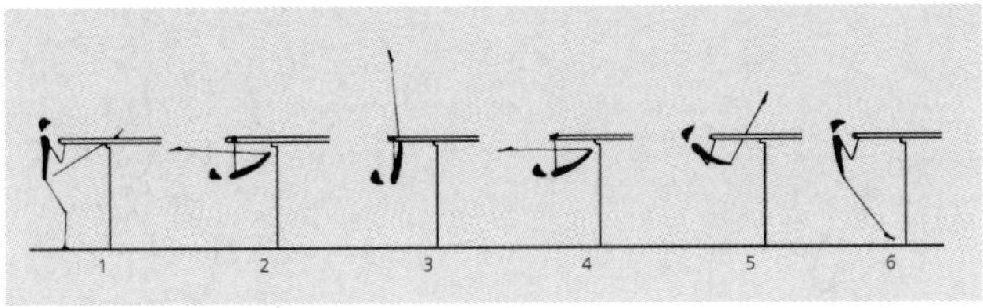

Die Helfer sichern und unterstützen wie vorhin.

Rollbewegung

Rolle vorwärts aus dem Grätschsitz

Die Rolle vorwärts am Barren verlangt vom Schüler eine relativ gut entwickelte Schulter-, Arm- und Handmuskulatur. Bewegungstechnisch stellt sie keine wesentlich höheren Anforderungen an die Schüler als die Rolle vorwärts am Boden.
Der Unterschied zum Boden ist die andere Griff- bzw. Stützsituation durch die größere Höhe (Barrenholme) und auch die Endposition Grätschsitz. Die Handgröße im Verhältnis zur Holmendicke ist bei Kindern ein hemmender Faktor. Außerdem kann bei ganzheitlichem Vorgehen durch die „freie Kopfuntenposition" Angst auftreten.

Strukturzuordung
Rollbewegung

Funktionsphasenanalyse
Hilfsfunktionsphase I. Ordnung
Alle Aktionen, die den Körper in den Grätschsitz bringen.

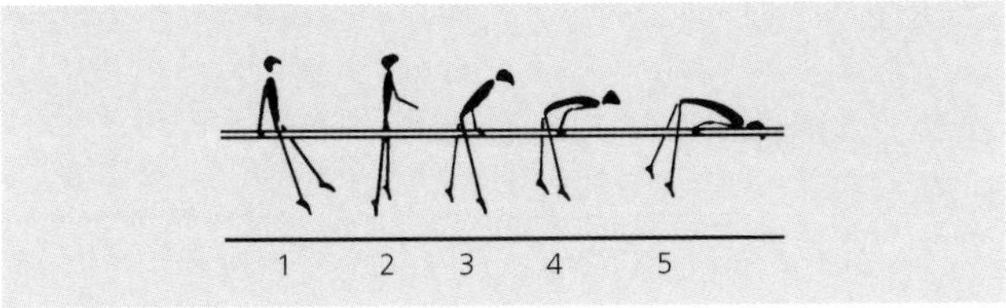

Hauptfunktionsphase
Aus dem Grätschsitz Vorsenken des Oberkörpers und Auflegen der Oberarme zum Oberarmstütz auf den Holmen. Mit Oberarmstütz wird das Gesäß (der KSP) über und vor den Oberarmstütz gebracht. Durch Annähern der Beine an den Rumpf wird der rollende Körper in der Drehgeschwindigkeit erhöht.

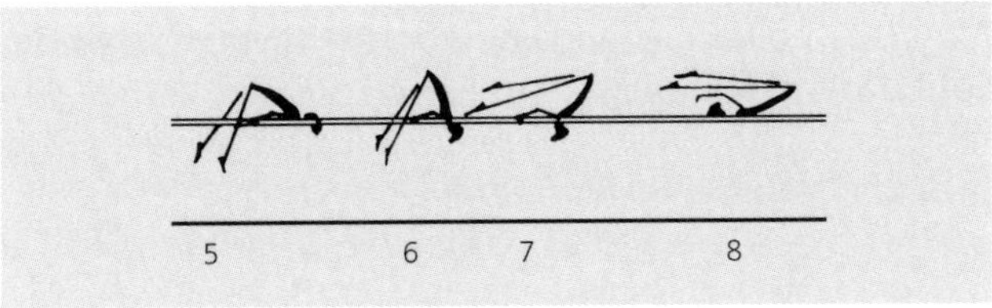

Übergangsfunktionsphase
Umgreifen und Öffnen des Bein-Rumpf-Winkels nach dem Oberschenkelkontakt auf den Holmen. Die Drehgeschwindigkeit wird so verlangsamt, bis der Körper im ruhigen Grätschsitz ist.

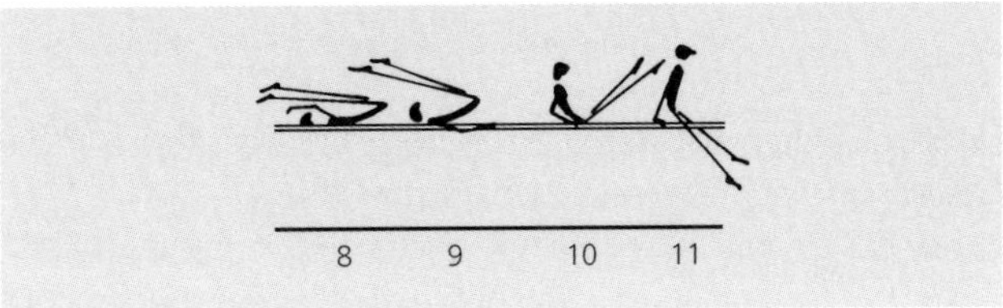

Lernschrittfolgen

1. Rolle vorwärts aus dem Liegestütz am Boden

Wir legen genügend Gummimatten aus. An jeder Matte können zwei Kinder gleichzeitig turnen. Die Kinder sind im Liegestütz vorlings hinter der Mattenlängsseite.

Zieht mit gestreckten Armen euer Gesäß hoch über den Kopf. Schiebt den Kopf „zwischen die Hände" und rollt in den Sitz ab.

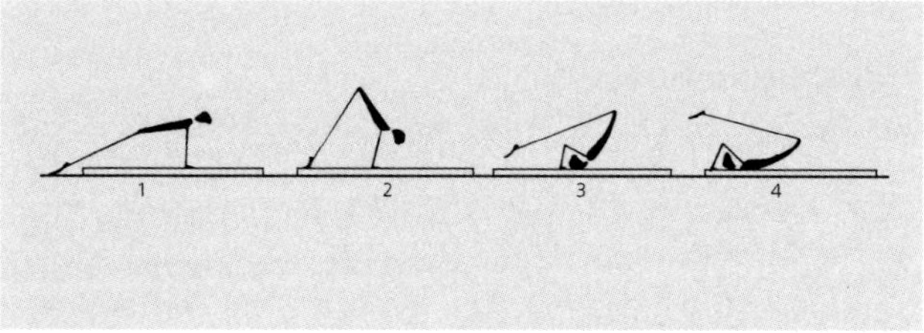

2. Rolle vorwärts auf der Kastengasse

Wir stellen eine Kastengasse konisch so breit, daß der Kopf dazwischen paßt.

Nimm die Arme nach außen, drück Dich mit den Füßen ab und streck die Beine. Wenn Dein Gesäß den Kasten berührt, hock wie vorher schnell die Beine an, daß Du in den Stand auf der Weichbodenmatte kommst.

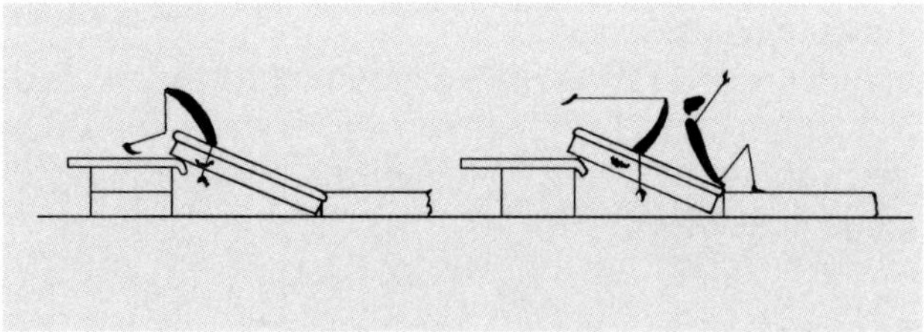

Ein Kind stützt auf den Kästen, legt die Schulter auf die Kästen und schiebt den Kopf dazwischen.

Stoßt Euch vom Kleinkasten ab und turnt die gleiche Übung wie vorhin. Grätscht dann, wenn nach dem Abrollen Euer Gesäß den Kasten berührt, die Beine und richtet Euch im Grätschsitz auf.

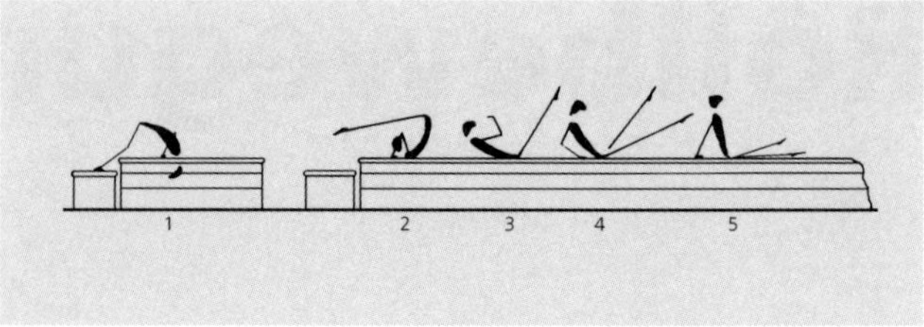

Die Kinder sollten in diesem Stadium die Hemmungen vor der Höhe verlieren, deshalb sollte der Kasten allmählich höher gestellt werden und etwa Barrenhöhe erreichen.

3. Rolle vorwärts am Barren

Die relativ kleinen Hände der Kinder in bezug zur Holmendicke bringen einige Halteschwierigkeiten. Oftmals können die Geräte nicht eng genug verstellt werden. Die vorhin verwendete Kastengasse bringt keine Möglichkeit zu greifen und der Ellenbogen kann nicht nach außen, unten gedrückt werden, um die Schulter nach oben zu bringen. Die unangenehme Erfahrung durch den ungewohnten Druckschmerz kann man dadurch verhindern, daß Gummistulpen (Isoliermaterial) über die Holme geschoben werden.

a) Wir stellen hinter den niedrigst gestellten Barren einen Längskasten, der 20 bis 30 cm niedriger als die Holme sein muß. Auf den Barren legen wir längs je eine Gummimatte. Je ein Kind ist im Hockstand am Kasten.

Greift und legt eure Arme wie an der Kastengasse auf. Wer kann seine Beine jetzt langsam strecken, daß sein Gesäß über die Holme kommt und das Gewicht fast ganz auf den Armen ist? Geht wieder zurück in den Hockstand und übt das drei- bis viermal hintereinander.

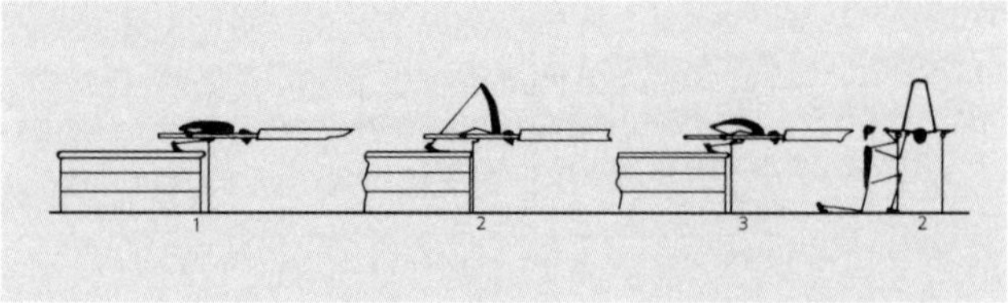

Die Helfer müssen von unten mit einer Hand an der Schulter greifen und mit der anderen Hand am Ellenbogen ein Durchrutschen verhindern.

b) Hilfestellung und Ausgangslage bleiben gleich.
Greift die Holme und legt die Arme auf. Streckt eure Beine, bis euer Gewicht fast nur noch auf den Armen ruht. Wer kann sein Gesäß so weit über die Hände ziehen, daß er auf die Gummimatte abrollen kann? Wenn euer Gesäß die Matte berührt, grätscht die Beine und löst die Hände. Richtet euch auf und springt ab.

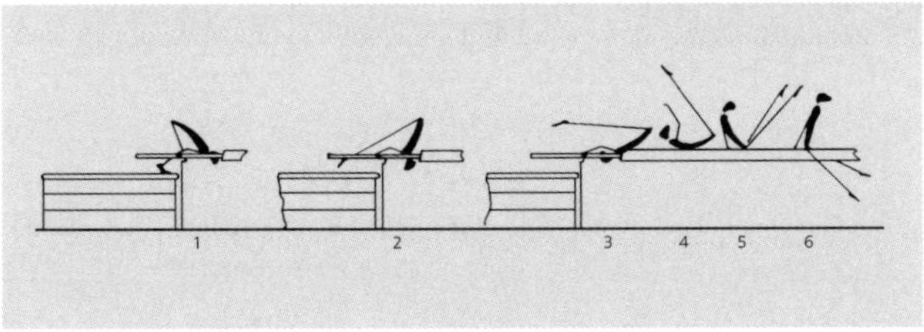

Die Helfer sichern und unterstützen wie vorhin.

c) Die Kästen hinter dem Barren werden entfernt; die Matten auf dem Barren bleiben, werden aber etwa einen Meter nach vorn geschoben. Je eine Dreiergruppe arbeitet an einem Barren. Ein Kind ist im Grätschsitz etwa einen Meter vom Mattenrand entfernt.
Greift direkt am Oberschenkel die Holme und legt langsam wie vorhin die Oberarme auf die Holme. Wer kann mit seinen Füßen auf die Holme steigen und ganz nahe an die Hände herankriechen? Streckt eure Beine und rollt auf die Matte zum Grätschsitz ab.

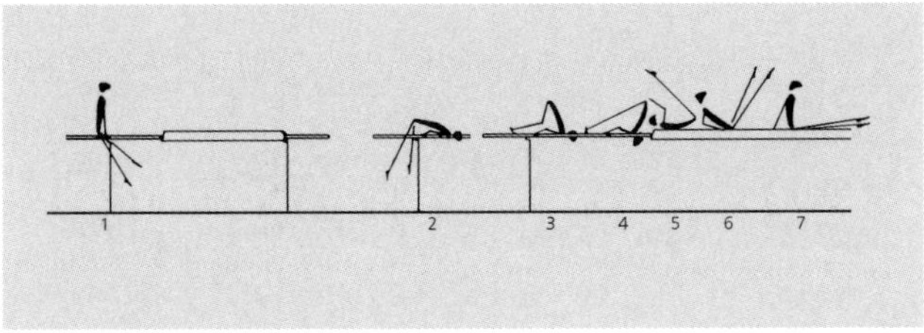

Die Helfer rechts und links neben dem Barren sichern erst den Oberarmstütz, um dann wie vorhin an Ellenbogen und Schulter die Rollbewegung abzustützen.

d) Gleicher Aufbau, gleiche Ausgangs- und Hilfestellung.
Legt wie vorhin eure Oberarme auf. Wer kann jetzt wie am Boden erst das Gesäß über den Kopf ziehen, bis er darüber rollt? Die Beine werden dabei gleich gegrätscht und bleiben so bis in den Grätschsitz.

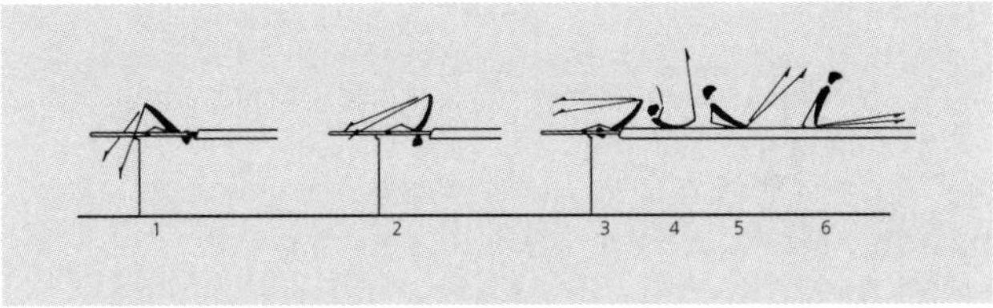

Die Helfer unterstützen das Gesäßhochziehen und sichern an Schulter und Ellenbogen.

e) Die Matten auf dem Barren werden entfernt. Bei ängstlichen Kindern wird ein Kasten, der etwa 30 bis 50 cm niedriger als die Holme ist, in den Barren gestellt. Die Ausgangs- und Hilfestellung bleibt gleich. Je ein Kind sitzt im Grätschsitz am Barren etwa über dem Kastenanfang.
Wer kann so die Rolle vorwärts aus dem Grätschsitz in den Grätschsitz turnen?

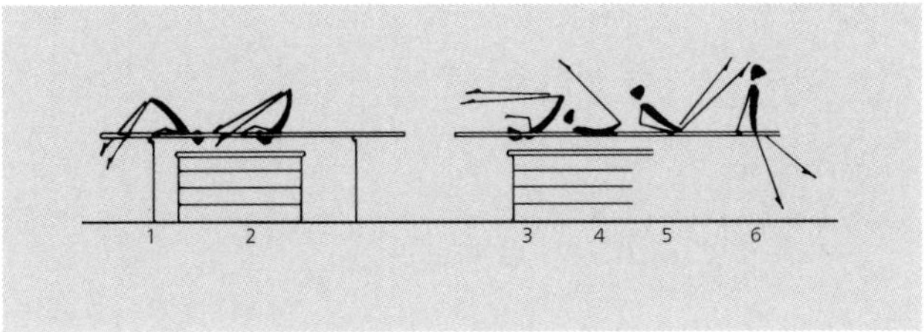

Die Helfer unterstützen und sichern vor allem von unten an den Schultern.

f) Bei gleicher Ausgangs- und Hilfestellung.
Der Kasten im Barren wird entfernt.

Turnt ohne Kasten und Matte die Rolle vorwärts aus dem Grätsch- in den Grätschsitz. Wer kann dabei die ganze Zeit die Beine gestreckt halten?

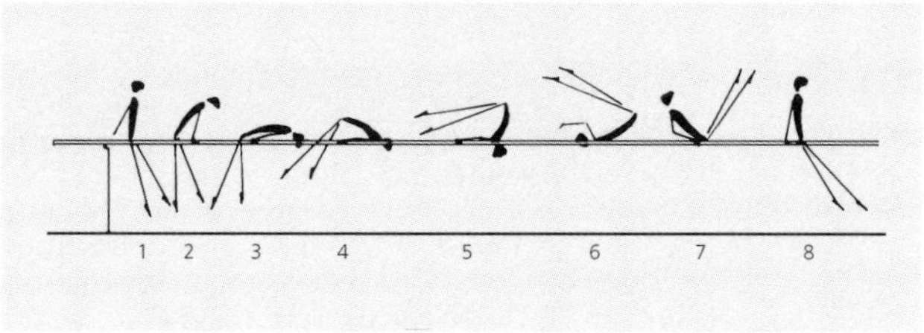

Die Helfer sichern und unterstützen wie vorhin. Dabei müssen sie jetzt darauf achten, daß nach der Rolle das Gesäß des Übenden nicht nach unten durchhängt.

Reck

Alle Elemente im Anfängerbereich am Reck sind Bewegungen um eine feste Drehachse. Folgende Fundamentalbewegungen werden behandelt:
Ab- und Aufschwungbewegung, Felgunterschwung, Schwünge im Stütz und Hang. Da am Reck und Stufenbarren die Fundamentalbewegungen identisch sind, ist es im Anfängerbereich nur dort sinnvoll, Reck und Stufenbarren zu trennen, wo dies durch die verschiedenen Holmhöhen zwingend notwendig ist.

Ab- und Aufschwung-bewegungen

Hüft-Abschwung vorlings vorwärts

Strukturzuordnung

Abschwungbewegung

Funktionsphasenanalyse

Eine funktionale Analyse scheint für diese Fundamentalbewegung nicht sinnvoll.

Vorbemerkungen

Für Anfänger ist das Wissen um den richtigen „Auflagepunkt" des Körpers auf der Reckstange besonders wichtig. Werden doch die meisten Elemente auf dieser Stufe entweder aus dem Stütz oder in den Stütz geturnt. Bei Vernachlässigung oder Nichtbeachtung der richtigen Auflage können durch den eventuellen Schmerz Angstreaktionen auftreten, die unter Umständen später Abneigungen gegen das Reck zur Folge haben.

Üben mit Turnstäben

Diese Übung kann sowohl in Dreiergruppen mit Turnstäben als auch direkt am Reck begonnen werden. Die Turnstäbe sollten einen Durchmesser von 40 mm haben, da sie sonst bei extremer Belastung brechen können. Der Vorteil am Reck ist die Stabilität des Gerätes, der Nachteil: Der Reckaufbau erfordert viel Zeit, und manche Geräte können von Kindern allein nicht aufgebaut werden.

Vorteil der Turnstäbe: Viele Kinder können gleichzeitig arbeiten, die Stäbe sind schnell bei der Hand.
Nachteil: Da die Kinder als „Haltesäulen" der Stäbe fungieren, kann keine hohe Stabilität erreicht werden. Wir bieten hier deshalb den Weg über das Reck an.

a) Wir rufen die Kinder zusammen, damit wir den richtigen Auflagepunkt zeigen und erklären können.
Schaut auf Euren Bauch. An jeder Stelle steht ein Teil der Hüftknochen hervor (vorderer Beckenknochen). Greift mit den Händen so auf diesen Knochen, daß die Finger ein bißchen darüber hinweg nach unten zeigen. Beugt euren Oberkörper vor. Jetzt zeigen die Fingerspitzen genau dorthin, wo ihr eure „Hüftbeuge" auf die Reckstange legen müßt (zwischen Beckenknochen und Schambein).

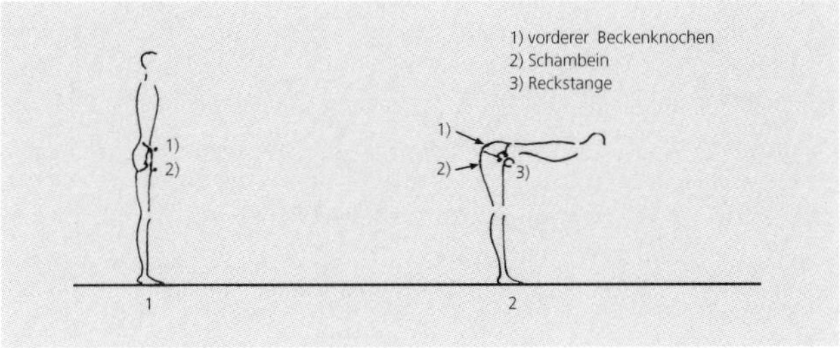

b) Die Reckstangen werden hüfthoch gestellt, darunter werden Matten gelegt. Drei bis vier Kinder können gleichzeitig an einer Reckstange turnen. Sie greifen von oben (Ristgriff) und stehen mit gestreckten Armen vor dem Reck.

Legt Euch mit der Hüftbeuge auf die Reckstange und dreht Euch so weit vorwärts, daß Ihr mit angezogenen Knien in den Sitz kommt. Wer kann sich dabei ganz leise hinsetzen?

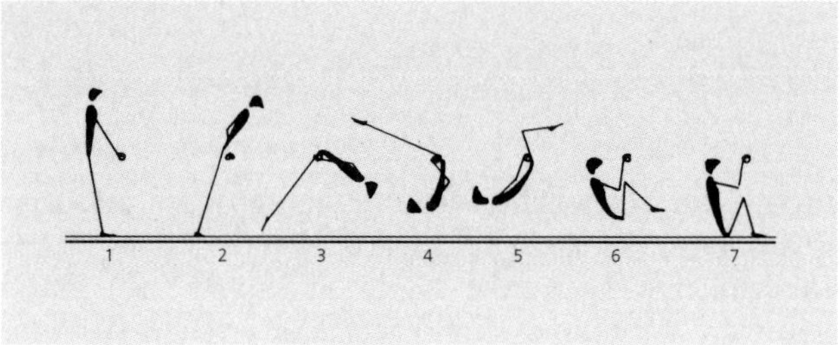

c) Geräteaufbau, Ausgangsstellung und Arbeitsform bleiben gleich.

Legt euch auf die Hüftbeuge. Wer kann die Füße vom Boden wegnehmen und die Hände von der Reckstange lösen, daß ihr vor- und zurückschaukeln könnt? Dabei darf euch am Auflagepunkt nichts weh tun. Greift wieder zu und dreht euch so weit vorwärts, bis ihr leise in den Sitz kommt.

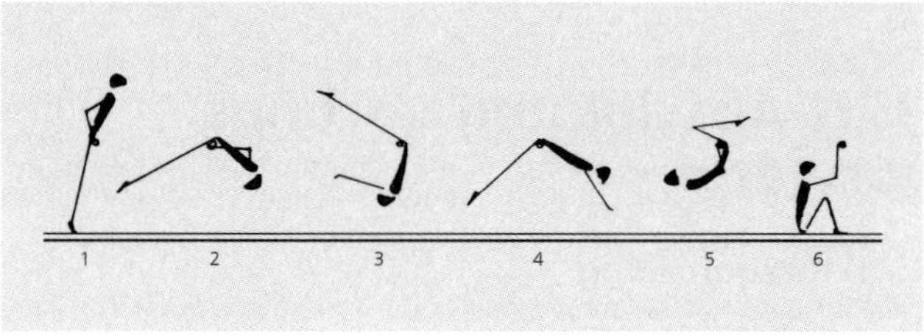

Hüft-Aufschwung vorlings rückwärts mit Schwungbeinhilfe

Strukturzuordnung
Aufschwungbewegung

Funktionsphasenanalyse
Hilfsfunktionsphase I. Ordnung
Im Stand mit gebeugten Armen ist das Druckbein genau unter der Reckstange.
Das Schwungbein wird zurückgeführt (Ausholbewegung).

Hauptfunktionsphase
Das Schwungbein wird bis in Augenhöhe hochgeschwungen. Zu diesem Zeitpunkt erfolgt der Abdruck vom Standbein. Nach den Lösen des Druckbeins wird die Hüfte an die Reckstange herangebracht. Bei Hüftkontakt dreht der Körper rückwärts um die DA, bis der Oberkörper etwa horizontal ist (es besteht eine Abhängigkeit zwischen Hüftbeugung und Drehgeschwindigkeit für den Beginn der BRW-Öffnung).

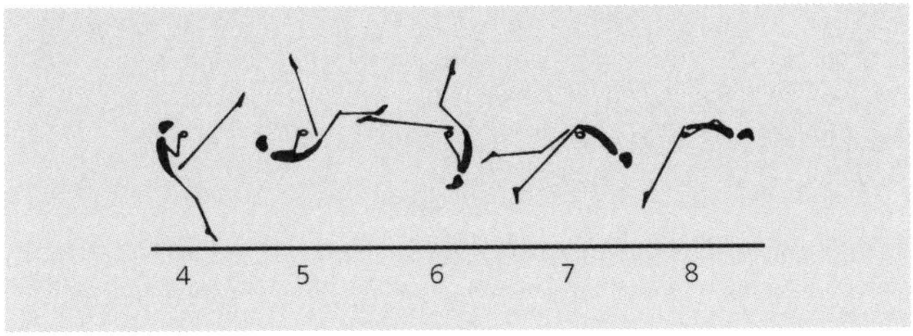

Übergangsfunktionsphase
Nach Hüftkontakt wird die Drehbewegung durch Öffnen des Bein-Rumpf-Winkels abgebremst. Gleichzeitig wird der Oberkörper aufgerichtet.

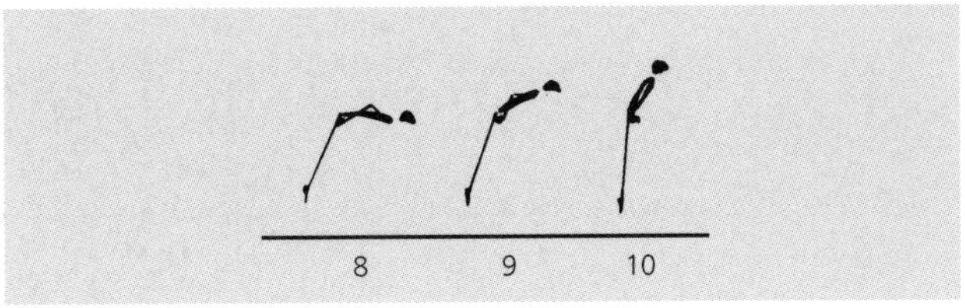

Vorbemerkungen
Die Aufschwungbewegung rückwärts in den Kipphang am Barren ist leichter als am Reck.
Die wesentlichste Erleichterung besteht darin, daß durch die Freiheit in der Holmengasse der KSP nicht so hoch angehoben werden muß wie am Reck.
Deshalb sollten die Kinder die Grunderfahrung des Aufschwungs rückwärts in den Kipphang am Barren beherrschen.

Das Anheben des KSP wird leichter, je höher das Druckbein ist.

a) Wir stellen einholmige Barren in etwa einem Meter Holmentfernung an die Wand. Unter den brusthohen Holm legen wir Matten. An jedem Barren können zwei Dreiergruppen gleichzeitig turnen. Jedes Kind hat zwei Helfer.
Stellt Euch ganz nah an den Holm und greift von oben (Ristgriff). Die Füße stehen genau unter den Holmen. Steigt mit den Füßen an der Wand hoch, bis beide Füße höher als der Holm sind. Die Arme sind dabei ganz gebeugt. Wer kann erst ein Bein über den Holm schwingen, dann mit dem anderen Fuß abspringen und die Hüfte auf den Holm legen, daß er sich rückwärts

drehend in den Stütz bringt? Springt ab und turnt das zwei- bis dreimal hintereinander.

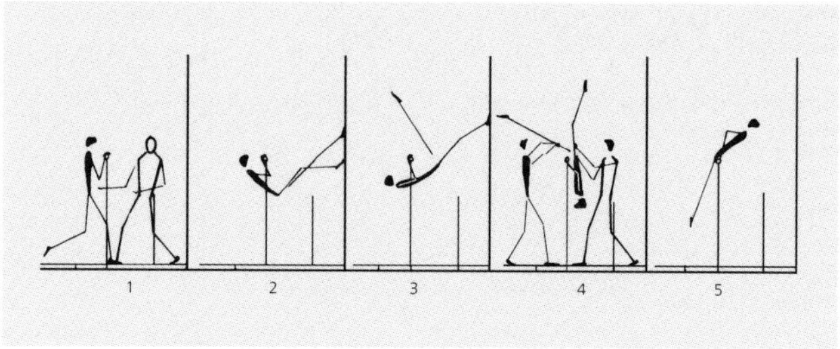

Ein Helfer steht zwischen Wand und Holm und sichert mit der einen Hand am Gesäß den Hüftkontakt am Holm, mit der anderen an der Schulter das Aufrichten des Oberkörpers, der zweite Helfer faßt die Oberschenkelrückseite und verhindert ein „Zurückfallen".

b) Quer vor der hüft- bis brusthohen Reckstange steht ein Längskasten schräg vor dem Reck. Je eine Dreiergruppe ist gleichzeitig an einer Reckstange: zwei Helfer, ein Übender.
Stellt Euch mit Ristgriff ganz nahe an die Reckstange, die Arme sind gebeugt. Setzt einen Fuß weit oben auf den Kastenrand, das andere Bein (Schwungbein) muß am Kasten vorbeischwingen können.
Wer kann erst mit dem Schwungbein über das Reck schwingen, um dann mit dem Druckbein hinterher zu springen? Legt eure Hüfte auf die Stange und richtet euch in den Stütz auf.

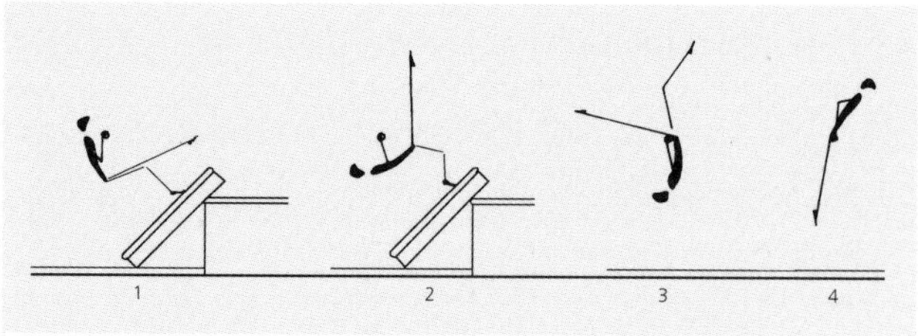

Die Helfer sichern am Gesäß den Aufschwung.

c) Der Kasten wird jetzt als Stufe kniehoch und etwas näher an das Reck gestellt. Die Ausgangs- und Hilfestellung bleibt gleich. Je eine Dreiergruppe ist am Reck. Ein Schüler turnt.
Setzt das Druckbein auf den Kastenrand. Turnt wie vorhin den Aufschwung rückwärts in den Stütz.

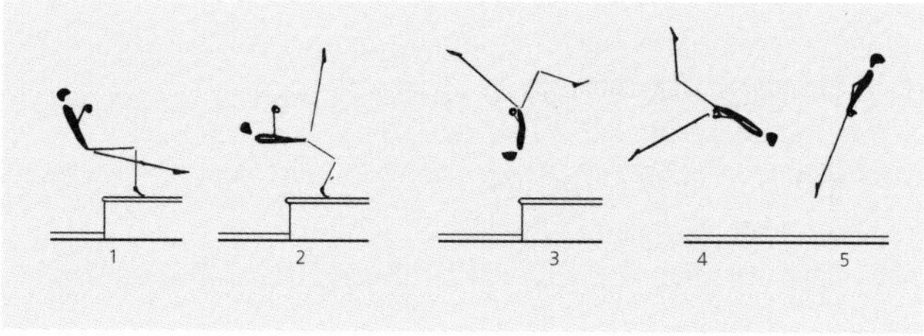

Die Helfer unterstützen notfalls an der Oberschenkelrückseite und an der Schulter die Aufschwung- und Drehbewegung.

d) Die Kästen unter den Reckstangen werden entfernt. Die Arbeitsorganisation, Hilfe- und Ausgangsstellung bleiben gleich.
Stellt das Druckbein genau unter die Reckstange, die Arme sind gebeugt. Schwingt erst das Schwungbein über die Reckstange, um erst dann mit dem Standbein abzustoßen. Turnt den Aufschwung wie vorhin.

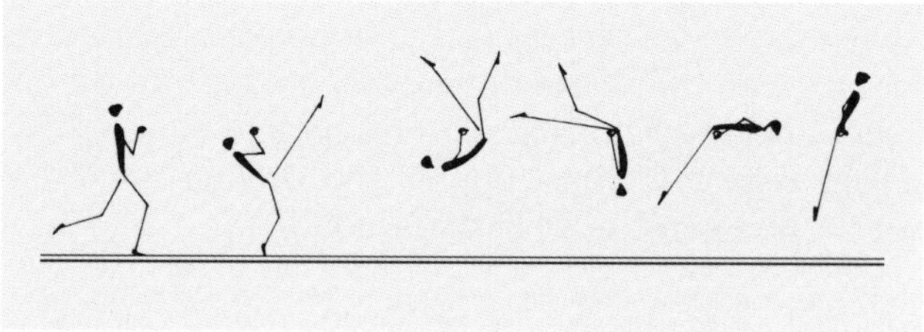

Die Helfer unterstützen und sichern wie vorhin.

Kniehang-Abschwung

Vorbemerkungen

Der Kniehang am Reck kann ein- oder beidbeinig eingenommen werden. Anwendung finden die Schwünge im Kniehang vor allem im Kinderbereich.

Strukturzuordnung

Im weitesten Sinne Schwungbewegung

Funktionsphasenanalyse

erscheint hier nicht sinnvoll.

Schwingen im Kniehang

a) Wir stellen möglichst viele, mit Matten abgesicherte Reckanlagen auf. Zwei bis drei Kinder können gleichzeitig am brusthohen Reck turnen. Die Kinder stellen sich mit den Füßen genau unter die Reckstange.

Geht in die Hockstellung, bis die Arme ganz lang sind. Steigt mit den Füßen zwischen den Händen und der Reckstange durch und hängt die Knie ein. Wer kann jetzt seine Hände lösen und nach hinten schauen? Greift die Reckstange wieder und bringt die Füße zurück in die Hockstellung.

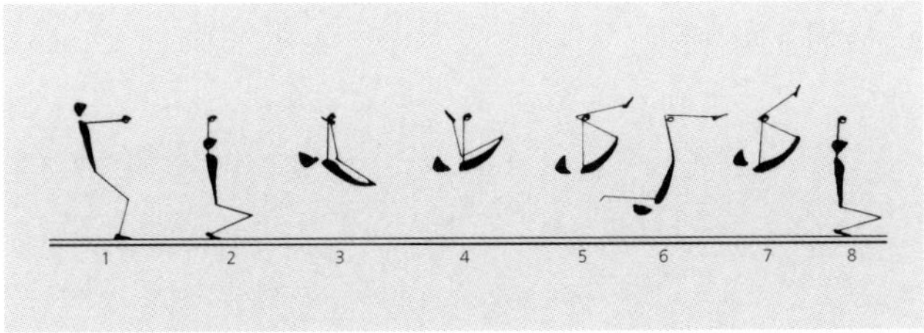

b) Gleicher Geräteaufbau; gleiche Ausgangslage. Je zwei Kinder turnen gleichzeitig an jedem Reck.

Springt aus der Hockstellung ab und hängt die Knie wie vorhin ein. Löst den Griff, schaut nach hinten und setzt die Hände auf den Boden. Wer kann mit seinen Händen ganz weit nach vorn gehen, am weitesten vorn die Knie lösen und auf die Füße abspringen? Geht nach vorn weiter.

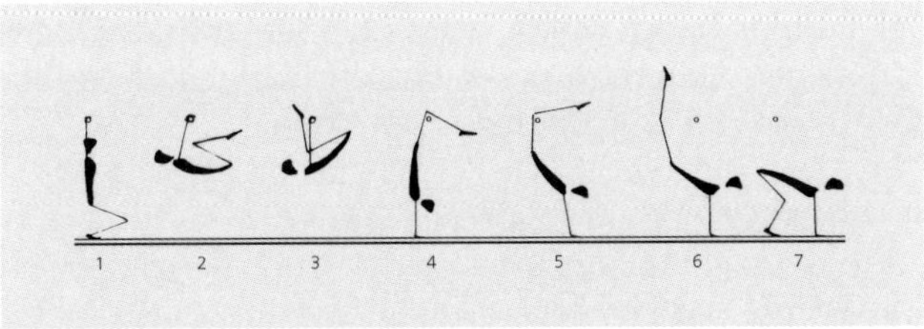

c) Gleicher Geräteaufbau, Arbeitsform und Ausgangslage. Je zwei Kinder turnen gleichzeitig.

Geht in den Kniehang. Löst den Griff, schaut nach hinten und stützt wie vorhin weit vorn. Wer kann aus dieser Lage ganz schnell die Reckstange fassen, wieder zurücksenken, um mit den Händen zu stützen? Turnt das fünfmal hintereinander. Springt nach dem fünften Mal wie vorhin mit Stütz der Hände ab.

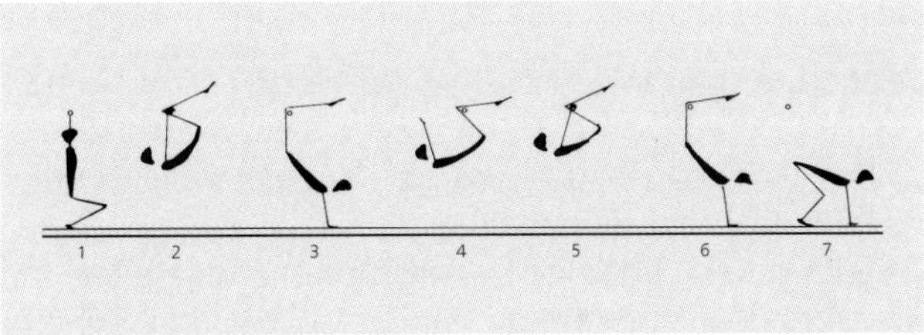

d) Gleicher Aufbau, gleiche Ausgangslage.

Ein bis zwei Paare turnen an jedem Reck. Ein Kind turnt, das andere ist sein Helfer. Je ein Kind ist im Kniehang.

Löst den Griff und senkt schnell den Oberkörper nach hinten, bis die Hüfte gestreckt ist und stützt mit den Händen weit vorn. Wer kann unmittelbar nach dem Stütz der Hände aus dem Kniehang abspringen?

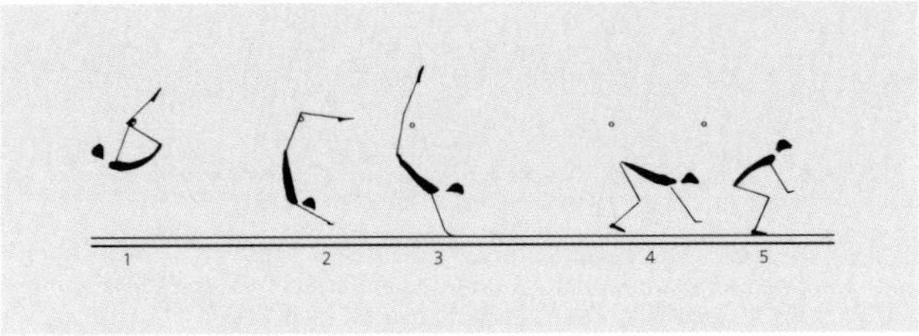

Der Partner bringt schon beim Rücksenken des Übenden seinen Unterarm unter dessen Hüfte und verhindert so ein unkontrolliertes Abspringen.

e) Ausgangslage und Hilfe wie vorher.
Geht in den Kniehang. Wer kann wie vorhin schnell seinen Körper nach hinten senken, zwei- bis dreimal hin- und herschwingen, beim letzten Male ganz flüchtig mit den Händen stützen und dann abspringen?

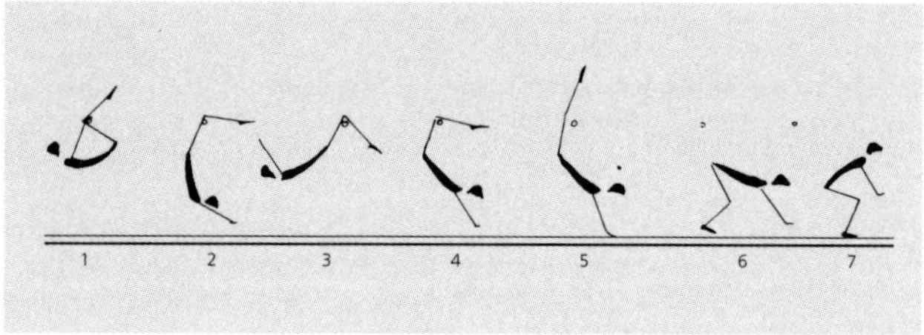

Der Partner hält wie vorhin an der Hüfte.

f) Der Geräteaufbau bleibt gleich, eine Weichbodenmatte liegt unter dem Reck.
An jedem Reck übt eine Dreiergruppe, zwei Helfer und ein Übender. Nur mutige Kinder sollten bei sicherer Beherrschung des Kniehangabschwunges von unten diese Bewegung aus dem Sitz turnen. Je ein Kind sitzt auf einer Reckstange. Rechts und links steht je ein Helfer.
Hängt Eure Knie ein, löst den Griff und schwingt euren Oberkörper nach hinten, bis die Hüfte gestreckt ist. Schwingt unten durch, weit nach vorn und springt am Ende des Vorschwungs ab.

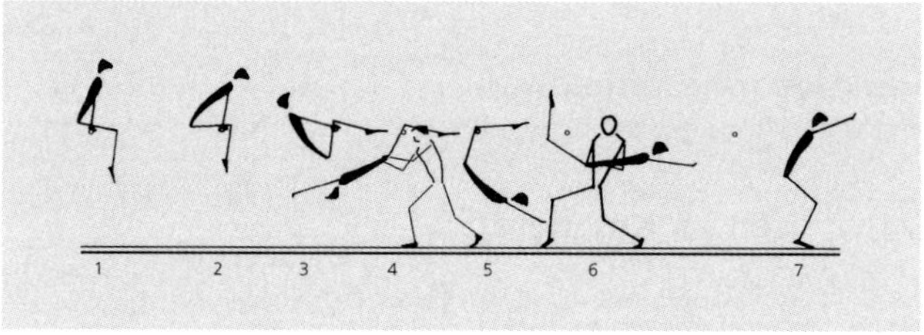

Die Helfer sorgen zuerst an der Unterschenkelvorderseite dafür, daß der Kniehang gehalten werden kann, danach fassen sie frühzeitig am Bauch und Rücken und sichern so die Landung.

Kniehang-Aufschwung

Strukturzuordnung
Aufschwungbewegung

Funktionsphasenanalyse
Hilfsfunktionsphase II. Ordnung
Alle Aktionen, womit der vordere Umkehrpunkt erreicht werden kann, z.B. durch Hilfe (anheben), durch Vorlaufen und Vorhocken eines Beines, durch Rücksenken aus dem einbeinigen Sitz (Querspreizsitz).

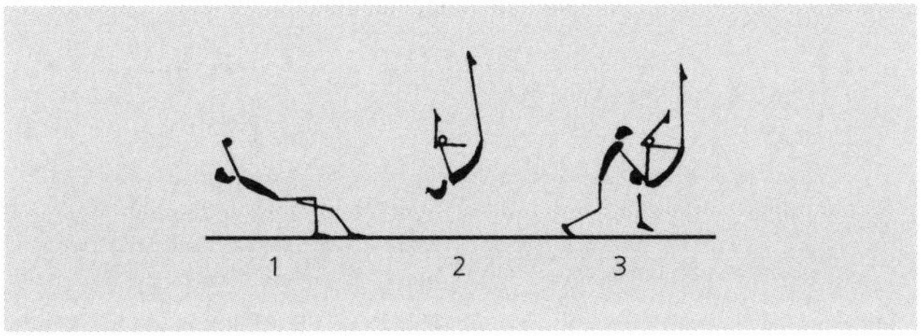

Hilfsfunktionsphase I. Ordnung
Am vorderen Umkehrpunkt werden der Körper und das Schwungbein möglichst weit von der Drehachse entfernt.
Abschwingen, bis die Hüfte senkrecht unter der DA ist.

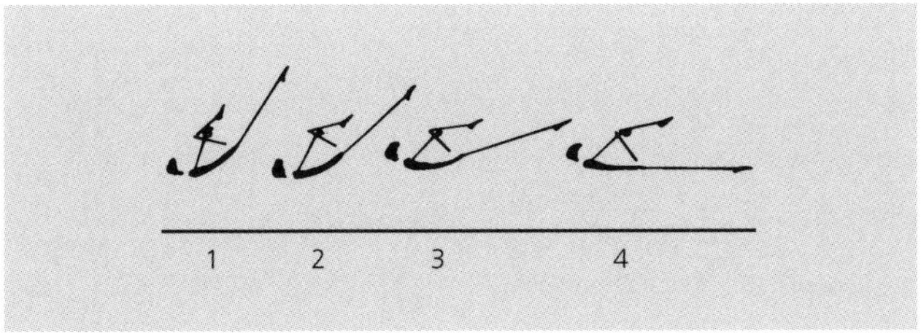

Hauptfunktionsphase
Beim Passieren des KSP am tiefsten Punkt schwingt das Bein in die „Aktivüberstreckung" bis zum „Blockieren" abwärts. Durch das Blockieren erfolgt eine rotatorische Impulsübertragung. Dadurch kann mit dem Armzug der Oberkörper über die feste DA (Reckstange) gebracht werden.

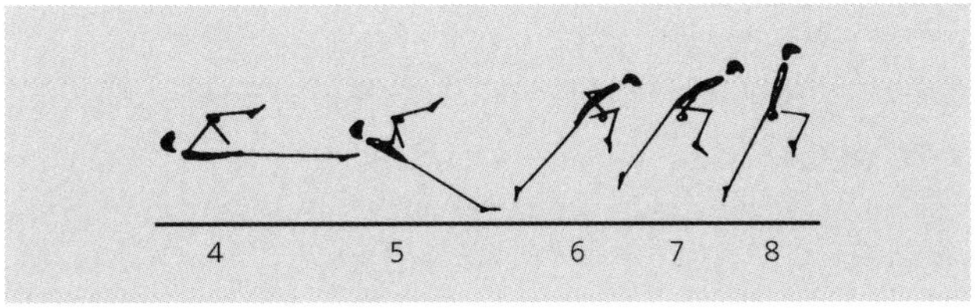

Übergangsfunktionsphase
Führt der Kniehang-Aufschwung in den ruhigen Spreizsitz, ist dies keine „Phase", sondern eine Endposition.

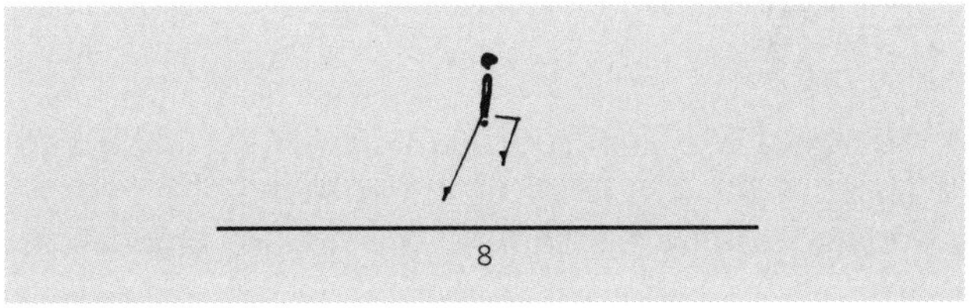

Schwingen im einbeinigen Kniehang
a) An jedem brusthohen, mit Matten abgesicherten Reck stehen zwei Kinder genau unter der Reckstange und fassen mit Ristgriff.
Geht in die Hockstellung, bis die Arme ganz gestreckt sind. Steigt mit einem Fuß zwischen den Händen und der Reckstange durch und hängt ein Knie ein. Wer kann das andere Bein ganz strecken, so daß der Körper mit dem langen Bein eine Gerade bildet? Geht zurück in den Hockstand und probiert dasselbe mit dem anderen Bein.

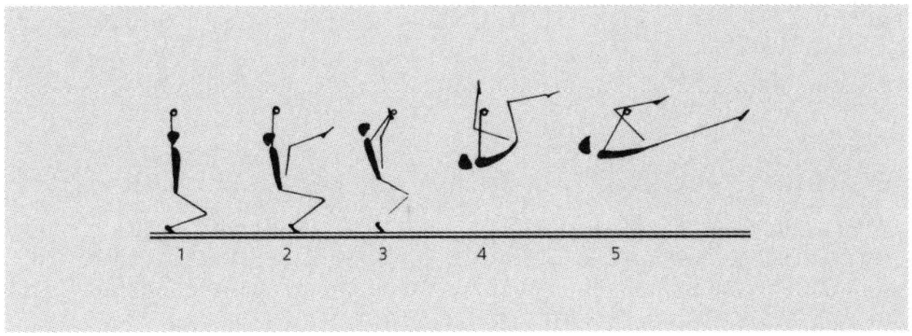

b) Zwei Kinder turnen gleichzeitig am Reck.
Geht in den Kniehang mit einem Bein. Wer kann sein langes Bein (Schwungbein) nach unten schwingen und mit den Armen gleichzeitig anziehen, so daß er über die Stange schaut? Versucht so, mehrmals vor- und zurückzuschaukeln.

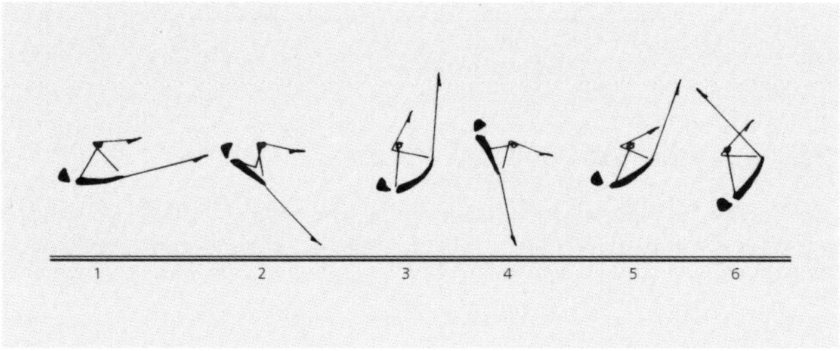

c) Bei gleichem Geräteaufbau ist ein Kind mit einem Helfer am Reck. Ein Kind turnt, der Helfer steht an der Schwungbeinseite. Je ein Kind ist im einbeinigen Kniehang.
Schaukelt zweimal vor und zurück. Schwingt beim dritten Rückschaukeln das Schwungbein so weit wie möglich unten durch und bremst den Schwung abrupt ab. Wer kann dann, wenn das Schwungbein blockiert wird, den Oberkörper so über die Reckstange ziehen, daß er in den Sitz kommt?

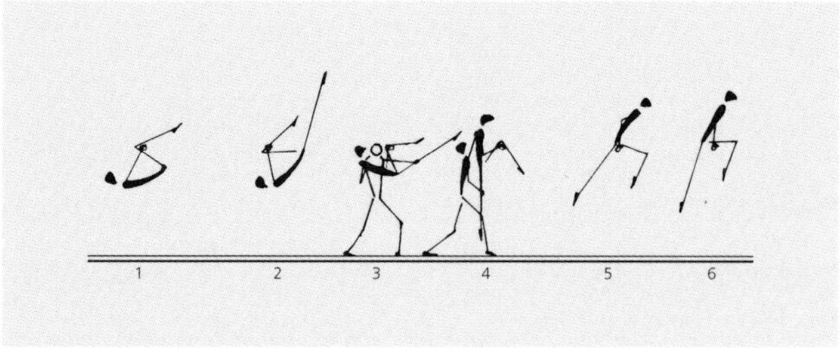

Der Helfer unterstützt mit einer Hand an der Oberschenkelvorderseite das Abwärtsschwingen des Schwungbeines und mit der anderen Hand am Rücken die Aufwärtsbewegung des Oberkörpers.

Kniehang-Aufschwung aus dem Abspringen und Vorlaufen mit Vorspreizen neben den Händen

a) Die Reckstangen werden kopfhoch gestellt. Je ein Kind steht mit gestreckten Armen hinter dem Reck, die Füße stehen unter der Stange, und die Knie sind leicht gebeugt.
Wer kann abspringen und dabei ein Bein ganz schnell an einer Seite neben der Hand vorbei über die Reckstange bringen und sein Knie einhängen? Pendelt vor und wieder zurück.

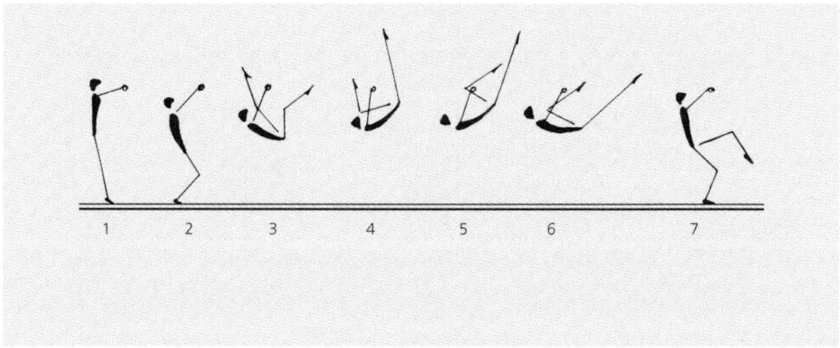

b) An jedem Reck übt ein Paar. Ein Kind steht mit gestreckten Armen senkrecht hinter dem Reck, der Partner steht auf der Schwungbeinseite direkt an der Reckstange.
Lauft nach vorn, springt ab und hängt schnell ein Knie ein, bevor ihr unten durchschwingt. Turnt beim Rückpendeln den Knieaufschwung in den Sitz.

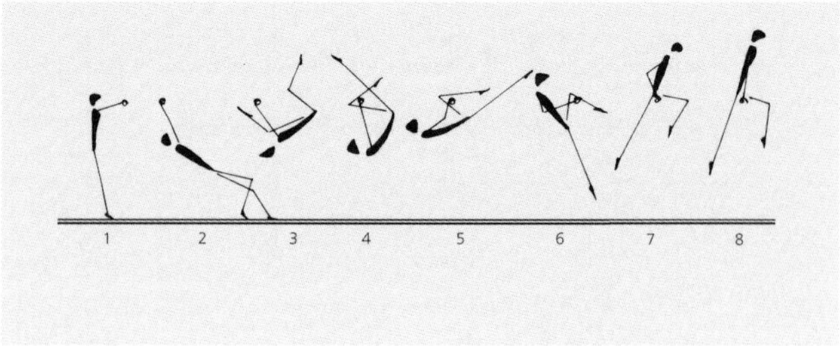

Der Partner unterstützt am Schwungbein und am Rücken.

Kniehang-Aufschwung aus dem Vorlaufen und Vorspreizen zwischen den Händen

Mit dem gleichen Lernschritt kann auch der Kniehang-Aufschwung mit Vorspreizen zwischen den Händen erlernt werden.
Um das Vorspreizen mit gestrecktem Bein turnen zu können, ist gute Beweglichkeit bzw. Dehnfähigkeit in der Rumpf- und Beinrückseite erforderlich.
Versucht, nach dem Vorlaufen ganz schnell mit einem Fuß zwischen die Hände zu steigen, so daß ihr das Knie einhängt, bevor ihr unten durchschwingt. Turnt den Aufschwung beim Rückpendeln in den Sitz.

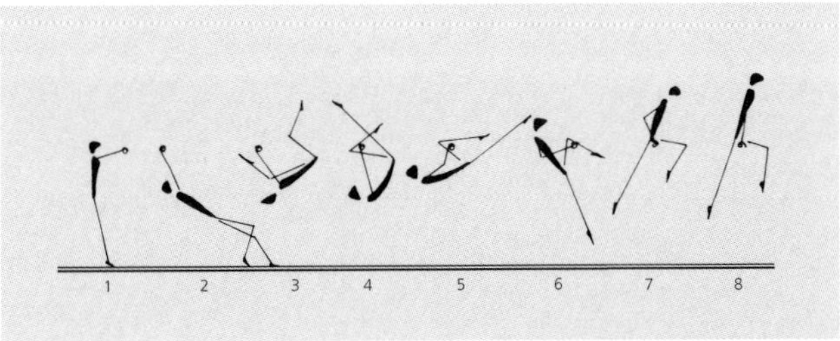

Der Helfer unterstützt an der Schwungbeinseite wie vorher.

Schwungbewegungen

Rückschwung im Seitstütz

Funktionsphasenanalyse

Hilfsfunktionsphase I. Ordnung

Im Stütz vorlings wird durch Vorbringen der Beine und des Oberkörpers eine starke Hüftbeugung erzielt (Ausholbewegung).

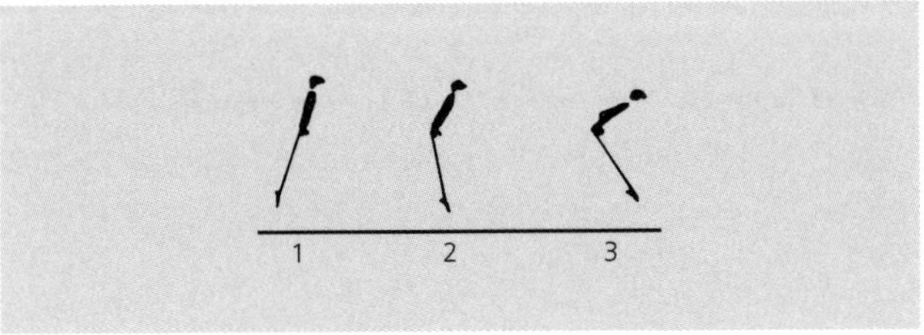

Hauptfunktionsphase

Durch einen schnellen Beinschwung rückhoch wird der Körper aus dem Stütz vorlings in den freien Stütz angehoben. Dabei wird mit Vorlage der Schulter der KSP möglichst senkrecht über der Drehachse gehalten.

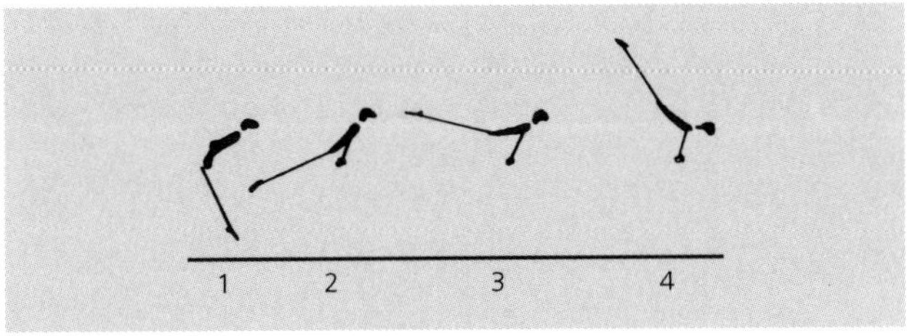

Übergangsfunktionsphase

Aus dem freien Stütz abschwingen in den Stand.

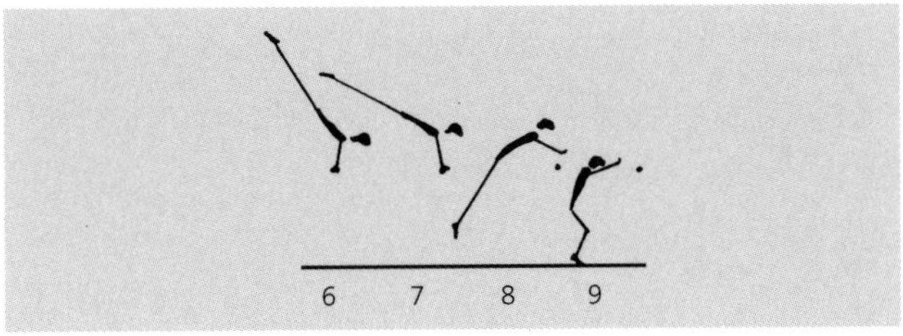

Am brusthohen, mit Matten abgesicherten Reck oder Barrenholm turnen je drei Kinder gleichzeitig. Wir benötigen wir für diese einfache Bewegung keine Hilfe.

a) Die Kinder greifen mit leichter Vorlage und gestreckten Armen das Reck.
Springt in den Stütz und legt Euch auf die Hüftbeuge. Laßt Oberkörper und Beine gleichzeitig nach vorne ausweichen. Wer kann sofort danach die Beine schnell nach hinten hochschwingen und wieder in den Stand abspringen, ohne den Griff zu lösen und die Füße nahe unter der Reckstange aufzusetzen? Turnt das drei- bis fünfmal hintereinander.

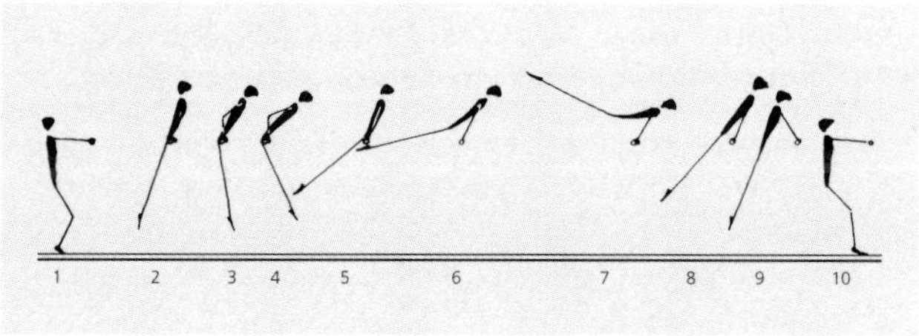

b) Gleiche Arbeitsform und Geräte.
Springt in den Stütz und turnt dasselbe wie vorhin. Wer kann so rückhoch schwingen, daß er am höchsten Punkt einen kurzen Moment anhält und dabei die Muskelspannung im Rücken und der Beinrückseite spürt. Springt ab ohne dabei den Griff zu lösen. Turnt das mehrmals hintereinander.

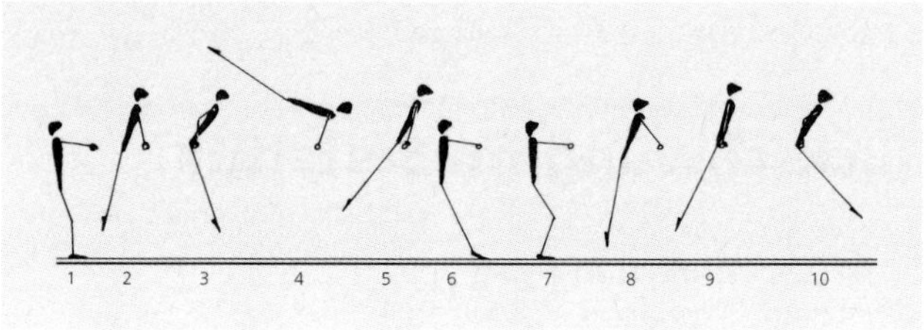

Übungen im Langhang

Vorbemerkungen
Das Schwingen mit Schwungverstärkung im Lang- und Kipphang am sprunghohen Reck soll in diesem Buch nicht behandelt werden. Wir beschränken uns hier auf die einfachste Bewegung, die als Vorerfahrung und – wenn man es so will – für den Einstieg des Turnens im Langhang bezeichnet werden kann.

Varianten im Langhang
Wir stellen so viele Reckanlagen wie möglich auf. Die Reckstangen werden sprunghoch gestellt, daß die Kinder im Langhang mit gestreckten Armen den Boden dabei nicht berühren.

a) Unter die sprunghohen Reckanlagen werden Matten gelegt. Sechs bis acht Kinder sind an jedem Reck. Das erste Kind jeder Gruppe springt an einer Reckstangenseite in den Hang.
Wer kann auf die andere Reckstangenseite durch Greifen und Nachrutschen wandern? Springt auf der anderen Seite ab!

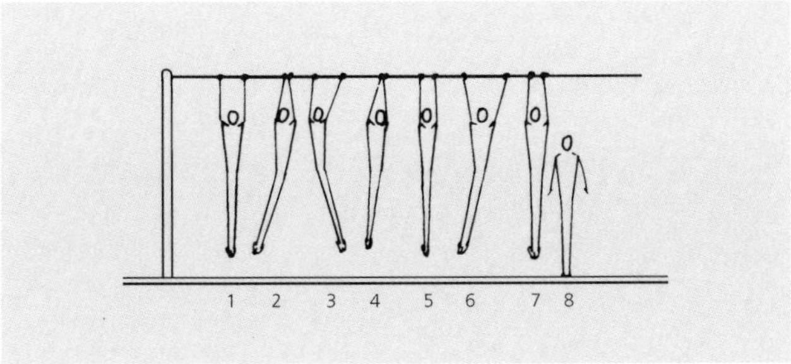

b) Gleicher Geräteaufbau und gleiche Ausgangslage
Springt in den Langhang quer zur Stange. Wer kann so zur anderen Seite wandern, daß er immer mit einer Hand vor die andere greift? Dabei müßt ihr je eine Hand lösen, um vorgreifen zu können. Springt drüben ab.

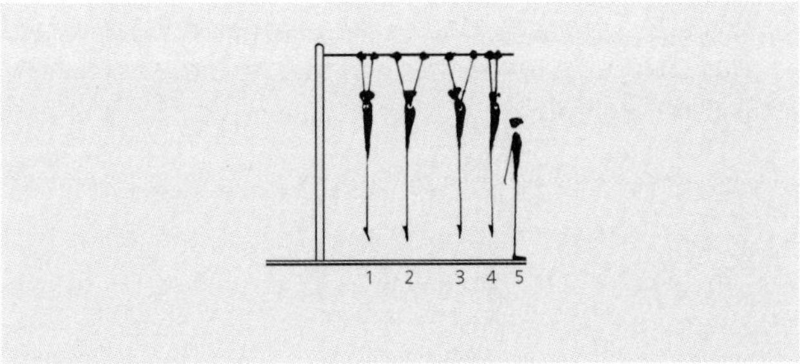

c) Vorwärtshangeln mit Drehen im Langhang ohne Schwung. Gleiche Ausgangslage und gleicher Geräteaufbau und Arbeitsform.
Springt an einer Reckseite in den Seithang; versucht zur anderen Seite zu kommen, indem ihr jeweils mit einer halben Drehung um eine Hand vor die andere weitergreift. Springt drüben ab.

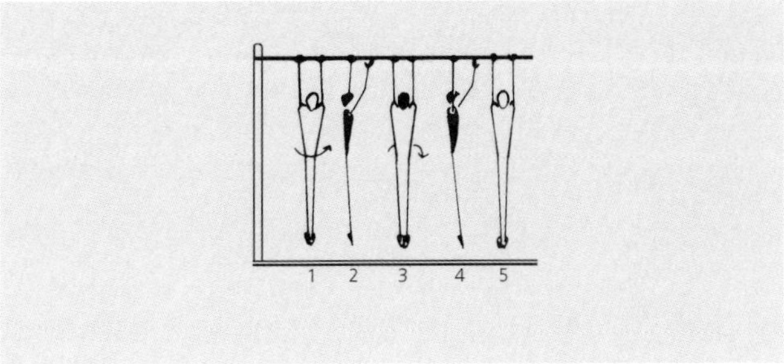

Langhang mit gebeugten Armen
Als Vorübungen können alle Bewegungen wie Steigen, Klettern, Klimmen, Ziehen und Hängen an der Sprossenwand, Gitterleiter, am Stufenbarren, den Tauen und Ringen genützt werden.
Wir stellen möglichst viele mit Matten abgesicherte Reckanlagen auf. An jedem kopfhohen Reck stehen drei bis vier Kinder ganz nahe an der Reckstange und greifen von oben (Ristgriff).

Springt weg und schaut über die Stange. Wer kann sich so mit gerbeugten Armen fünf Sekunden halten? Springt danach ab.

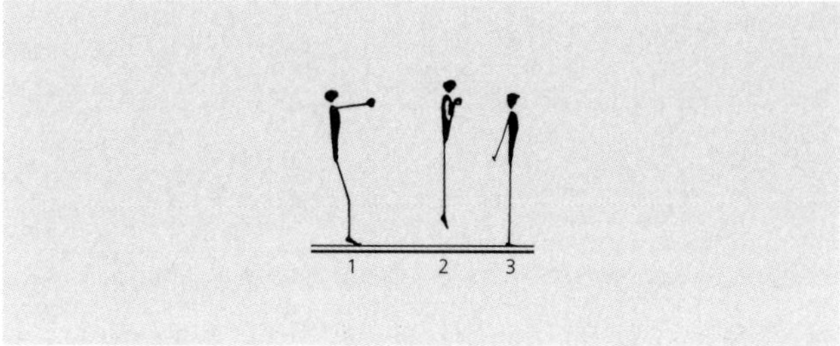

Schwingen im Langhang mit gebeugten Armen

Bei gleichem Geräteaufbau, gleicher Arbeitsform und Ausgangsstellung.

Springt weg und schaut über die Stange. Wer kann so fünfmal vor- und zurückschwingen und dabei immer über die Stange schauen? Springt danach ab.

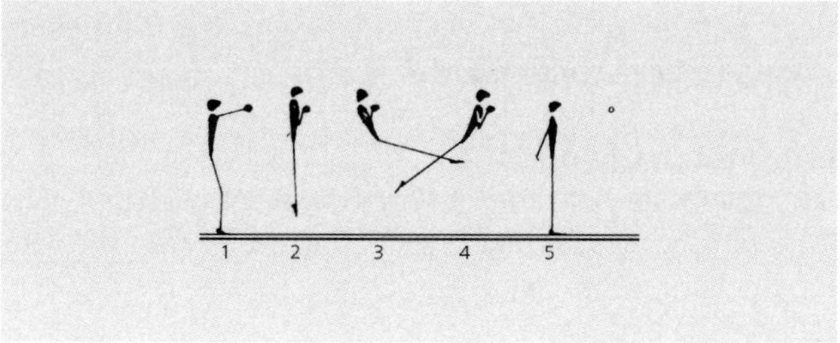

Schwingen im Schwebehang

Strukturzuordnung
Schwungbewegungen

Funktionsphasenanalyse
erscheint hier nicht sinnvoll.

Pendeln im Schwebehang
Mehrere Reckanlagen werden brusthoch bis kopfhoch gestellt, an jedem mit Matten abgesicherten Reck turnen gleichzeitig drei Kinder.

a) Die Kinder stehen mit den Füßen genau unter der Reckstange und fassen mit Ristgriff.
Geht in die Hockstellung, bis die Arme ganz lang sind. Lauft mit gestreckten Armen vor und zurück. Lauft beim dritten Mal mit ganz gestreckten Armen nach vorn weg.

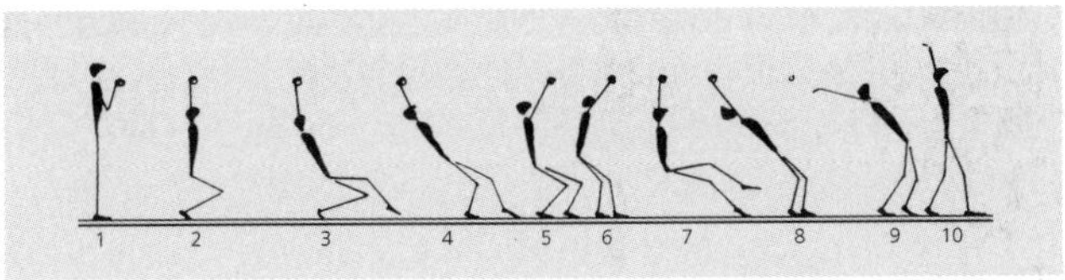

b) Gleiche Arbeitsform. Die Kinder stehen senkrecht mit gestreckten Armen hinter dem Reck.
Nehmt beide Beine vom Boden weg und versucht, mit einem großen Schritt ganz nach vorn zu kommen. Wer kann ganz weit vorn seinen Schritt erst in der Streckung machen? Lauft zurück in die Ausgangsstellung, turnt dies dreimal und lauft nach dem dritten Mal vorn wie vorhin nach vorn weg.

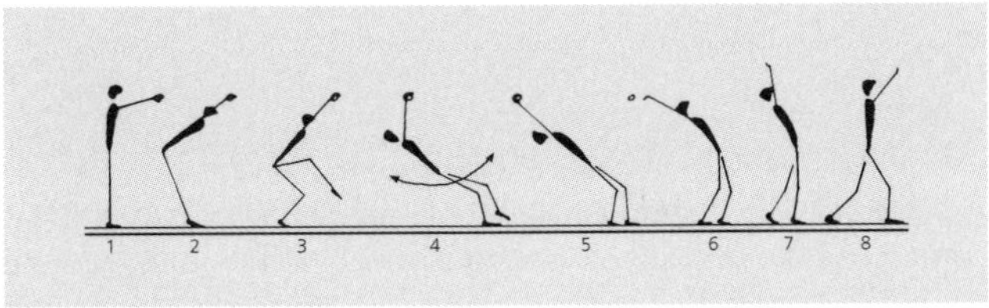

c) Ausgangsstellung wie vorher.
Schiebt das Gesäß so weit nach hinten, bis die Arme und der Oberkörper eine Linie bilden. Nehmt die Füße weg, pendelt weit vor und tippt nur ganz kurz in der größten Strekkung vorn mit beiden Füßen auf. Lauft wieder in die Ausgangsstellung zurück. Turnt das dreimal und lauft nach dem dritten Mal nach vorn weg.

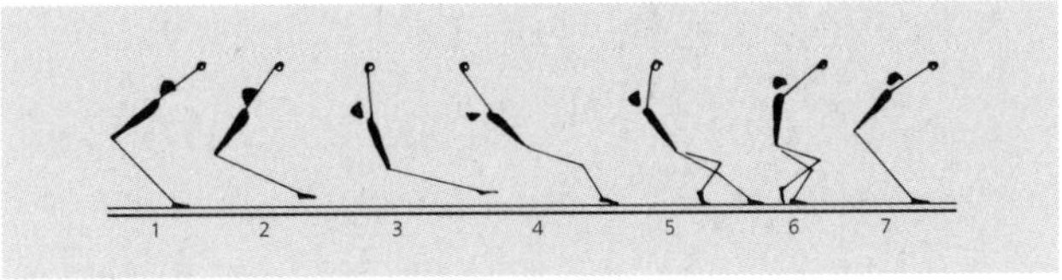

d) Ausgangsstellung wie vorher.
Nehmt die Beine vom Boden weg und pendelt wie vorhin mit gestreckten Armen nach vorn. Setzt die Füße kurz auf und springt ab. Wer kann zurückschwingen und die Füße erst wieder am Umkehrpunkt aufsetzen, ohne die Arme dabei zu beugen?

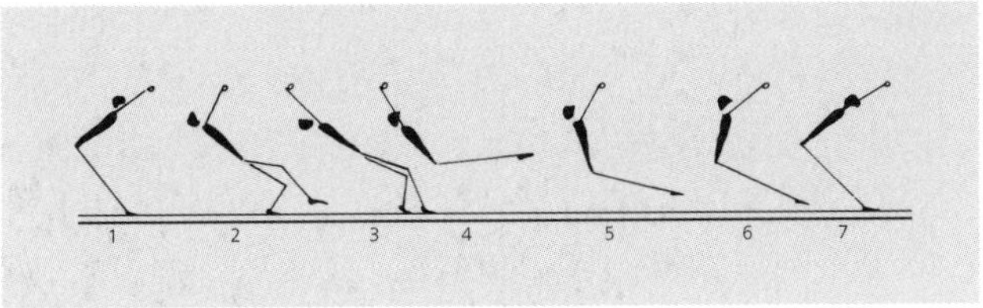

e) Ausgangsstellung wie vorher.
Nehmt die Beine vom Boden weg und pendelt vor und zurück, ohne die Füße aufzusetzen. Wer kann das mit gestreckten Armen und die Füße wieder auf den gleichen Punkt setzen, von dem er sie vorher gelöst hat?

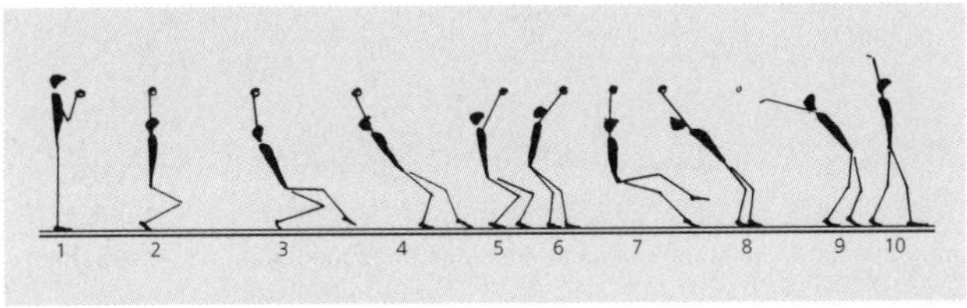

Felgbewegungen

Felgunterschwung

Strukturzuordnung
Felgbewegung

Funktionsphasenanalyse
Hilfsfunktionsphase I. Ordnung
Nach dem Lösen eines oder beider Beine werden die Oberschenkel (Knie) an die Stange gebracht (Felghang). Dabei pendelt der Körper abwärts, bis der KSP senkrecht unter der Reckstange ist.

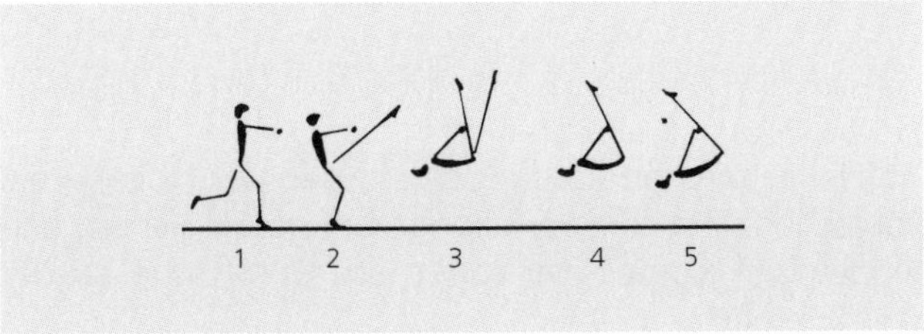

Hauptfunktionsphase
Beim Passieren des KSP senkrecht unter der DA erfolgt eine schnellkräftige Hüftstreckung (Felgbewegung). Dadurch wird der KSP leicht an die DA angenähert (leichte Pendelverkürzung = Impulserhaltung). Die Hüftstreckung wird abgebremst, so daß eine impulsübertragende Entlastung an den Griffstellen erfolgt. Mit der translatorischen Entlastung beginnt die Öffnung des ARW, bis durch Druck der Arme nach hinten der Griff von der Reckstange gelöst wird.

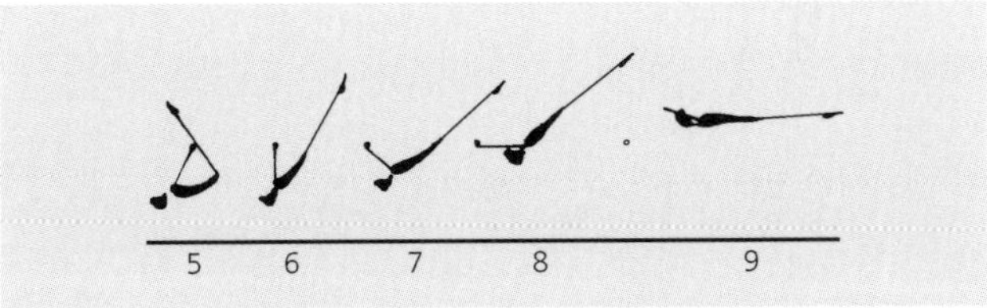

Übergangsfunktionsphase
Nach dem Grifflösen dreht der Körper stützlos vorwärts bis in den Stand.

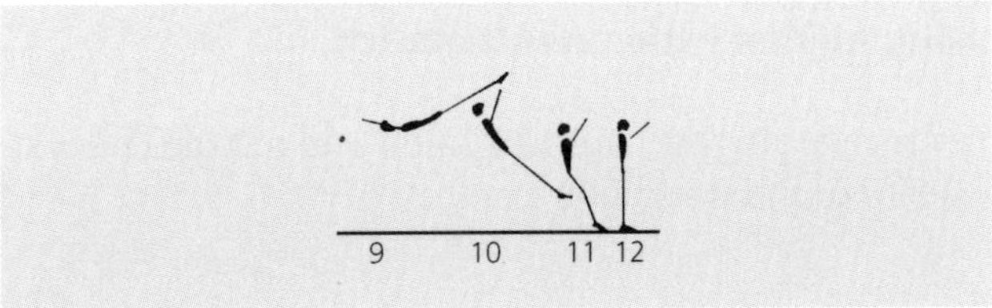

Vorbemerkungen
Durch die Verwendung von Hindernissen wie Zauberschnur u.ä.m., um einen höheren Unterschwung zu erreichen, riskiert man ein Anschlagen des Kopfes an die Reckstange.
Dies hat zur Folge, daß die Arme angezogen werden, der Felgunterschwung ins Hohlkreuz führt und Verletzungen beim Landen möglich sind.

Lernschrittfolgen

1. Felghang (optimale Ausgangsposition)

a) An jedem schulterhohen, mit Matten abgesicherten Reck können zwei Dreiergruppen gleichzeitig turnen. Ein Schüler jeder Gruppe steht vorlings mit den Füßen genau unter der Reckstange, seine Arme sind gestreckt. Die beiden anderen stehen als Helfer auf der anderen Reckseite.

Geht in die Hockstellung, bis die Arme lang sind. Wer kann abspringen und seine Oberschenkel knapp über dem Knie an die Reckstange bringen? Eure Arme müssen dabei ganz gestreckt bleiben. Drückt mit aller Kraft die Stange gegen die Oberschenkel.

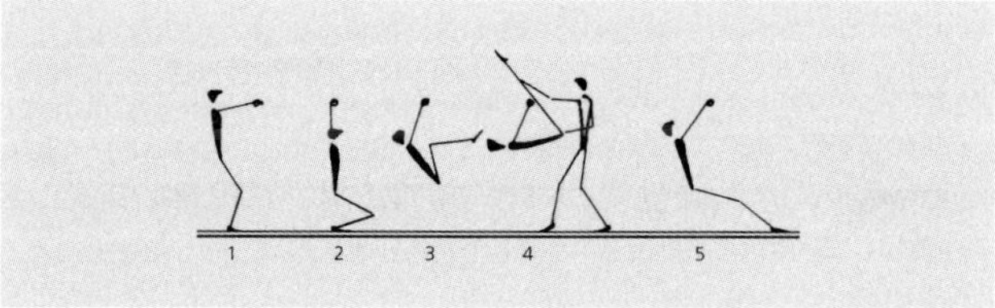

Die Helfer führen an der Oberschenkelrückseite ihren Partner in diese Lage und korrigieren, wenn nötig, den Felghang. **Dies können Kinder in der Regel nicht allein; hier ist Hilfe unentbehrlich.**

b) Aus der gleichen Ausgangslage und mit gleicher Hilfestellung und Reckhöhe.

Springt schnell in den Felghang, preßt die Stange gegen die Oberschenkel und laßt dabei die Arme gestreckt. Die Partner versetzen euch ins Pendeln. Wer kann so mit gestreckten Armen mehrmals hin- und herpendeln?

Die Helfer sichern an der Kniekehle mit einer Hand, die andere Hand bringt am Gesäß den Partner ins Pendeln. Diese Lageerfahrung (Oberschenkel an die Reckstange) muß absolut sicher beherrscht werden, bevor der nächste Lernschritt angeboten wird.

c) Die Schüler stehen mit gestreckten Armen und leichter Rücklage vorlings am Reck. Die Helfer stehen und sichern wie vorhin. Vom Hüft-Aufschwung kennen die Kinder den Zeitpunkt für den Beinabdruck im Verhältnis zur Schwungbeinhöhe.

Holt mit einem Bein mehrmals Schwung. Wer kann dann, wenn sein Schwungbein fast in Reckhöhe ist, schnell mit dem Sprungbein hinterherspringen, so daß beide Oberschenkel gleichzeitig an die Reckstange kommen? Pendelt so vor und zurück, senkt in den Stand.

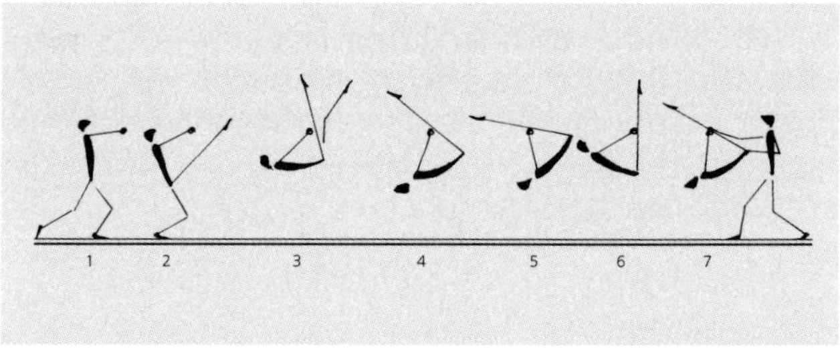

Die Helfer müssen darauf achten, daß der Übende die Oberschenkel an die Reckstange bringt. Sie sichern den pendelnden Körper wie vorhin am Gesäß und an der Beinrückseite.

2. Hüftstreckung und Arm-Rumpfwinkelöffnung

a) Am brusthohen, mit Matten abgesicherten Reck turnt je eine Dreiergruppe. Ein Schüler steht mit den Füßen senkrecht unter der Stange. Die Arme sind gestreckt und fassen mit Ristgriff. Zwei Helfer fassen die Füße und heben sie hoch.

Beginne mit Schaukeln, indem Du zuerst die Hüfte streckst und danach mit gestreckten Armen die Reckstange nach hinten drückst. Die Helfer führen Deine Füße. Schaukle so 5 mal vor und zurück.

b) Vor das brusthohe Reck wird eine etwas mehr als schulterbreite Kastengasse etwa einen Meter entfernt so hoch gestellt, daß die darauf liegende Weichbodenmatte etwa ein halber Meter tiefer als die Stange ist. Rechts und links zwischen Reckstange und Kasten steht je ein Helfer. Ein Schüler steht mit einem Fuß unter dem Reck. Das Schwungbein ist hinten, die Arme sind gestreckt, und er faßt mit Ristgriff.
Schwing auf in den flüchtigen Felghang. Streck zuerst die Hüfte und drück mit gestreckten Armen die Stange nach hinten, daß Du mit gestrecktem Körper auf der Matte landest. Löse erst bei völliger Körperstreckung den Griff.

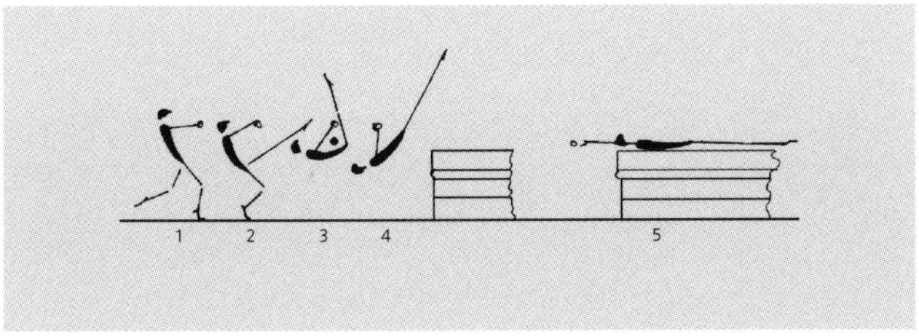

3. Felgunterschwung mit Schwungbeinhilfe in den Stand

a) An jedem hüft- bis brusthohen Reck übt eine Gruppe. Mattensicherung und Helfer wie vorhin.
Die Schüler stehen vorlings mit gestreckten Armen und leichter Rücklage am Reck. Die Helfer stehen auf der anderen Seite.
Turnt wie vorhin schnelles Aufschwingen der Oberschenkel ans Reck. Wer kann danach sofort zuerst die Hüfte strecken und danach mit den Armen die Reckstange nach hinten wegdrücken?

Die Helfer fassen mit einer Hand schon vor dem Beinschwung den Oberarm des Übenden. Mit der anderen Hand unterstützen sie an der Oberschenkelrückseite den Aufschwung. Die Schulterhand sorgt beim Unterschwung dafür, den Körper von der Reckstange wegzubringen. Beim Grifflösen muß die „Beinhand" im Klammergriff ebenfalls am Oberarm zufassen und den Übenden in den Stand führen.

b) Bei Beherrschung des Felgunterschwungs (Druckbein unter der Stange) können die Schüler senkrecht mit gestreckten Armen hinter dem Reck stehen. Geräteaufbau und Helfer bleiben gleich. Durch den größeren Abstand bekommt er mehr Pendelschwung.
Wer kann wie vorher seine Oberschenkel schnell an das Reck bringen und den Unterschwung turnen?

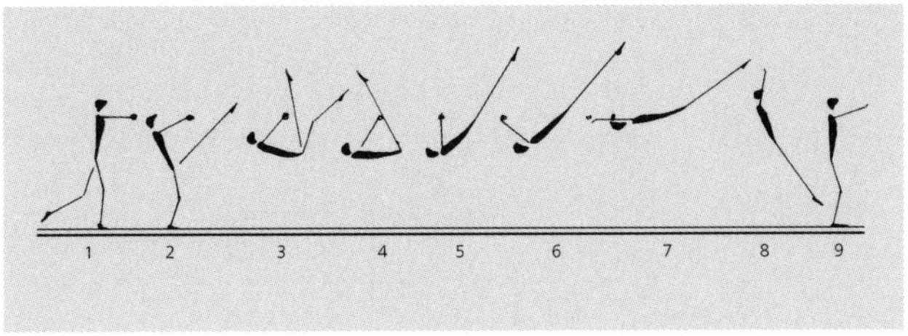

Die Helfer unterstützen und sichern wie vorhin.

4. Felgunterschwung mit beidbeinigem Absprung
Die schwierigere Form des Felgunterschwungs aus dem Stand ist mit beidbeinigem Absprung. Auch hier empfiehlt es sich, erst das „Heranbringen" der Oberschenkel an die Reckstange (optimale Ausgangsposition) vorzuschalten. Dafür ist eine bestimmte Kraft in der Schulter- und Rumpfvorderseite erforderlich.

a) Die Schüler stehen mit gestreckten Armen und leichter Rücklage hinter dem Reck. Geräteaufbau und Helfer bleiben gleich.
Wer kann abspringen, dabei die Reckstange nach unten und die Oberschenkel nach oben drücken und sie ganz schnell an die Reckstange bringen? Pendelt vor und zurück.

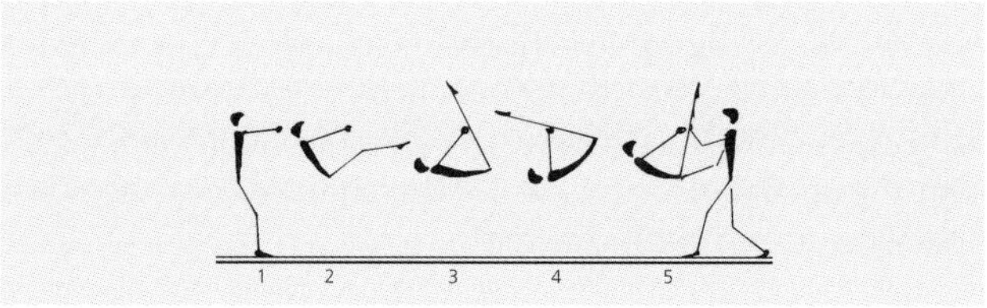

Die Helfer unterstützen das „Heranbringen" der Beine an der Kniekehle und sichern so den pendelnden Körper.

b) Aus der gleichen Ausgangsstellung bei gleicher Hilfe.
Turnt nach dem Oberschenkelkontakt wie vorhin einen Unterschwung. Wer kann die Reckstange dabei weit nach hinten wegdrücken?

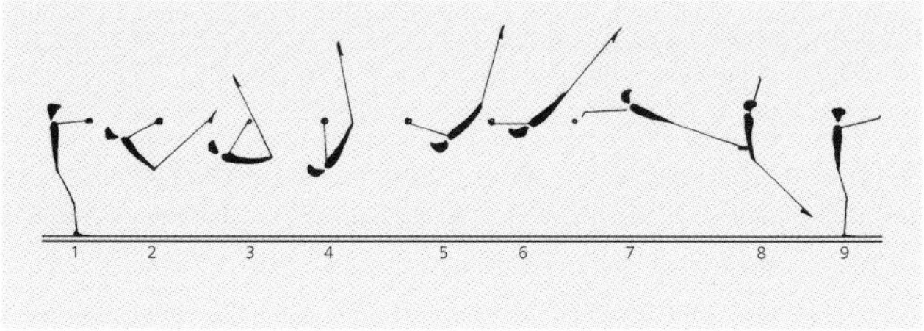

Die Helfer unterstützen wie vorher bis zur Landung.

Kipphang rücklings

Vorbemerkungen

Das Schwingen im Kipphang rücklings stellt ganz besondere Ansprüche. Im Rahmen dieses Buches soll nur der „Einstieg" in die „Lageerfahrung" aufgezeigt und erlernt werden.
Die „Kipplage" ist den Kindern schon vom Boden her bekannt. Diese „Bodenerfahrung" haben wir bereits auf den Kipphang am Barren übertragen. Am Reck müssen die Beine zwischen den Händen „hindurchgebracht" werden, um diese Position zu erreichen.

Strukturzuordnung

entfällt

Funktionsphasenanalyse

entfällt

a) An jedem kopfhoch gestellten, mit Matten abgesichertem Reck, turnen gleichzeitig zwei Kinder mit je einem Helfer. Die Kinder stehen mit den Füßen genau unter der Reckstange im Ristgriff.
Geht in die Hockstellung, bis Eure Arme gestreckt sind. Wer kann abspringen, die Knie schnell an Brust ziehen und die Füße zwischen den Händen und der Reckstange vorhocken? Dabei solltet Ihr nicht ins Schwingen kommen. Hockt wieder zurück in die Ausgangsstellung.

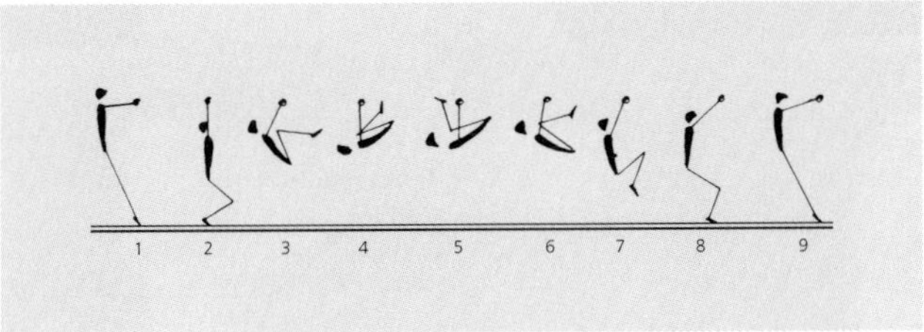

Der Helfer unterstützt am Gesäß das Hochbringen des Körpers und verhindert, daß „sein Kind" ins Pendeln kommt.

b) Gleicher Aufbau und gleiche Ausgangs- und Hilfestellung wie vorhin.
Springt ab und hockt vor. Versucht, im Kipphang die Knie zu strecken und das Gleichgewicht drei Sekunden zu halten. Wer kann danach sein Gesäß so weit nach unten senken, daß er mit gestreckten Beinen und ohne mit den Füßen die Reckstange zu streifen wieder „zurück" in den Stand gelangt?

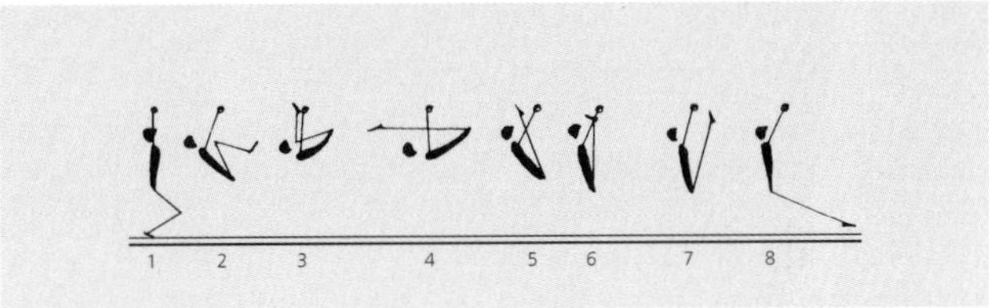

Der Helfer unterstützt und sichert wie vorher.

c) Bei gleichem Aufbau stehen die Kinder im Hockstand mit gestreckten Armen genau unter der Reckstange.
Springt in den Kipphang. Streckt schnell Eure Knie und haltet das Gleichgewicht. Wer kann in der Hüfte etwas strecken, ohne dabei das Gleichgewicht zu verlieren? Beugt wieder in der Hüfte und versucht, die gestreckten Beine wie vorhin zwischen Reck und Händen zurück in den Stand zu bringen.

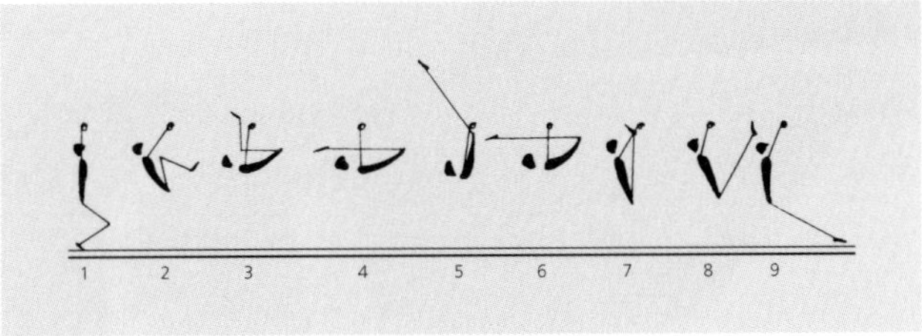

69

Stufenbarren

Für die Grundformen des Turnens am Stufenbarren im Anfängerbereich in Schule und Verein wird auch heute noch am verschieden hoch gestellten Männerbarren geturnt. Es kann jedoch eine stufenbarrenähnliche Anlage mit einem „einholmigen Barren" und einem Steckreck aufgebaut werden.

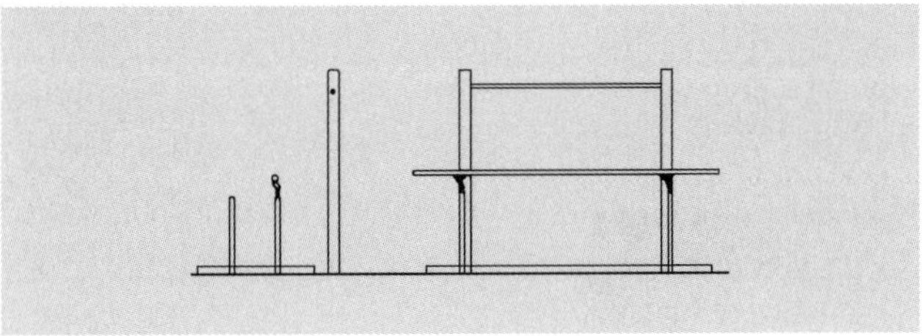

Durch die Besonderheit des Gerätes kann man Bewegungen, die daran geturnt werden, in zwei große Bereiche einteilen.

1. In den turntechnischen Bereich mit Einteilung nach strukturellen Gesichtspunkten

- *Auf-, Abschwungbewegungen*
- *Schwungbewegungen*
- *Felgbewegungen*

Die Elemente aus diesen Strukturgruppen haben wir bereits beim Reck erarbeitet.
Sie werden hier nicht behandelt.

2. Den Bereich des „Hindernisturnens"

Hier kann eine Einteilung unter den Gesichtspunkten Auf-, Über- und Absteigen sowie Über- und Abspringen erfolgen.

Für Bewegungen über die Holme, vom niederen Holm zum hohen und umgekehrt, sollen einfache Möglichkeiten aufgezeigt werden.

Auf-, Über-, Absteigen

Unter „Steigen" werden im allgemeinen immer Bewegungen verstanden, die durch die Beine mit und ohne Armunterstützung den Körper nach oben, darüber hinweg oder nach unten erfolgen. Für alle Formen des Steigens können je nach Alter der Kinder der Kasten, das Pferd, der Balken, das Reck untereinander oder mit dem Barren kombiniert werden.

Strukturzuordnung und Funktionsphasenanalyse entfallen

Da „Steigen" eine modifizierte Form des Gehens und Springens, zu den Grundtätigkeiten der Alltagsmotorik zu zählen ist, erscheint eine Zuordnung in eine bestimmte Bewegungsstruktur nicht sinnvoll.

Übersteigen vorwärts mit Drehung am gleichen Holm oder unterschiedlich hohen Holmen

Die Höhe der Geräte muß auf die Körpergröße der Kinder abgestimmt werden.
Die Höhendifferenz von einem zum anderen Holm sollte Hüfthöhe sein.

a) Möglichst viele Barren mit gleich hohen Holmen im Abstand von etwa sechs Metern werden in die Halle gestellt. Dahinter stellen wir, wenn nötig, Kleinkästen. Geturnt wird im „Übungsstrom". Vor jedem Barren stehen zwei Gruppen.
Steigt über die Holme hinweg, springt ab und lauft zum nächsten Barren, steigt wieder drüber usw., bis ihr über alle Barren drüber seid. Lauft außen herum zurück.

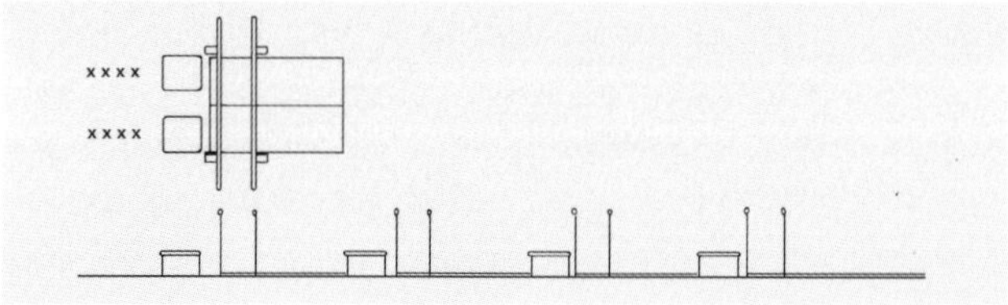

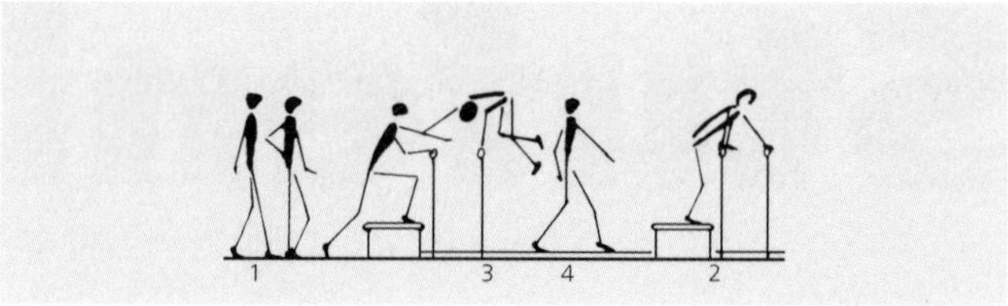

b) Die Veränderung der Holmhöhe sollte nun immer mehr zum „Stufenbarren" hinführen. Mit Reck, zwei Barren und Kästen bilden wir eine „Treppenanlage". Der Höhenunterschied von einer zur anderen Treppe ist knie- bis hüfthoch. Der Aufbau wird mit WBM abgesichert.
Steigt auf der rechten Seite über die „Treppe", dreht Euch auf den Kästen um und steigt wieder über die rechte Seite zurück.

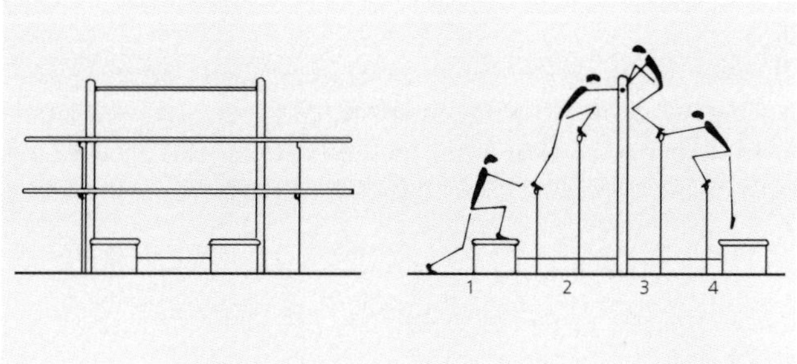

c) Wir stellen die Reckstange so niedrig wie den ersten Holm. Die Barren und Kästen bleiben wie vorher.
Steigt auf der rechten Seite über die „Treppe", dreht Euch auf den Kästen um und steigt auf der anderen Seite wieder zurück.

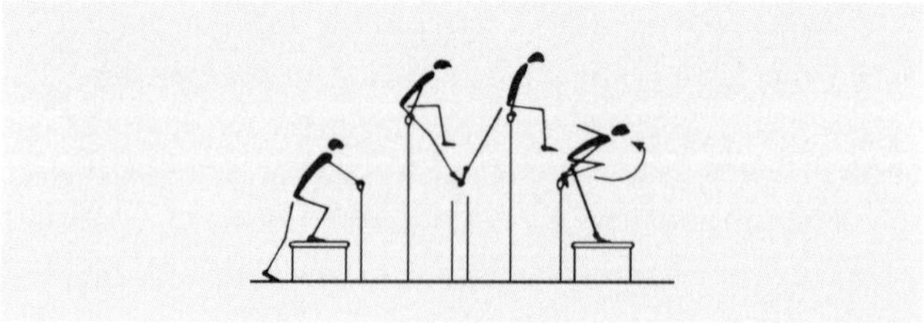

d) Die Kästen vor dem Aufbau werden entfernt, die dahinter bleiben stehen. Alles andere bleibt gleich.

Steigt von der rechten Seite über die verschieden hohen Holme. Dreht Euch auf dem letzten Holm um, steigt in der Mitte zurück bis zur Reckstange. Dreht euch wieder um, steigt auf der linken Seite über die Holme, springt ab und lauft außen herum wieder zurück.

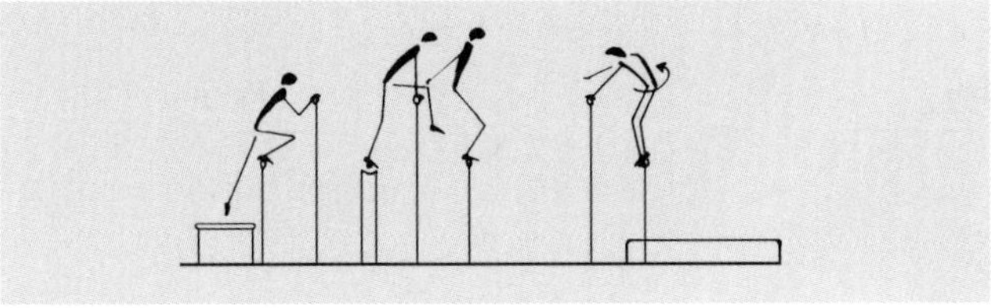

Übersteigen rückwärts

Bei gleichem Gerätaufbau und gleicher Ausgangsstellung.

Steigt auf den ersten (untersten) Holm und dreht Euch um. Wer kann rückwärts über die Treppen steigen? Springt auf die Weichbodenmatte ab, wenn ihr drüber seid.

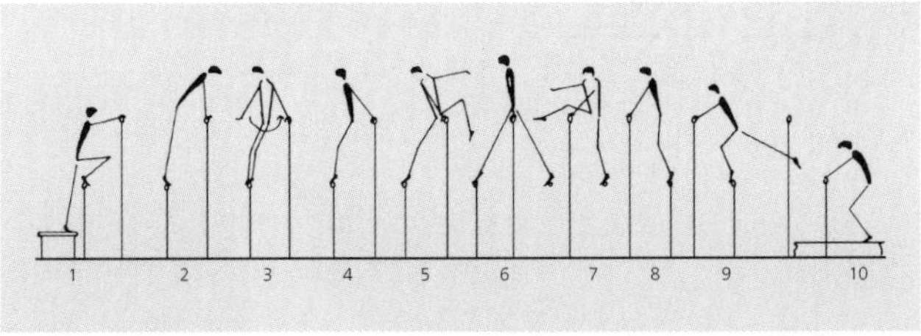

Übersteigen vorwärts mit Drehung im Stütz

a) Wir stellen je einen Barren direkt hinter ein Reck. Die Reckstange wird so hoch gestellt wie der niedere Holm des Barrens. Dahinter stellen wir einen Kleinkasten.

Steigt vom Kleinkasten auf den niederen Holm, nehmt ein Bein über den hohen Holm und setzt den Fuß auf die Reckstange. Wer kann nach einer halben Drehung das andere Bein auch auf die Reckstange stellen? Springt ab.

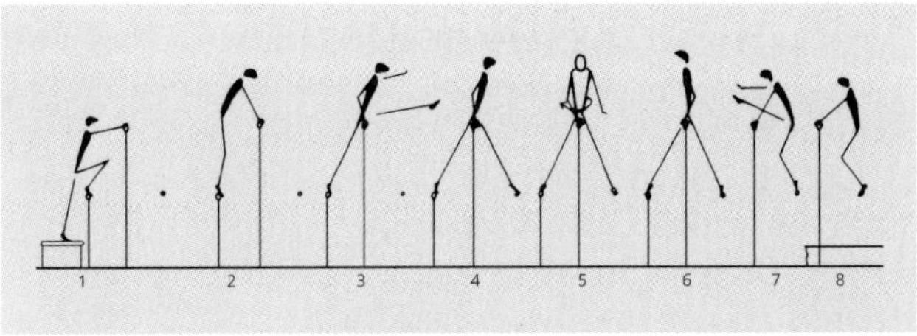

Wer mit einer Hand vorher in den Kammgriff umgreift (die zur Drehrichtung nähere Hand), kann besser stützen. Wer dabei noch sein Gewicht erst auf diese, dann auf die andere Hand verlegt, hat es viel leichter.

b) Der Geräteaufbau bleibt gleich, an jedem Gerät turnt ein Kind.

Turnt die gleiche Übung wie vorhin. Wer kann umgreifen und drehen, kurz bevor er seinen Fuß auf die Reckstange stellt? Nehmt das andere Bein zurück und springt ab.

c) Am niederen Stufenbarren.

Turnt die gleiche Übung wie vorhin. Wer kann übersteigen und im Stütz drehen, ohne seinen Fuß als „Sicherung" auf den niederen Holm zu setzen? Springt ab.

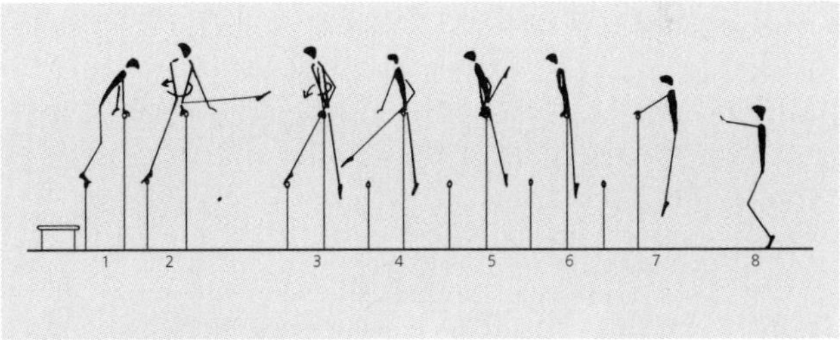

d) Gleicher Gerätaufbau, gleiche Arbeitsform.

Turnt die gleiche Übung wie vorhin. Wer kann nach dem „Drehen" im Stütz bleiben, ohne daß seine Füße den niederen Holm berühren? Springt ab.

Ab-, Über-, Aufspringen

Folgende Möglichkeiten bestehen, den Stufenbarren durch Sprünge mit und ohne Handstütz zu überwinden:

Ab-, Auf- und Überspringen mit den formativen Merkmalen wie
Wenden, Flanken, Kehren, Hocken, Grätschen

Strukturzuordnung
Sprungbewegung

Wenden
Drehhocke (Hockwende)
Aufspringen kann man aus dem Seit-, Schräg- oder Querstand. Da das Ab- und Überspringen leichter ist als das Aufspringen, wird es zuerst behandelt.

a) Wir stellen mehrere, mit Matten abgesicherte niedere Stufenbarren so auf, daß der Stütz immer etwa der Hüfthöhe der Kinder entspricht. Auf die Landeseite sollten Weichbodenmatten und darauf Turnmatten gelegt werden. Zum „Aufsteigen" benützen wir einen Kleinkasten.
Steigt vom Kleinkasten auf den niederen Holm, stützt am hohen Holm und springt mit beiden Beinen drüber ab. Ihr könnt dabei auch erst einen Fuß auf den hohen Holm setzen. Es ist dabei günstiger, wenn ihr mit der Hand, die zur Drehseite zeigt, im Kammgriff stützt .

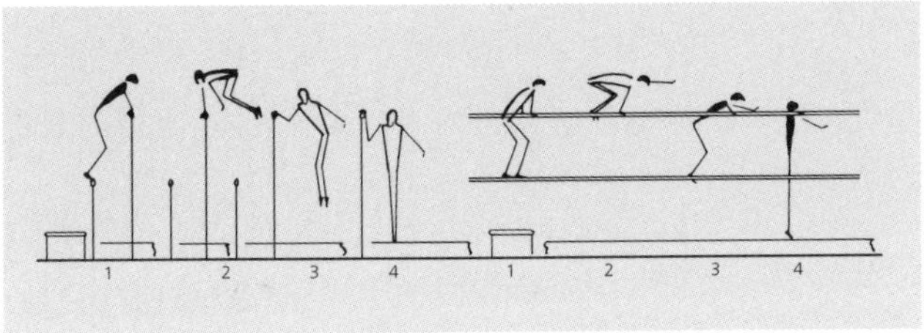

b) Bei gleichem Gerätaufbau wie vorher, der „hohe Holm" muß im Stand für die Kinder leicht erreichbar sein.
Turnt die gleiche Übung wie vorher. Wer kann beim Überspringen des hohen Holms sein Gesicht zum Holm drehen, daß er mit beiden Händen kurz greifen kann, bevor er in den Stand kommt?

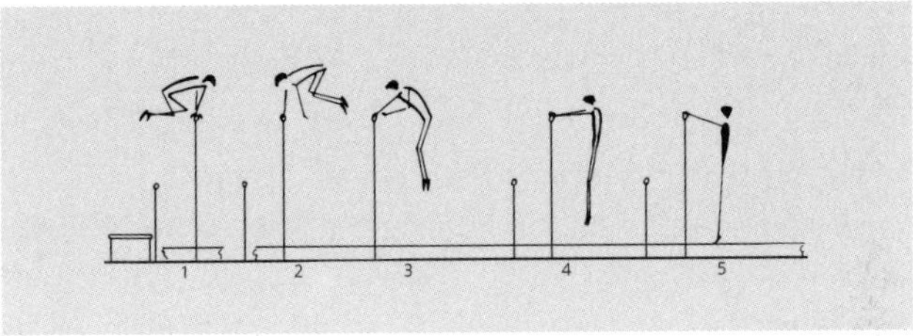

Flanken
Sprungflanken vorwärts in den Stand

Hierzu muß erwähnt werden, daß beim Flanken zwei erschwerende Faktoren gegenüber der Hockwende hinzukommen. Erstens ist die „Landung " seitwärts riskanter, da seitliche eine Knie- und Knöchelbelastung auftritt, und zweitens ist der einarmige Stütz mit „Vorbeibringen einer Körperseite" am Stützarm von einer guten Gleichgewichtsverlagerung abhängig. Zunächst soll an niederen Geräten die Sprungflanke geturnt werden.

a) Sprungflanke am hüfthohen Kasten aus dem beidbeinigen Absprung.

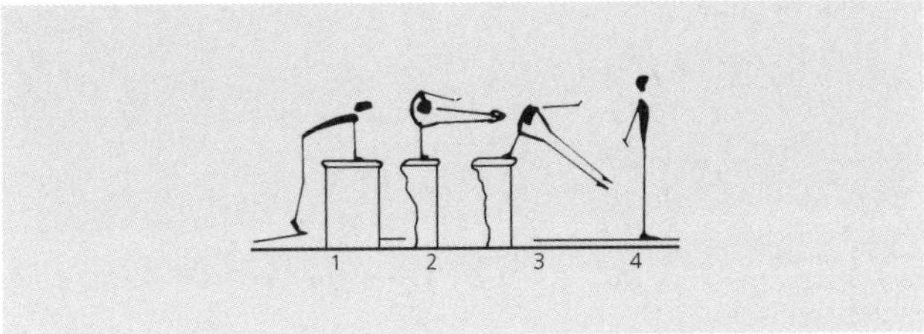

b) Sprungflanke über das hüfthohe Reck bzw. den einholmigen Barren gleicher Höhe.

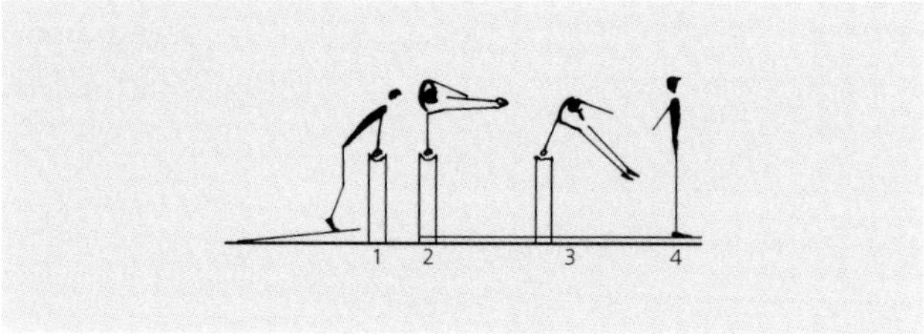

Sprungflanke über den hohen Holm

c) Hinter einen niederen, mit Matten abgesicherten Stufenbarren stellen wir einen Kleinkasten, vor den hohen Holmen liegen auf Weichbodenmatten „normale" Turnmatten. Je ein Kind steigt über den Kleinkasten auf den niederen Holm mit dem Gesicht zum hohen Holm. Auf der Stützarmseite hinter dem hohen Holm steht ein Helfer, wenn erforderlich auf einem Kleinkasten.

Greift mit beiden Händen am hohen Holm und springt über den hohen Holm. Wer kann so landen, daß er danach mit dem Rücken zum Barren steht?

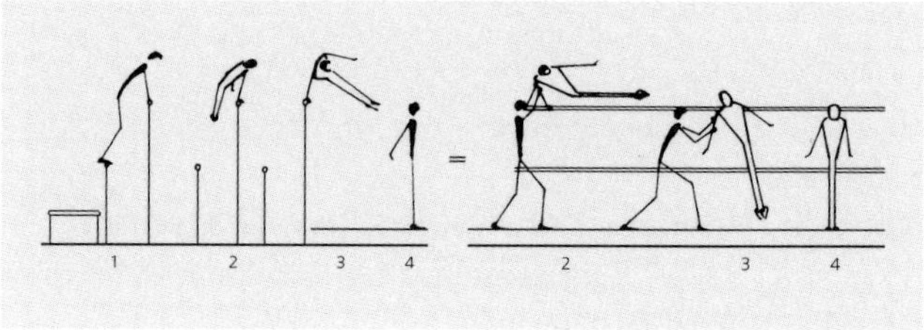

Die Helfer hinter dem hohen Holm fassen mit einer Hand im Stützgriff am Stützarm, mit der anderen Hand an der Hüftseite und sichern die Landung.

Schwebe-balken

Grob vereinfacht kann man sagen, das Turnen am Schwebebalken ist Bodenturnen unter sehr stark eingeschränkten Bedingungen.
Die Einschränkungen sind durch die Breite (0,10 m) und durch die Länge (5,00 m) des Schwebebalkens gegeben.
Der Schwebebalken ist in erster Linie ein Gleichgewichtsgerät. Wie beim Bodenturnen sind alle Bewegungen an diesem Gerät in zwei Bereiche einzuordnen.

Der gymnastische Bereich
mit den dynamischen und statischen Formen

Der turnerisch-technische, strukturell zu ordnende Bereich
Sprungbewegungen
Rollbewegungen
Überschlagbewegungen
Schwungbewegungen
Felgbewegungen
(sie werden jedoch hier nicht behandelt)

Im Rahmen dieses Buches soll versucht werden, eine Systematik der gymnastischen Formen zu erstellen.

Gymnastischer Bereich

Systematisierungsversuch

Eine methodische Aufbereitung der gymnastischen Formen des Turnens am Schwebebalken würde weit über die Ansprüche hinausgehen, was dieses Buch zu leisten vermag.
Hier wird auf das Buch „Gerätturnen mit Mädchen und Frauen“ verwiesen.

Für die Formen des Gehens, Laufens, Federns, Hüpfens und der Sprünge sind keine Vorübungen nötig, da es sich hier um Bewegungen aus den Grundtätigkeiten der Alltagsmotorik handelt.
Zum anderen möchten wir nicht auf die vielfältigen, anderen Bewegungen und Formen aus dem Bereich der Gymnastik eingehen; hier wird auf umfangreiche Literatur zur Gymnastik verwiesen.

Dynamische Formen

Von den Grundtätigkeiten der Alltagsmotorik sind ableitbar:

Gehen...
...vorwärts mit Varianten wie:
auf den Fußballen, mit Vor-, Seit- und Rückspreizen, mit Ausfallschritt, mit Nachstellen, mit Rumpfbeugen vorwärts, in der Hockstellung (größte Beugung), mit Drehen.

...seitwärts mit Varianten wie:
Spreizen mit Kreuzen, mit Hochstellen, mit Drehen.
Gehen rückwärts mit Varianten wie: auf den Fußballen, mit Rückspreizen, in der Hockstellung (größte Beugung), mit Drehen.

Laufen...
...mit Varianten wie:
starkes Knieheben, mit Anfersen, mit großen Schritten, mit Spreizen, mit Springen, auf den Fußballen.

Federn...
...bedeutet: elastisches Beugen und Strecken der Beingelenke ohne Lösen der Füße von der Unterstützungsfläche.
Folgende Variationen sind u.a. möglich: Hochfedern am Ort in Schlußstellung, Tieffedern am Ort in Schlußstellung mit und ohne Rumpfvorbeuge, Hochfedern am Ort in Schrittstellung, Tieffedern am Ort in Schrittstellung mit und ohne Rumpfvorbeuge, Tief- oder Hochfedern mit Drehung.

Hüpfen...
...bedeutet: Beugen und Strecken der Beingelenke mit minimalem Krafteinsatz und geringfügigem Lösen der Füße von der Unterstützungsfläche.
Folgende Überlagerungen sind u.a. möglich: Schlußhüpfen am Ort mit und ohne Beinwechsel, Schlußhüpfen mit Vor-, Seit- und Rückwärtsbewegung, Spreizhüpfen mit Spreizen am Ort und in der Bewegung, Wechselhüpfen vorwärts, Nachstellhüpfen vorwärts, Galopphüpfen seitwärts, „Hopser" (natürliches Kinderhüpfen) vorwärts.

Springen...
...bedeutet schnelles Strecken der vorher gebeugten Beingelenke mit maximalem Krafteinsatz und Lösen der Füße von der Unterstützungsfläche.
Dabei sind u.a. folgende Überlagerungen denkbar: Schlußsprung am Ort mit Seitspreizen, Schlußsprung am Ort mit und ohne Beinwechsel, Schlußhocksprung am Ort und in der Vorwärtsbewegung, Springen mit Quer- und Seitspreizen, Schrittsprung, Anschlagsprung, Rehsprung, Schersprung, Pferdchensprung.

Drehungen...
...sind Rotationen um die Körperlängsachse (LAD) im Stand. Sie können auf beiden Füßen, im Hock- oder Streckstand, mit und ohne Hochfedern, auf einem Bein mit vertikalem Schwungbeinimpuls nach vorn oder hinten (Drehungen aus- oder einwärts), auf einem Bein mit horizontalem Schwungbeinimpuls (Spielbein) (Drehungen aus- oder einwärts) geturnt werden. Außerdem sind Drehungen im Grundlagenbereich im Kniestand, im Sitz und im Sprung möglich.
Drehungen im Stand um die Körperlängsachse am Schwebebalken können zur Zeit von 1/8 = 45° bis zu dreifachen Drehungen = 1080° geturnt werden.

Statische Formen

Zum Stehen:
Stand auf beiden Füßen, Stand auf einem Fuß, Grätschstand, Querspreizstand, Hockstand, Kniestand, Nackenstand, Schulterstand, Kopfstand und Handstand.

Zum Sitzen:
Seitsitz, Quersitz, Hocksitz, Strecksitz, Quergrätschsitz (Reitsitz), Seitgrätschsitz, Winkelsitz und Spitzwinkelsitz.

Zum Stützen:
Seitstütz vorlings, Seitstütz rücklings, Quergrätschstütz–Seitgrätschstütz, Liegestütz vorlings, Liegestütz rücklings, Knieliegestütz, Winkelstütz, Grätschwinkelstütz und Spitzwinkelstütz.

Zum Liegen:
Rückenlage, Kipplage, Bauchlage und Seitenlage.

Turntechnischer Bereich

Für die Aufbereitung turntechnischer Formen des Schwebebalkens sind von ganz wenigen Ausnahmen abgesehen (Bein-Vor- und Rückschwung im Quergrätschstütz, Auf- und Niedersprünge) die Elemente des Bodenturnens verwendbar. Die erwähnten Ausnahmen werden erarbeitet.
Für das Übertragen der schon am Boden erlernten Fertigkeiten auf den Schwebebalken gelten folgende Grundprinzipien:

Erstes Prinzip
Stabilisierung der Fundamentalbewegungen am Boden, hier besteht die größtmögliche, **„breite Unterstützungsfläche".**

Zweites Prinzip
„Schmale Unterstützungsfläche": Dabei sollten die Geräte allmählich schmäler werden und in der Reihenfolge verwendet werden:
a) mehrere zweiteilige Kästen hintereinander,
b) normal gestellte Turnbänke (Vorsicht, sie fallen bei Querbelastung leicht um),
c) umgedrehte Turnbänke,
d) Kleinschwebebalken

Drittes Prinzip
Nach Stabilisierung des Balancegefühls bei den einzelnen Fertigkeiten auf den niederen Geräten folgt das dritte Prinzip: die **Erhöhung der Geräte.**
e) Bodenschwebebalken
f) Schwebebalken 0,30–0,80 m hoch
g) Schwebebalken 0,85–1,20 m hoch
Bei manchen Bewegungen, wie Aufspringen mit Stütz der Hände, richtet sich die Balkenhöhe natürlich nach der Körpergröße und dem Könnensstand.

Sprungbewegungen

Aufspringen/Auflaufen ohne und mit Handstütz

Strukturzuordnung

Da im Folgenden alle Elemente der Bewegungsgruppe Sprung zuzuordnen sind, werden sie bei den weiteren „Sprungbewegungen" an diesem Gerät nicht weiter erwähnt.

Funktionsphasenanalyse

Ist für die einfachen Elemente nicht sinnvoll zu erstellen.

Lernschrittfolgen

1. Aus dem Schräganlauf einbeiniger Absprung mit Vorspreizen in den Quersitz (Laufkehre)

a) Vor und hinter hüfthohe Kästen legen wir Matten. Die Kinder stehen etwa drei bis fünf Meter schräg vor dem Kasten.

Lauft an, schwingt das kastennähere Bein hoch und springt mit dem kastenentfernten Bein ab. Stützt dabei mit einer Hand. Wer kann so weit hinüberschwingen und springen, daß er auf der anderen Kastenseite sitzen kann? Springt ab und lauft zum nächsten Kasten.

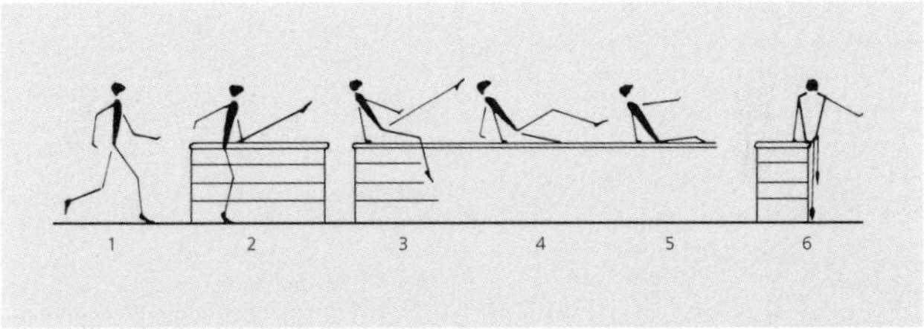

b) Unter den hüfthohen Schwebebalken legen wir Matten. Die Kinder stehen schräg drei bis fünf Meter davor.

Lauft an und springt mit Schwungbeineinsatz über den Balken. Wer kann seine Geschwindigkeit zu bremsen, daß er auf der anderen Seite am Balken sitzen kann?

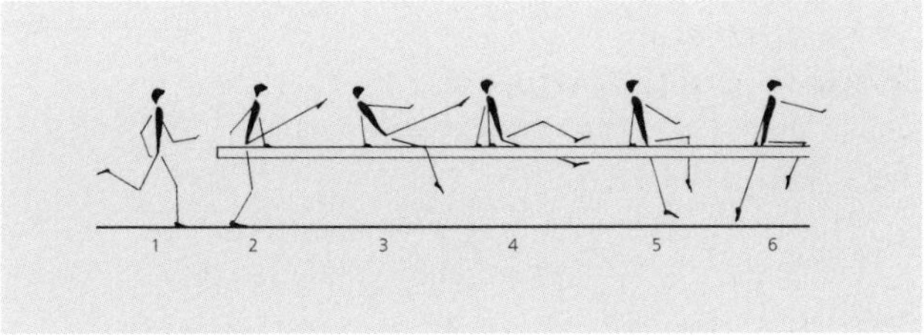

Auf der anderen Balkenseite steht ein Helfer und sichert am Stützarm das Gleichgewicht.

2. Aufspringen (Auflaufen) ohne Stütz der Hände

Dieser Aufgang kann aus dem Quer-, Seit- oder Schrägstand zum Balken geturnt werden. Hinter hüfthohe, mit Matten abgesicherte dreiteilige Kästen legen wir Reutherbretter.

a) Die Kinder stehen etwa drei bis fünf Meter vor dem Reutherbrett.
Lauft an und springt mit einem Fuß ab, so daß Ihr mit dem anderen Fuß auf dem Kasten landet. Springt ab, lauft zum nächsten Kasten und turnt dasselbe.

b) Hinter dem hüfthohen Schwebebalken liegt ein Reutherbrett. Neben dem Balkenanfang steht ein Helfer. Die Kinder stehen drei bis fünf Meter vor dem Brett.
Lauft an, springt ab und schaut dabei auf den Balken. Wer kann auf dem Balken mit einem Fuß landen, ohne sein Gleichgewicht dabei zu verlieren? Ihr könnt dabei die Hände des Helfers fassen.

Der Helfer versucht, die Hand des Übenden früh zu fassen, um die Gleichgewichtsbemühungen des Übenden zu sichern und zu unterstützen.

c) Die gleiche Übung kann auch in der Balkenmitte aus dem Schräg- oder Seitstand geturnt werden. Dabei muß der Helfer auf der anderen Balkenseite stehen. Er sichert genau so wie am Balkenanfang.

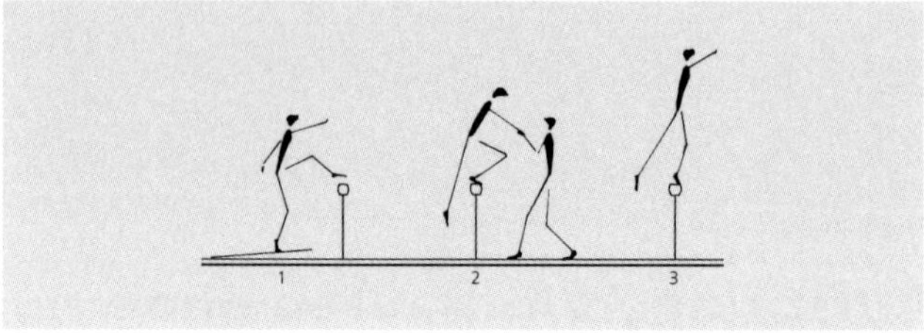

3. Aus dem Seitstand Aufsprung mit Stütz der Hände und Vorspreizen
a) Hinter den hüfthohen, mit Matten abgesicherten Balken legen wir versetzt auf jede Seite ein Reutherbrett. Auf jedem Brett steht eine Schülerin. Neben dem Reutherbrett auf der spreizfreien Seite steht je ein Helfer.
Springt in den Stütz, spreizt ein Bein seitwärts und setzt es auf den Balken. Wer kann danach sein Gleichgewicht halten? Springt ab.

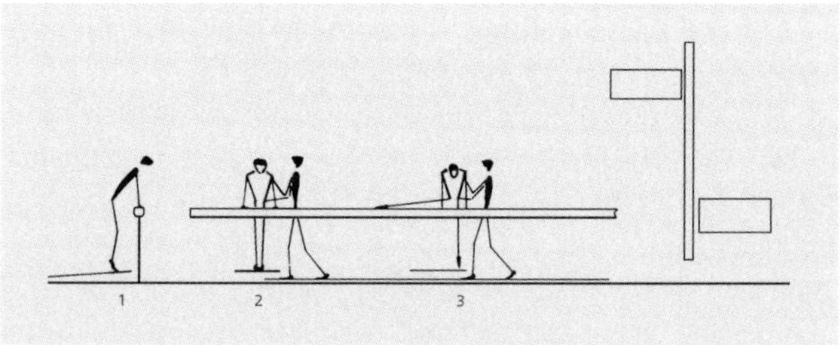

Die Helfer sichern im Stützgriff an einem Arm das Gleichgewichtsbemühen der Übenden.

b) Bei gleicher Ausgangs- und Hilfestellung.
Springt in den Stütz und spreizt ein Bein vor den Balken und setzt Euch auf den Balken. Wer kann sein Gewicht ganz zur Spreizseite legen, die Hände lösen und das

andere Bein ebenfalls über den Balken bringen (Nachspreizen)? Springt aus dem Seitsitz ab.

Der Helfer kann und sollte nur am Anfang an der spreizfreien Seite sichern.

c) Bei gleicher Ausgangs- und Hilfestellung und gleichem Gerätaufbau.
Springt ab und spreizt ein Bein seitwärts vor den Balken. Wer kann dabei 1/4-Drehung turnen, daß er danach im Quergrätschsitz ist?

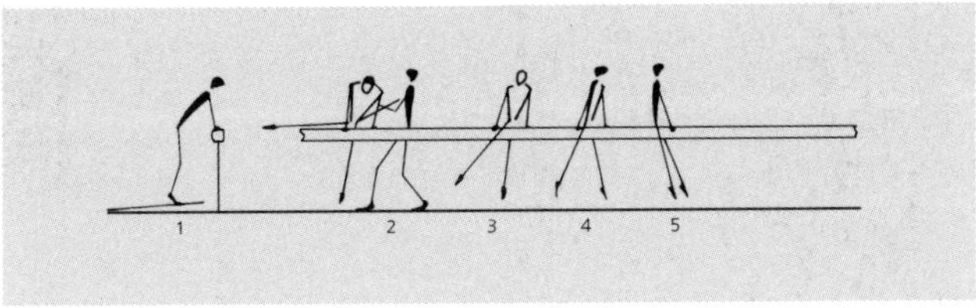

Die Helfer unterstützen in der ersten Phase im Stützgriff den Übenden aktiv und sichern danach.

d) Bei gleichem Aufbau und aus der gleichen Ausgangsstellung könnte anstatt des Quersitzes oder -stützes nach dem Vorspreizen der Grätschstütz, der Grätschwinkelsitz und der Grätschwinkelstütz im Querverhalten erarbeitet werden.

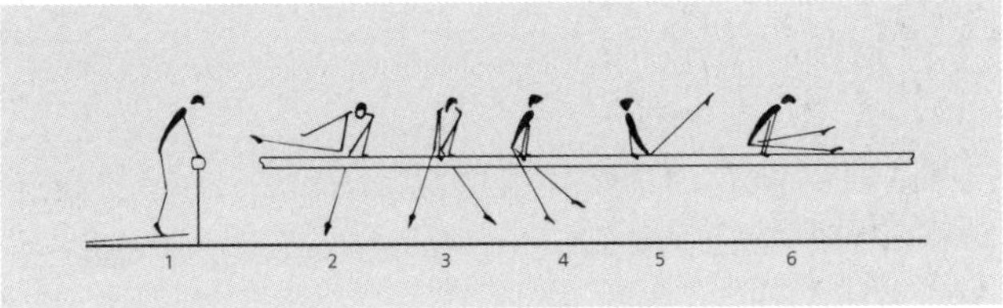

4. Aufsprung mit Drehhocke (Hockwende) in die Hockstellung

a) Hinter knie- bis hüfthohen Kästen liegen Reutherbretter, davor Matten. Auf der drehabgewandten Seite neben dem Reutherbrett stehen die Helfer. Je ein Kind steht vorlings auf einem Brett und stützt am Kasten.
Springt ab, zieht schnell das Gesäß hoch und hockt die Beine so an, daß sie möglichst nahe an die Hände kommen. Wer kann sich dabei so drehen, daß er danach quer auf dem Kasten steht?

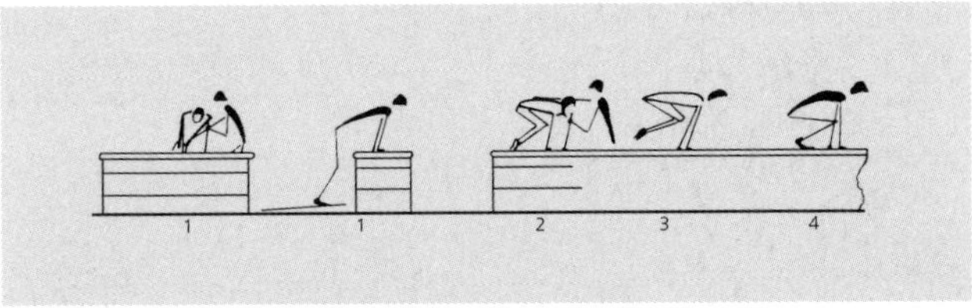

Die Helfer unterstützen mit einer Hand am Gesäß die Drehbewegung und sichern mit der anderen Hand am Oberarm im Klammergriff.

b) Hinter dem hüfthohen, mit Matten abgesicherten Balken liegen versetzt zwei Reutherbretter. Die Hilfe- und Ausgangsstellung bleibt gleich.
Stützt so auf dem Balken, daß die Daumen in der Balkenmitte in die Turnrichtung zeigen. Springt ab und turnt dasselbe wie am Kasten. Wer kann in der Hockstellung das Gleichgewicht halten?

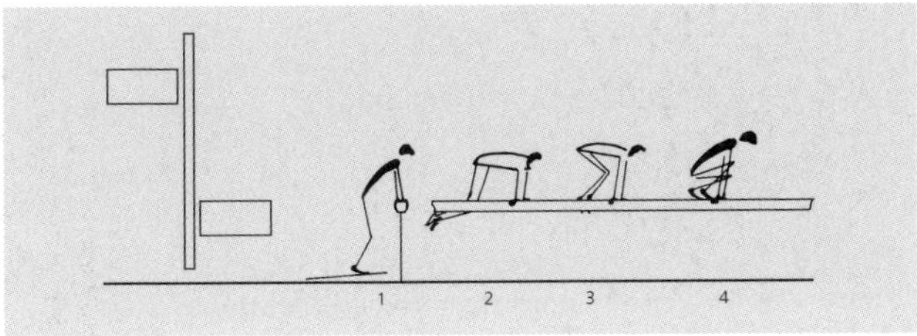

Die Helfer unterstützen und sichern wie vorher am Kasten.

c) Gleicher Geräteaufbau, gleiche Ausgangs- und Hilfestellung.
Turnt das gleiche wie vorhin. Wer kann mit einem Bein knien und das andere Bein rückhochspreizen (Kniewaage)? Die Helfer unterstützen wie vorhin.

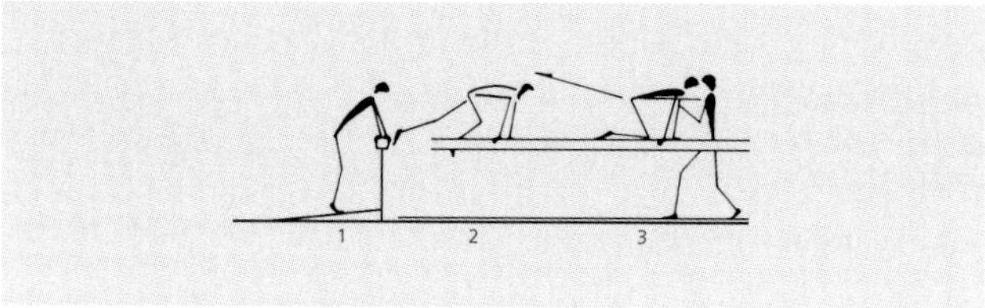

Sprungaufhocken

Lernschrittfolgen

a) Hinter hüfthohe, quer gestellte Kästen legen wir Reutherbretter, davor Matten. Zwei Helfer sichern im Klammergriff. Je ein Kind ist im Seitstand vorlings auf dem Reutherbrett und stützt am Kasten.

Springt nach zweimal prellendem Hüpfen vom Reutherbrett ab, nehmt das Gesäß hoch und zieht schnell die Knie an die Brust. Wer kann seine Füße genau zwischen die stützenden Hände setzen, ohne dabei das Gleichgewicht zu verlieren?

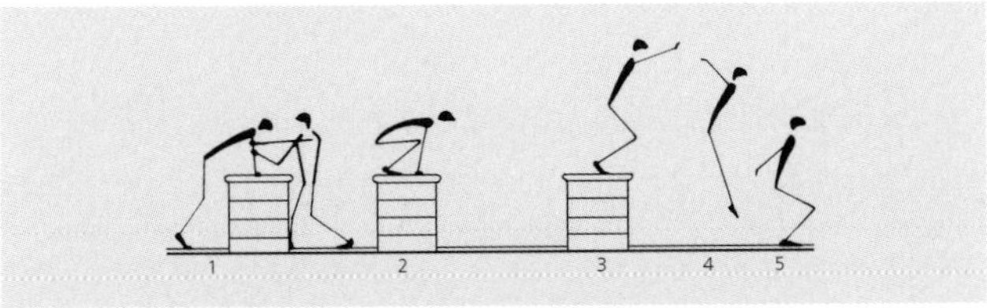

Die Helfer fassen sehr früh im Klammergriff und sichern das Aufhocken.

b) Zwei bis drei Reutherbretter liegen versetzt hinter dem hüfthohen mit Matten abgesicherten Balken. Auf jedem Brett steht ein Übender, auf der anderen Balkenseite je zwei Helfer.

Springt ab und turnt dasselbe wie vorhin am Kasten. Wer kann nach dem Aufhocken sein Gleichgewicht halten? Springt danach ab.

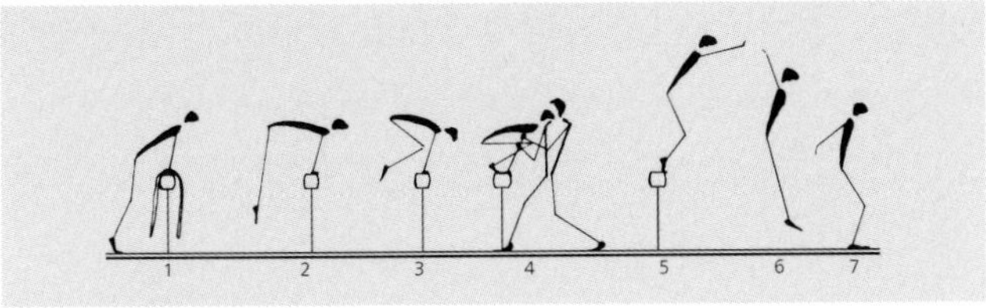

Die Helfer sichern und unterstützen im Klammergriff und garantieren das Gleichgewicht nach dem Aufhocken.

c) Sprung mit einbeinigem Aufhocken ohne Drehung und Seitspreizen des anderen Beines.

Springt wie vorhin ab und hockt nur mit einem Bein zwischen die Hände und setzt gleichzeitig das andere Bein nach außen gestreckt auf den Balken.

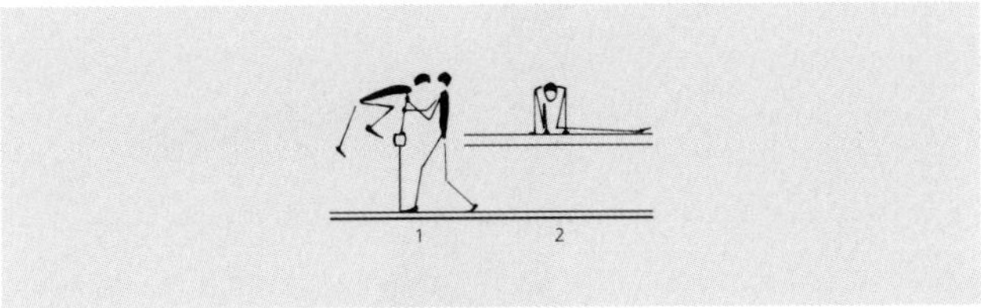

Der Helfer steht auf der spreizfernen Seite und sichert im Klammergriff.

Sprungaufgrätschen

Die gleiche Reihe wie eben beim Sprungaufhocken erlernt, kann analog für das Sprunggrätschen angewendet werden.

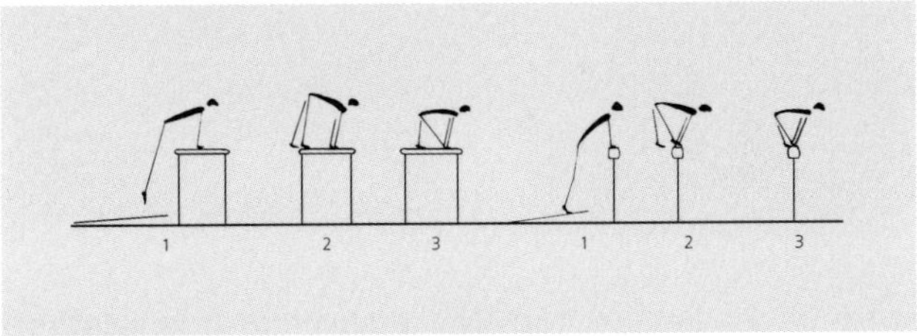

Niedersprünge/Landungen

Es ist für Kinder wichtig, Niedersprünge und Landungen von hohen Geräten bewußt zu erlernen. Qualitativ schlechte Landungen können unter Umständen zu Verletzungen der Bein- und Hüftgelenke und der Wirbelsäule führen.
Die Lernschrittfolgen zu Landungen wurden bereits im Kapitel Sprung behandelt.

Beim Niedersprung müssen drei Punkte besonders beachtet werden:

- Immer mit geradem Rücken landen.
- Nie auf den Zehen (Fußspitzen) stehen bleiben, sondern auf den ganzen Fuß abrollen.
- Die Knie nur gerade so viel wie unbedingt nötig, auf keinen Fall mehr als 90°, beugen.

Die vom Balken geturnten einfachen Niedersprünge sollen hier nur zeichnerisch dargestellt werden. Methodisch werden sie beim Springen mit dem Mini-Trampolin behandelt.

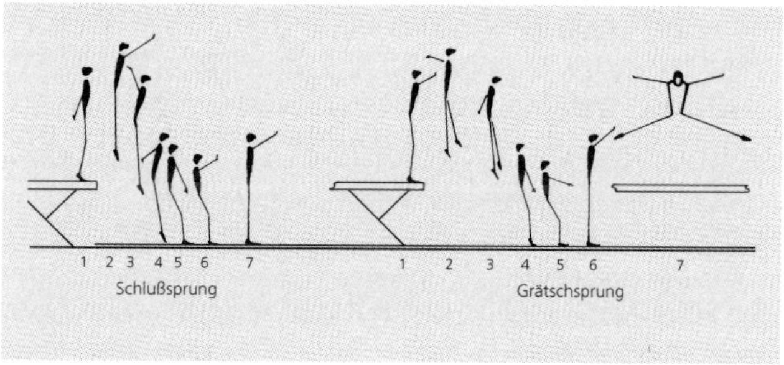

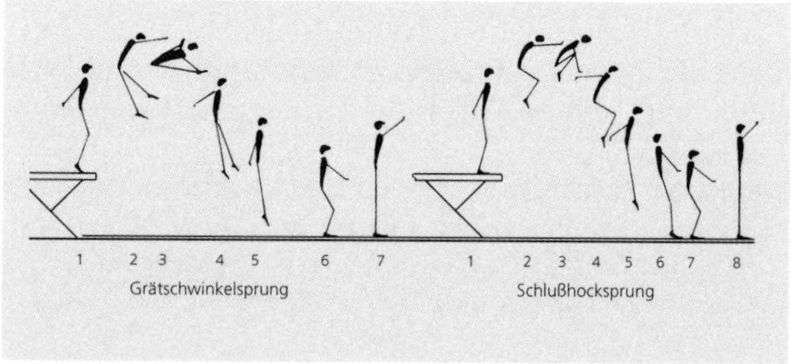

Rollbewegungen

Vor- und zurückrollen

Strukturzuordnung
Rollbewegung

Funktionsphasenanalyse
entfällt

Vorbemerkungen
Die hier bearbeitete einfache Form wird nur durch die Höhe und Breite des Balkens schwierig. Wenn auf einer breiten Unterstützungsfläche wie Boden, Kasten oder Bank das Zurückrollen beherrscht und das Gleichgewicht in der Kipplage gehalten werden kann, wird dies auf den hüfthohen Balken übertragen.

Lernschrittfolgen
a) Je eine Dreiergruppe turnt je an einem Balkenende. Ein Kind turnt, die beiden anderen je auf einer Seite helfen. Von jeder Gruppe liegt ein Kind mit dem Rücken auf dem Balken.
Greift über den Kopf zurück den Balken. Nehmt die Knie an die Brust und rollt langsam zurück in die Kipplage. Wer kann seine Beine strecken?

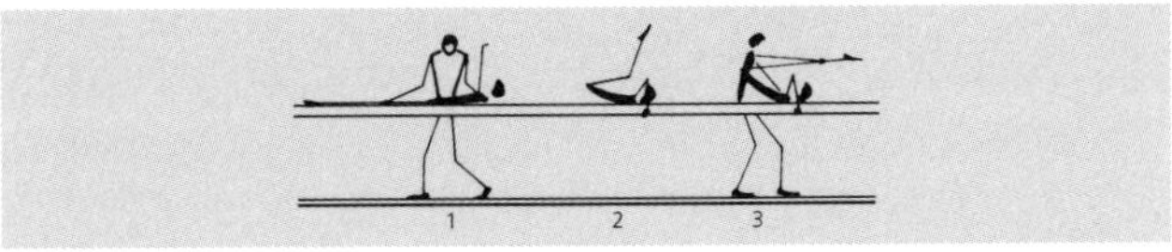

Die Helfer sichern mit einer Hand an der Schulter und mit der anderen an den Beinen das Gleichgewicht.

b) Gleiche Ausgangs- und Hilfestellung.
Wie vorhin zuerst greifen, dann aber mit gestreckten Beinen in die Kipplage zurückrollen. Haltet fünf Sekunden das Gleichgewicht.

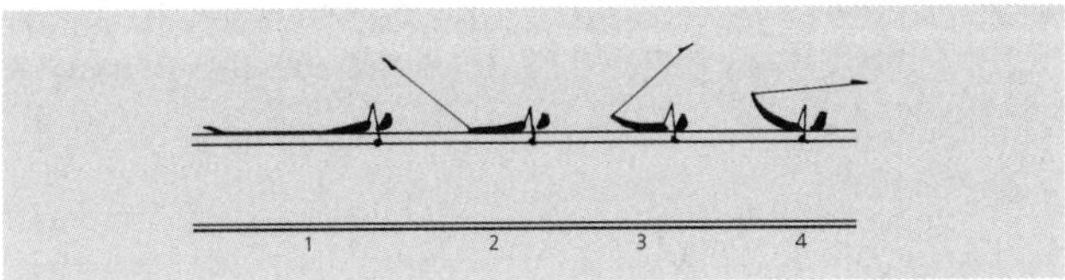

Hilfestellung wie vorher.

c) Die Hilfestellung bleibt gleich. Je ein Kind sitzt am Balkenende.
Senkt Euren Oberkörper nach hinten bis in die Rückenlage. Greift nach hinten und rollt zurück in die Kipplage.

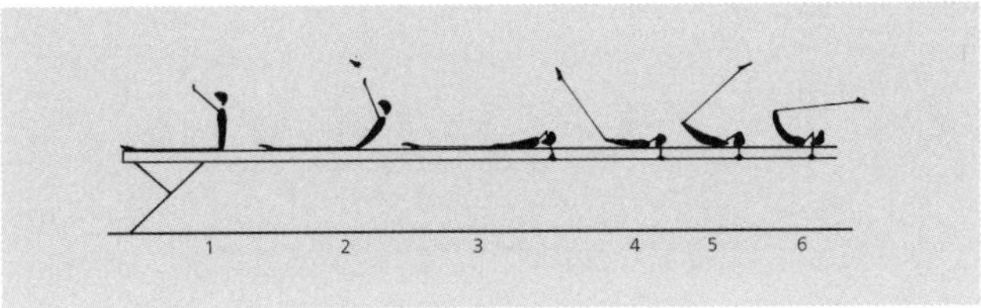

Die Helfer sichern wie vorhin.

Abrollen vorwärts in den Quergrätschsitz

Strukturzuordnung
Rollbewegung

Funktionsphasenanalyse
entfällt

Lernschrittfolgen
Zwei Dreiergruppen üben an einem hüfthohen Balken.
a) Ein Kind jeder Gruppe sitzt auf dem Balken.
Grätscht leicht die Beine und versucht, so vor- und zurückzuschaukeln. Die Hände stützen hinter dem Gesäß.

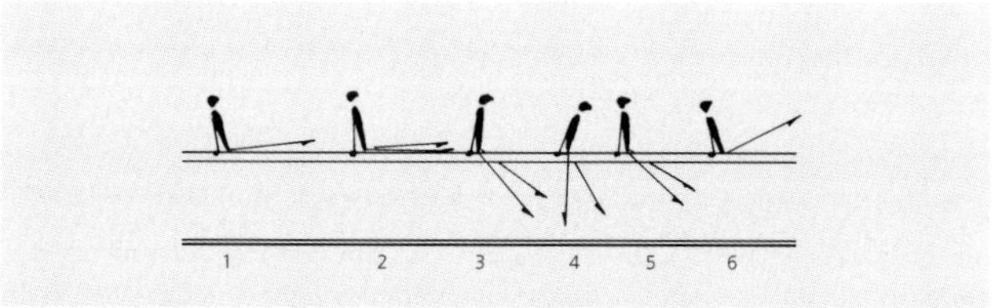

Die Helfer achten nur auf das Gleichgewicht des Übenden.

b) Je ein Kind sitzt auf dem Balken.
Nehmt Eure gestreckten Beine vorhoch, bis die Fußspitzen in Kopfhöhe sind. Wer kann die Beine schnell herabschwingen, sie grätschen und in Balkenhöhe abbremsen, um dann mit den Händen nach vorn direkt zwischen den Beinen umzugreifen?

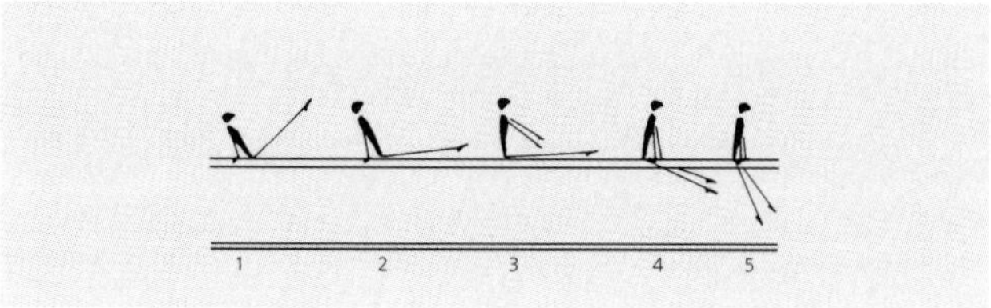

Die Helfer sichern wie vorhin.

c) Je ein Kind ist in der Kipplage.
Rollt vorwärts ab, bis das Gesäß auf dem Balken ist. Schwingt die Beine schnell nach unten. Wer kann abbremsen und in den Sitz wie vorhin kommen?

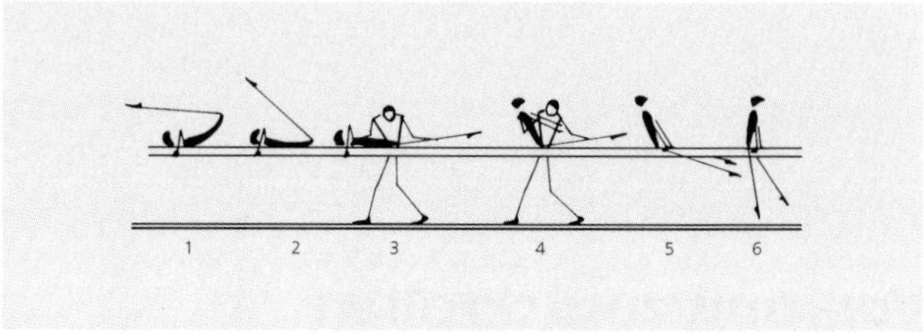

Die Helfer sichern beim Zurückrollen in die Kipplage und beim Abrollen in den Grätschsitz.

Überschlagbewegungen

Handstütz-Überschlag seitwärts mit LAD als Abgang

Strukturzuordnung
Überschlagbewegung

Funktionsphasenanalyse
siehe Bodenturnen

Vorbemerkungen
Voraussetzung ist die Beherrschung dieses Elements am Boden (ohne Beinschnepper).
Dieser Abgang vom hüfthohen Balken stellt kein technisches Problem dar. Da jedoch für die Sicherheit des Übenden einige Maßnahmen getroffen werden müssen, soll hier darauf eingegangen werden.

Lernschrittfolgen
Wenn möglich, werden auf die Weichbodenmatten Turnmatten an jedes Balkenende gelegt.

a) An jedem mit Matten abgesicherten Balkenende turnt je eine Dreiergruppe. Für die Helfer ist es wichtig, die Aufschwungseite des Übenden zu kennen. „Radwende" links – linkes Druckbein und linke Hand setzen zuerst auf –, nach rechts umgekehrt. Je ein Kind steht auf dem hüfthohen Balkenende.
Turnt eine Radwende wie am Boden.

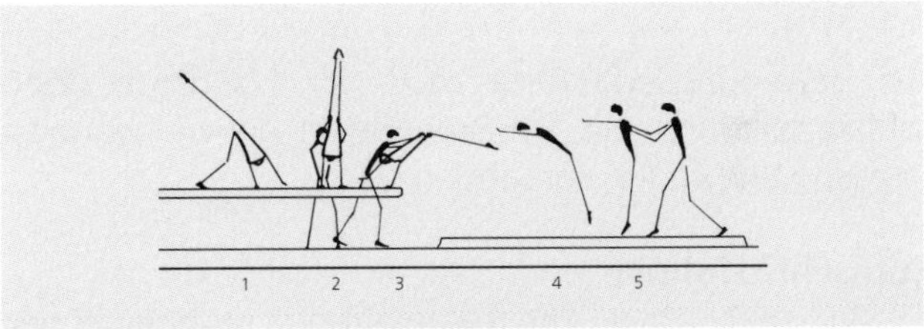

Ein Helfer steht bei der „Radwende" im Rücken des Übenden, faßt seine Hüfte und begleitet ihn bis zum Stand. Der andere Helfer steht beim Landen hinter dem Rücken des Übenden und verhindert einen möglichen Sturz rückwärts nach der Landung.

b) Bei genügender Sicherheit und Schwung-Druckbeinimpuls kann auf den Helfer beim Aufschwung verzichtet werden, der Helfer nach der Landung muß bleiben.
Turnt wie vorhin die „Radwende". Wer kann sich mit den Händen abdrücken, damit er weiten Flug erreicht?

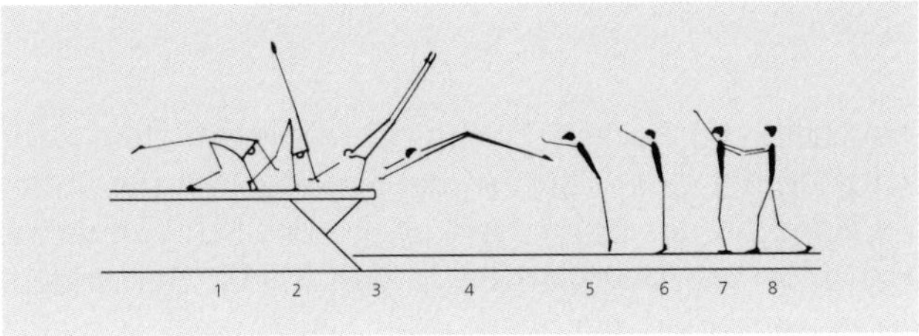

Der Helfer sichert die Landung im Rücken.

Handstütz-Überschlag seitwärts mit 1/4 Drehung (Radüberschlag) in die Bewegungsrichtung

Strukturordnung
Überschlagbewegung

Funktionsphasenanalyse
siehe Bodenturnen

Als Bewegungserfahrung muß der Handstütz-Überschlag seitwärts mit 1/4-Drehung in die Bewegungsrichtung am Boden vorhanden sein.

Lernschrittfolgen
a) Wir stellen zwei dreiteilige Kästen hintereinander. Davor legen wir Matten. Ein Helfer steht auf der linken Seite, der andere auf der Matte. Ein Kind steht auf dem Kasten.
Turnt wie am Boden das „Rad" mit 1/4-Drehung in die Bewegungsrichtung. Wer kann vor dem Stand seine Beine schließen?

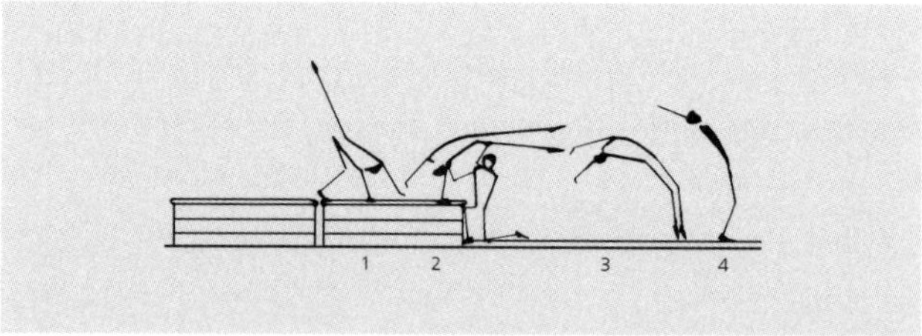

Der Helfer im Rücken kniet und faßt nach dem Aufschwung mit einer Hand an der Schulter, mit der anderen Hand an der Oberschenkelseite des Schwungbeins und trägt den Übenden bis in den Stand. Der andere Helfer verhindert ein eventuelles Fallen nach vorwärts an der Brust.

b) Bei gleichem Geräteaufbau, gleicher Ausgangs- und Hilfestellung.
Turnt dasselbe wie vorhin. Wer kann kurz nach dem Seithandstand die Beine schließen und beidbeinig schnell mit aktiver Überstreckung landen?

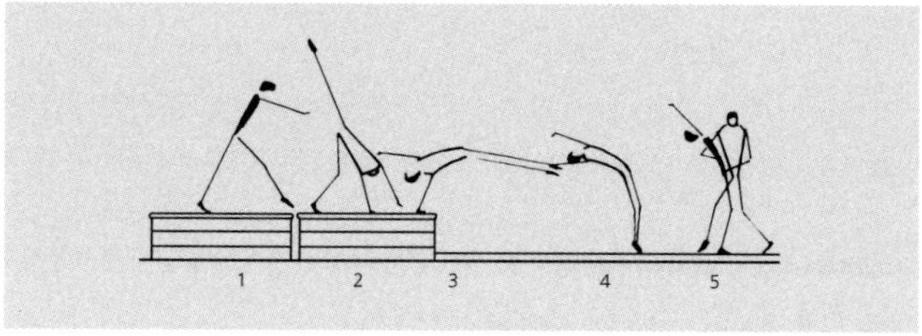

Die Helfer sichern und unterstützen wie vorhin.

c) An jedem hüfthohen, mit Matten abgesicherten Balken turnt an jedem Balkenende eine Dreiergruppe. Je ein Kind steht auf dem Balken.
Turnt vom Balken diesen Abgang mit schnellem Beineschließen in den Stand.

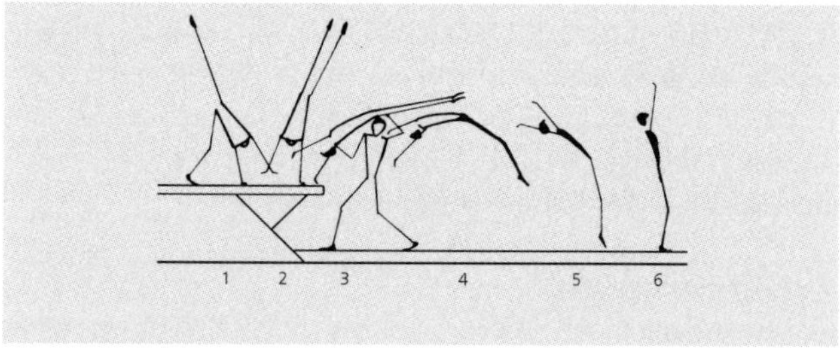

Die Helfer sichern und unterstützen wie am Kasten.

Schwungbewegungen

Rückschwung im Querstütz

Strukturzuordnung
Schwungbewegung

Funktionsphasenanalyse
Die Aktion der Beine entspricht dem Stützschwung am Reck und Stufenbarren. Grundsätzlich anders ist der Handstütz und das Verhalten zum Gerät.

Lernschrittfolgen
a) An jedem hüfthohen Balken können gleichzeitig zwei Dreiergruppen üben. Je eine Schülerin der Dreiergruppe ist im Quergrätschsitz. Rechts und links neben ihr steht je ein Helfer.
Nehmt die Arme mit einwärts gedrehten Ellenbogen ganz nahe an den Bauch und setzt die Hände aneinander auf den Balken. Wer kann sich so in den Stütz heben, daß er den Rumpf an die Ellenbogen anlegen und die Beine nach hinten ziehen kann?

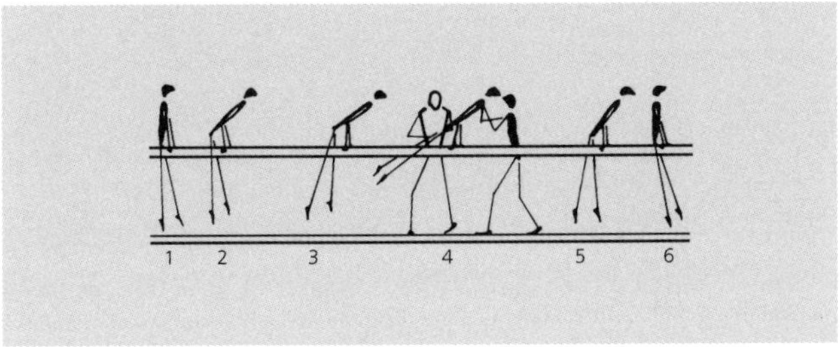

Die Helfer sichern an der Schulter und verhindern ein Vornüberfallen mit der einen Hand. Mit der anderen unterstützen sie an der Oberschenkelvorderseite, daß der Übende die Beine hinten halten und die Spannung in der Rückenmuskulatur spüren kann.

b) Bei gleicher Ausgangslage, Arbeitsform und Hilfestellung.
Hebt Euch in den Stütz und legt euren Rumpf auf den Ellenbogen. Wer kann die Beine leicht vor- und zurückschwingen? Versucht, beim Rückschwung die Beine in der Aktivüberstreckung hinten zu halten und die Muskelspannung im Rücken zu spüren.

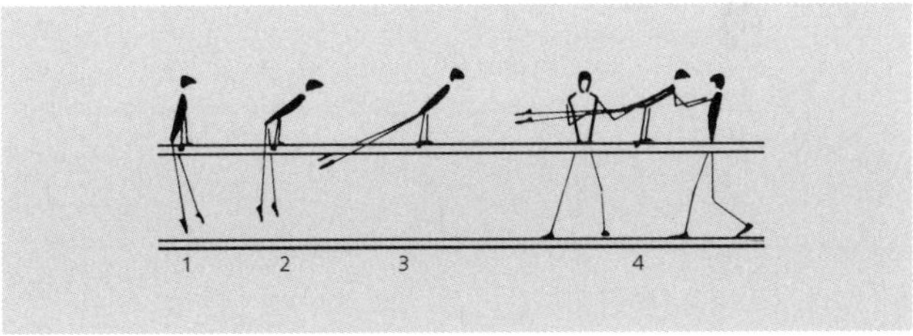

Die Helfer sichern und unterstützen wie vorhin.

c) Wie vorher.
Schwingt die Beine leicht zweimal vor und zurück. Wer kann beim drittenmal die Beine ganz kräftig nach hinten hochschwingen und sie gestreckt auf den Balken legen?

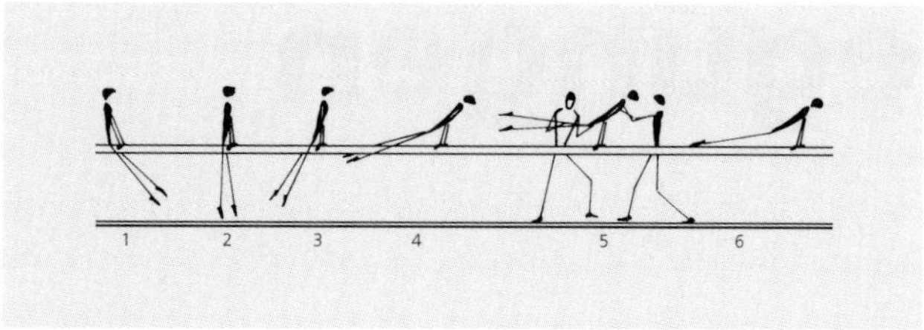

Die Helfer sichern wie vorher und müssen am Oberschenkel darauf achten, daß die Beine nicht am Balken anschlagen.

d) Die Ausgangs- und Hilfestellung bleiben gleich. An jedem Balkenende sind zwei Fünfergruppen. Je eine Schülerin jeder Gruppe ist im Querstütz mit dem Gesicht nach außen.
Turnt aus dem Sitz den gleichen Beinschwung wie vorher. Wer kann seine Beine so kräftig rückhochschwingen, daß seine Hüfte fast schulterhoch kommt? Hockt unmittelbar aus der stärksten Spannung ein Bein an und setzt es nahe an den Händen auf den Balken.

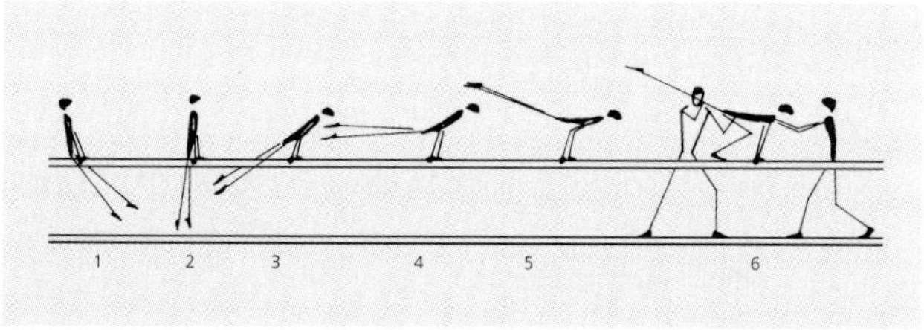

Die Helfer vorn an der Schulter verhindern ein eventuelles Nachvornfallen. Die beiden anderen Helfer unterstützen den Beinrückschwung an der Hüfte und der Oberschenkelvorderseite und sichern das Aufsetzen eines Fußes.
Wenn die Kontrolle der höchsten Position nach dem Rückschwung erkennbar ist, können beide Beine angehockt werden.

Mini-Trampolin

Die Reaktion des Mini-Trampolins (Schleuderwirkung) – je nach Einsprunghöhe, Horizontalgeschwindigkeit und Körpergewicht ist diese unterschiedlich groß – muß besondere Beachtung finden.
Das Mini-Trampolin kann in Verbindung mit Weichbodenmatten Verwendung finden und ist daher hervorragend geeignet zur Verbesserung von Bewegungskoordination im Flug, der Gleichgewichtskontrolle und des Raum-Zeit-Gefühls.
Es wäre ein Irrtum zu glauben, daß man mit Sprüngen auf dem Mini-Trampolin die Sprungkraftleistung des Schülers verbessern kann.
Bei allen beidbeinigen Absprüngen muß beachtet werden, daß der Übende dabei eine zeitliche Übereinstimmung zwischen der Reaktion des Gerätes und der eigenen Sprungkraft erreicht.

Vor dem Üben mit dem Mini-Trampolin muß die exakte Landung erlernt worden sein. Es muß sowohl beim Absprung, als auch während des Fluges und bei der Landung auf starke Muskelspannung im Rumpf oder Gesäß geachtet werden.

Im Anfängerunterricht sollten weder Sprungrollen oder Salti noch Sprunghocken über das quer gestellte Pferd oder den Kasten gesprungen werden.
Ohne Weichbodenmatten mit aufgelegten Turnmatten ist das Erarbeiten des Absprungverhaltens vom Minitrampolin nicht zu empfehlen.

Absprungverhalten vom Minitrampolin

Strukturzuordnung
Sprungbewegung

Funktionsphasenanalyse

Hilfsfunktionsphase II. Ordnung
Aus dem Stand Anlaufen, um die erforderliche Horizontalgeschwindigkeit zu erreichen.

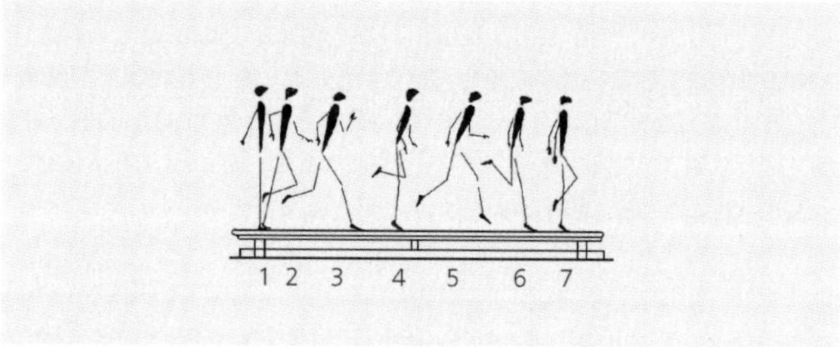

Hilfsfunktionsphase I. Ordnung
Einbeiniger Absprung zum Aufsprung auf das MT. Bei Tuchkontakt sind BRW und die Knie leicht gebeugt.

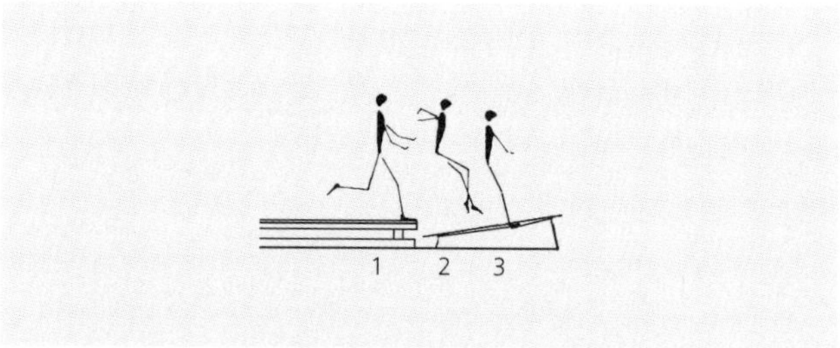

Hauptfunktionsphase
Bei Tuchkontakt der Füße Strecken der Bein- und Hüftgelenke. Durch die vorhandene Energie durch Anlauf und Aufsprung sowie das Strecken der Gelenke wird das „elastische Tuch" nach unten ausgelenkt (Aktion). Als Folge schleudert das MT von tiefsten Punkt der Auslenkung den Körper nach „oben" (Reaktion).

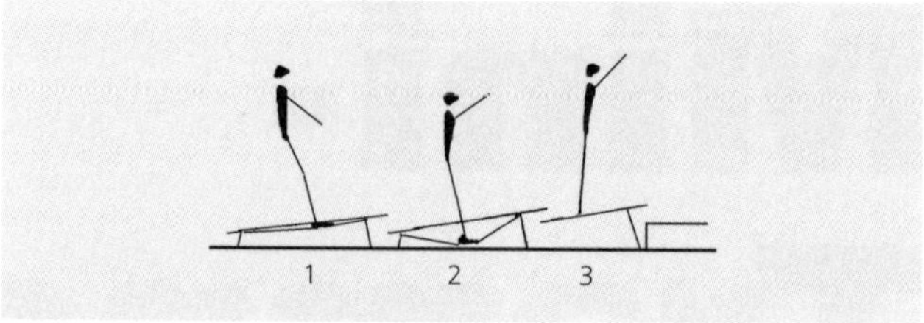

Übergangsfunktionsphase
Nach Lösen vom Tuch geht der Körper in eine Flugphase über, um danach bei der Landung die vorhandene Energie auf Null zu amortisieren.

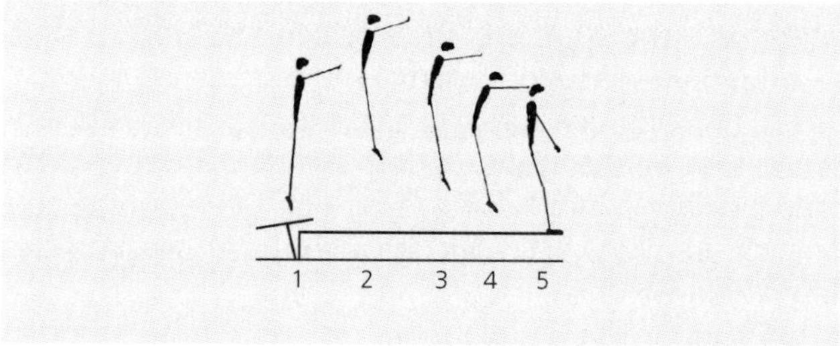

Lernschrittfolgen

1. Schleuderreaktion des Geräts
a) Das Mini-Trampolin wird so gestellt, daß das Sprungtuch fast horizontal ist. Rechts und links daneben wird je ein Kleinkasten oder Kastendeckel mit einem Einsatz aufgestellt. Davor liegen Weichbodenmatten. Auf jedem Kasten rechts und links steht eine Hilfestellung. Hinter dem Mini-Trampolin steht ein zweiteiliger Kasten.

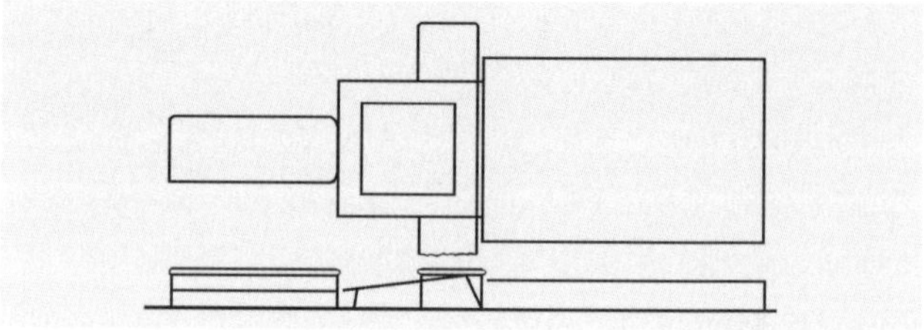

Je ein Schüler ist auf dem Mini-Trampolin. Die Füße werden hüftbreit aufgesetzt, die Knie bleiben gestreckt. Gebt jeder Hilfestellung eine Hand. Der ganze Fuß, von den Fußspitzen bis zu den Fersen, muß auf dem Sprungtuch sein. Federt mit gestrecktem Körper und Knien. Schaut dabei auf das Trampolin. Federt drei- bis viermal mit starker Spannung in der Bauch-, Rücken- und Gesäßmuskulatur. Steigt langsam herunter.

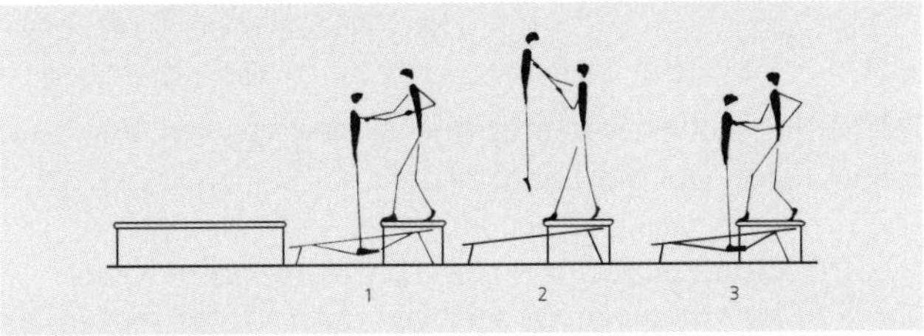

Die Helfer fassen mit einer Hand die Hand des Springers und mit der anderen Hand von hinten an dessen Oberarm. Sie tragen ihn hoch und sichern den „kleinen Flug".

b) Gleicher Aufbau und gleiche Hilfestellung.
Je ein Schüler ist im Stand auf dem Trampolin mit Griff an den Händen der Hilfestellung.
Springt wie vorhin, nur etwas höher, und versucht, nach dem dritten Mal die Schleuderkraft des Mini-Trampolins durch Beugen der Fußgelenke, der Knie und des Hüftgelenks so zu „schlucken", daß Euch das Mini-Trampolin nicht mehr hochschleudern kann.

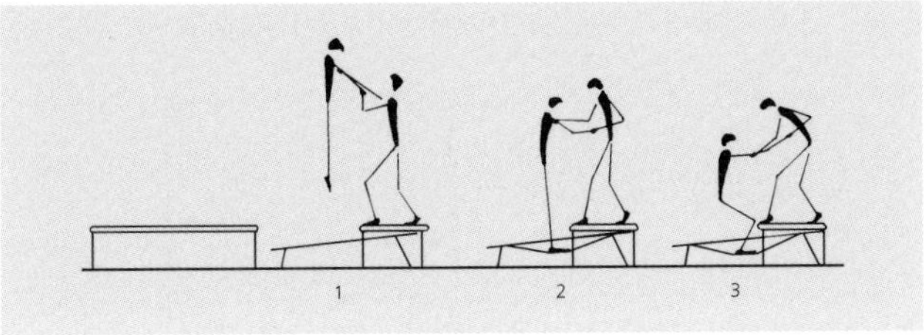

Die Helfer sichern in gleicher Art und Weise wie vorher.

c) Gleicher Aufbau, Ausgangs- und Hilfestellung.
Springt dreimal mit fast gestreckten Knien. Die Fersen müssen beim Absprung immer auf dem Sprungtuch sein. Zieht den Bauch ein und schaut dabei immer auf eure Füße. Turnt nach dem dritten Mal einen Strecksprung auf die Weichbodenmatten.

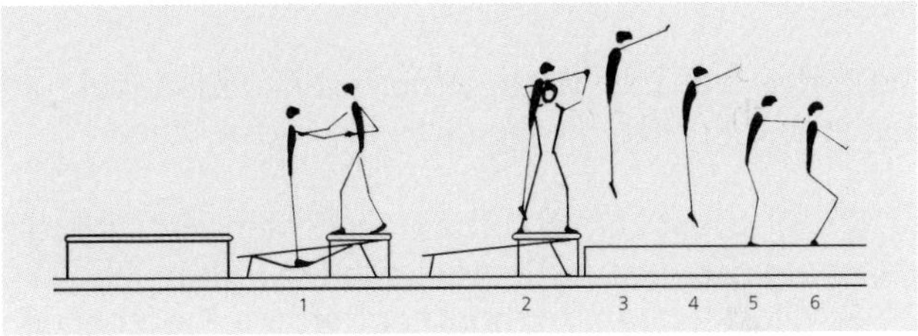

Es wird vorausgesetzt, daß die Landungen schon erarbeitet wurden. Die Helfer sichern in der gleichen Art und Weise wie vorher.

2. Auf- und Absprung

a) Der Gerätaufbau bleibt wie vorhin. Je ein Schüler steht am Mini-Trampolinnahen Kastenende. Die Helfer rechts und links erfassen Oberarm und Hand des Schülers. Eine weitere Hilfe steht auf der Matte und sichert durch „Eingabeln" die Landung.
Springt beidbeinig ab ins Sprungtuch. Setzt die ganze Fußfläche hüftbreit auf und laßt Euch vom Trampolin zum Strecksprung auf die Weichbodenmatte schleudern. Landet mit geradem Rücken.

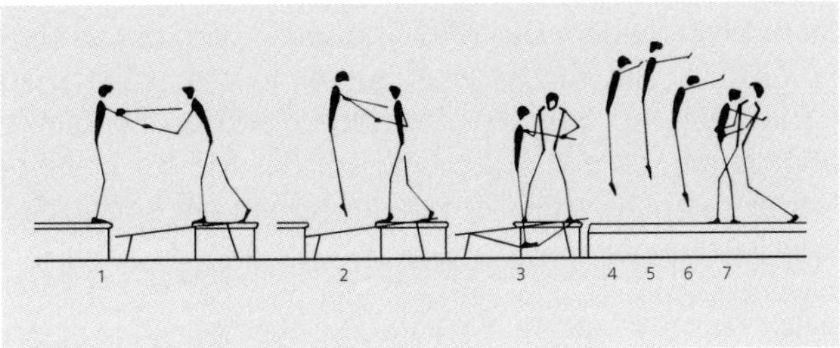

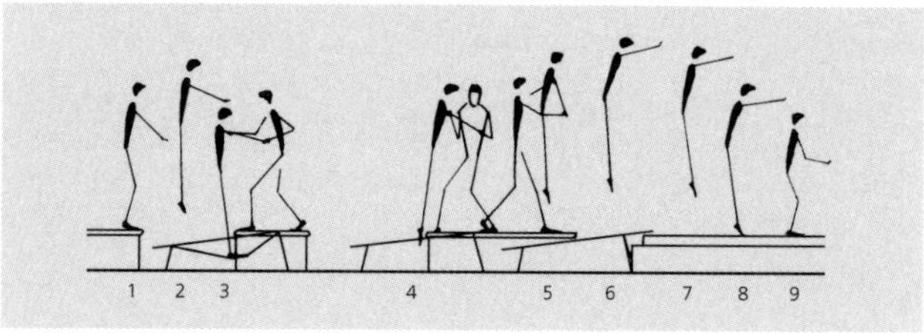

Die Helfer auf der Matte sichern durch Eingabeln an Bauch und Rücken die Landung bis in den Stand.

b) Bei gleichem Gerätaufbau verzichten wir auf die Helfer auf den Kästen. Die Helfer auf der Matte bleiben. Ein Schüler steht am trampolinentfernten Kastenende. Setzt einen Fuß vor und springt von einem Fuß ab aufs Sprungtuch (Fersen unten, hüftbreite Fußstellung). Laßt Euch zum Streckspringen vom Trampolin hochschleudern. Landet wieder mit geradem Rücken. Schaut beim Flug immer auf Eure Füße.

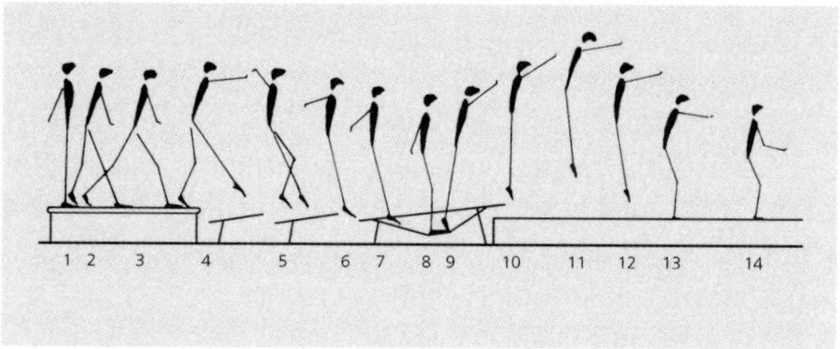

3. Auf- und Absprung aus dem leichten Anlauf
Alle Kästen werden entfernt. Die Weichbodenmatte davor bleibt liegen. Das Mini-Trampolin wird etwas steiler gestellt. Bei Kindern bis zur 4. Klasse sollte man Turnmatten auf drei nebeneinandergestellte Turnbänke längs legen, da der Aufsprung auf das MT für kleinere Kinder zu hoch wäre. Die Schüler stehen am entfernten Turnmattenende.
Springt nach drei Schritten auf das Trampolin und turnt einen Strecksprung. Achtet darauf, daß Ihr keine Hohlkreuzlage weder beim Absprung noch im Flug habt und daß die Landung mit geradem Rücken geschieht.

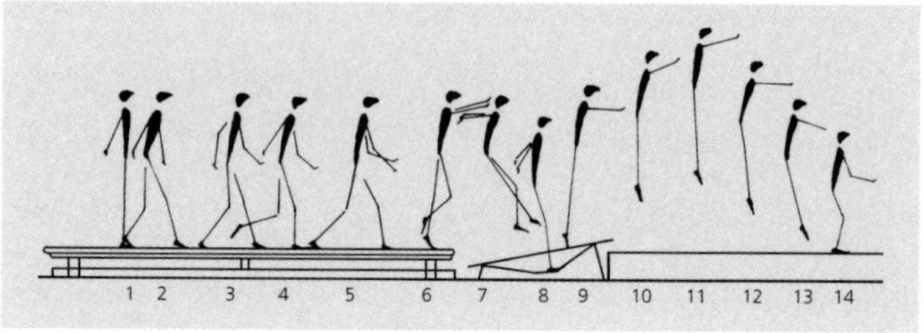

Die Helfer stehen versetzt und sichern so ein Vor- und Zurückfallen bei der Landung.

4. Strecksprung auf den drei- bis vierteiligen Kasten
Die Schüler stehen etwa acht bis zehn Meter hinter der Anlage. Rechts und links neben dem trampolinnahen Kastenende steht je ein Helfer ggf. auf einem Kleinkasten.
Lauft an und turnt einen Strecksprung auf den Kasten.

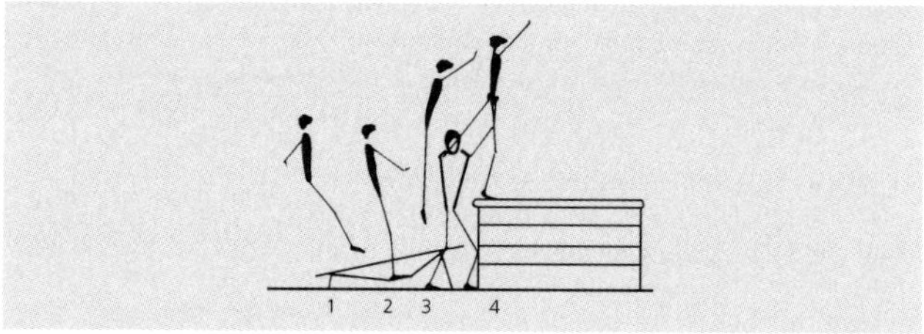

Die Helfer sichern durch „Eingabeln" den Strecksprung und verhindern ein eventuelles Zurückfallen.

Strecksprünge mit Hocken, Bücken, Grätschen

Lernschrittfolgen

1. Strecksprung mit Grätschen und Schließen der Beine

Bei gleichem Gerätaufbau. Die Helfer müssen, bedingt durch das Grätschen, etwas nach außen ausweichen, um danach sofort wieder hinter den Springer zu kommen, damit sie ihn bei der Landung sichern können. Je ein Schüler steht am entfernten Mattenende.

Lauft mit drei Schritten an und turnt einen Strecksprung wie vorhin. Versucht, im Flug die Beine weit zu grätschen. Bringt die Beine zur Landung wieder zusammen und landet mit geradem Rücken.

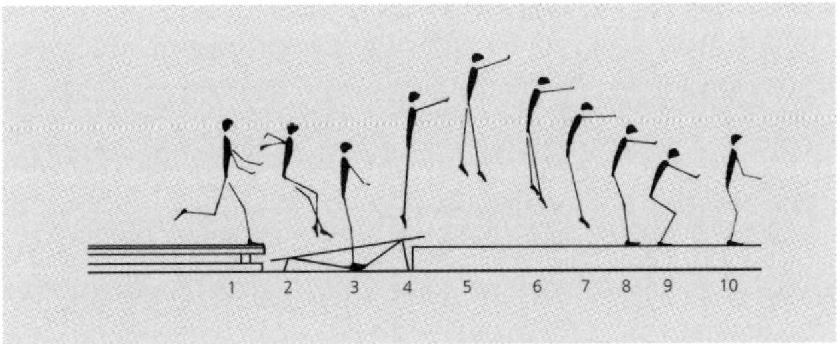

Die Helfer müssen auf die gegrätschten Beine achten und sichern versetzt die Landung.

2. Strecksprung mit Hocken und Strecken (Hocksprung)

a) Vorbereitende Übung im Stand.

Alle Schüler verteilen sich in der Halle. Stellt euch vor, ein Stab wird in der Höhe des Nabels von einer Seite durch euren Körper gesteckt (Körperbreitenachse).

Nehmt Eure Arme vorhoch. Wer kann sich langsam so kleinmachen, daß der Oberkörper genauso weit vorabwärts **wie ein Bein** angehockt nach oben gebracht wird. Nehmt dabei die Hände an das Schienbein des hochgezogenen Beines. Streckt Euch wieder in die Ausgangsstellung.

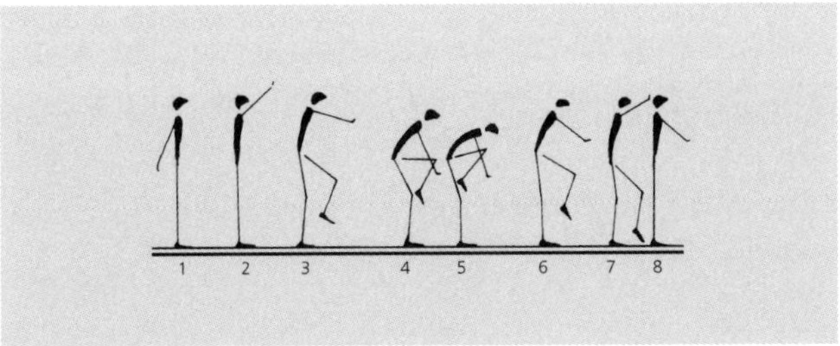

b) Gleiche Verteilung in der Halle.

Wer kann die gleiche Aufgabe von vorhin sehr schnell erfüllen? Versucht die gleiche Aufgabe mit dem anderen Bein und mehrmals hintereinander.

c) Bevor man den Hocksprung mit Anlauf vom Trampolin ausführen läßt, muß beachtet werden, daß die Aufwärtsbewegungen des Beines und die Abwärtsbewegungen des Oberkörpers gleichzeitig erfolgen. Würde die Aufwärtsbewegung des Beines stärker betont als die Abwärtsbewegung des Oberkörpers oder umgekehrt, könnte eine unkontrollierte Fluglage die Folge sein.

d) Anlaufanlage wie beim Strecksprung, Hilfestellung wie vorhin.

Lauft an und springt auf das Tuch. Wer kann während des Strecksprunges jetzt beide Oberschenkel sehr schnell hochziehen und dabei gleichzeitig den Oberkörper an die Oberschenkel herunterbringen? Streckt Euch wieder vor der Landung.

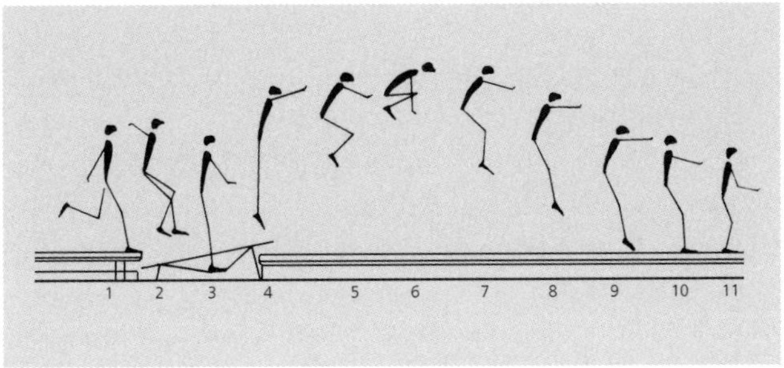

3. Strecksprung mit Beugen und Strecken der Hüfte (Bücksprung)

a) Vorübung im Stand.

Eure Arme sind in der Hochhalte. Schwingt ein Bein vorhoch und berührt mit den Fingern dabei die Fußspitzen. Bewegt dabei den Oberkörper gleichzeitig vor- und abwärts, wie Ihr das Bein vorhoch bewegt. Übt dies mehrmals schnell hintereinander und versucht dies auch mit dem anderen Bein.

b) Gleicher Gerätaufbau und gleiche Hilfestellung wie beim Hocksprung. Je ein Schüler ist im Stand auf der entferntesten Turnmatte.

Springt mit leichtem Anlauf einen Strecksprung mit Anbücken und Strecken zur Landung.

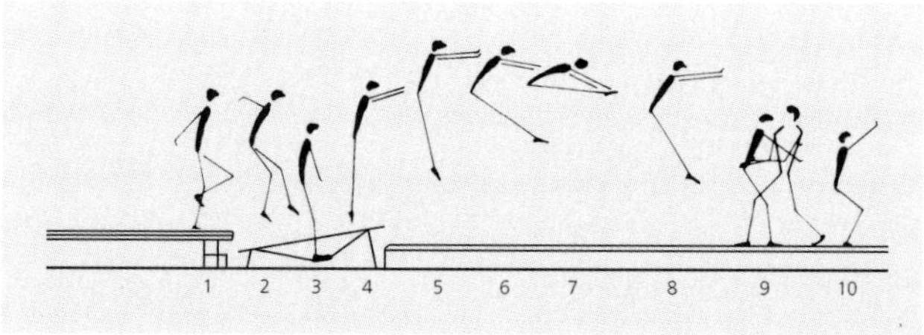

Die Helfer sichern versetzt die Landung und verhindern so ein eventuelles Vor- oder Zurückfallen.

4. Strecksprung mit Anbücken der gegrätschten Beine (Grätschwinkelsprung)

Es empfiehlt sich, die gleiche Art der Vorübung wie vorher zu turnen.

a) Die Schüler verteilen sich in der Halle.

Nehmt Eure Arme vorhoch. Wer kann wie vorhin beim Bücken ein Bein schnell, jetzt aber seitwärts, hochführen und mit einer Hand die Fußspitze dabei kurz berühren? Die gleiche Vorübung wird auch mit dem anderen Bein und der anderen Hand gemacht.

b) Geräteaufbau wie beim „Bücksprung". Ein Schüler steht auf der entfernten Matte.

Turnt nach einem kurzen Anlauf Strecksprung auf Grätschen mit Vorhochbringen der Beine und Vorabbringen des Oberkörpers (Grätschwinkelsprung). Die Fingerspitzen berühren die Fußspitzen.

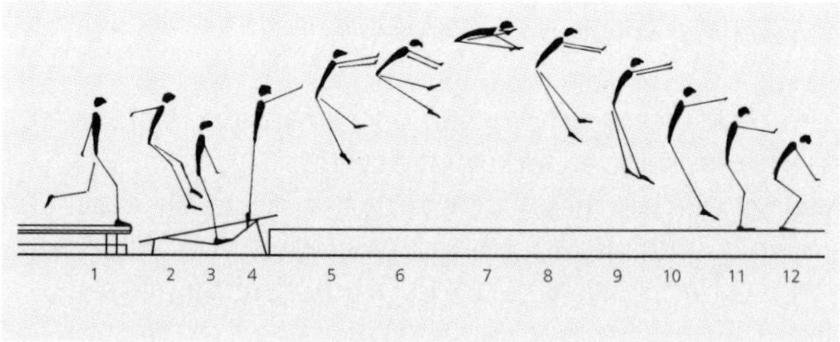

Diese gegrätschte „Klappmesserbewegung" muß sehr schnell durchgeführt werden. Die Helfer müssen die Landung absichern, dabei aber auf die gegrätschten Beine achten.

Helfen und Sichern im Gerätturnen

Theoretische Aspekte

Terminologische Klärung und Erläuterung der Begriffe

Für den Unterricht im Gerätturnen sind theoretische und praktische Kenntnisse beim Helfen und Sichern ein wichtiger Teil der Unterrichtsplanung. Ohne fundierte Kenntnisse von Lehrenden und Lernenden in diesem Bereich ist ein erfolgreicher Unterricht mit selbständig tätigen Arbeitsgruppen nicht durchführbar.

Helfen:
Unter Helfen werden Eingriffe in einen Bewegungsablauf durch Partner verstanden.

Hilfen sollen den Übenden in die Lage versetzen, eine Bewegung erfolgreich und richtig auszuführen. Geländehilfen und Zusatzgeräte sollen dabei Verwendung finden.

Das Helfen soll eventuell fehlende Kraft ersetzen und den räumlich zeitlichen Ablauf während einer Bewegung unterstützen.

Durch Helfen müssen Unfälle verhindert werden, und risikoreiche Bewegungen sollen beim Lernvorgang durch aktives Eingreifen jederzeit unter Kontrolle der Helfer bleiben.

Sichern:
Unter Sichern werden alle Maßnahmen verstanden, die für die Lernenden ohne Eingriff in den Bewegungsablauf eine Verminderung des Gefahrenrisikos bedeuten.

Sichern bedeutet die Fähigkeit und Bereitschaft, im Falle einer Gefahr sofort eingreifen zu können.

Sichern muß vorplanende Maßnahmen überlegen, um eventuell auftretenden Gefahren rechtzeitig begegnen zu können.

Sichern ist erst dann anzuwenden, wenn Helfen nicht mehr nötig ist.

Helfen und Sichern muß unter zwei besonderen Aspekten betrachtet werden:
Dem juristischen Aspekt
Dem pädagogischen Aspekt

Der juristische Aspekt

Für Lehrende sind ausführliche Informationen darüber in der Regel Aufgabe der Studienseminare und werden im Rahmen der Referendarausbildung behandelt.
Den Übungsleitern in den Vereinen sollen hiermit Möglichkeiten angeboten werden, sich selbst in folgenden Veröffentlichungen zu informieren.

Wichtige Veröffentlichungen über die Sorgfalts- und Aufsichtspflicht im Erlaß- und Gesetzestext

Kultus und Unterricht
Richtlinien für den Sportunterricht, Heft Nr. 5, September 1971, 1366–1367.

Schulverwaltungsgesetz Hochstetter, § 22, 76–77.

Sportunterricht
Ausgabe 11, 1974, erschienen im Hofmann-Verlag, Schorndorf. Kürschner-Lotsch, 368–375.

Versicherungsschutz

Schüler, Studenten und Vereinsmitglieder sind durch Vertragsabschlüsse über ihre Schule, Universität (Hochschule), Verbände und Vereine pauschal versichert.

Unterrichtspraktische Maßnahmen

Geräte und Matten

Da Unfälle nicht auszuschließen sind und die Art und Weise der Sicherung durch Matten, Zustand und Aufstellung der Geräte unter Umständen Ursachen eines „schuldhaften Verhaltens" vor Gericht sein können, ist es wichtig, Kenntnisse darüber zu besitzen.
Die Geräte müssen vor ihrer Benützung auf ihren Zustand und ihre Funktionsfähigkeit hin überprüft werden (Barrensicherung, Reckfixierung, Ringeaufhängung).
Der Auf- und Abbau von Geräten und Matten muß so organisiert werden, daß immer eine bestimmte Anzahl von Schülern eine bestimmte Aufgabe zu erfüllen hat. (Es empfiehlt sich dabei, Gruppen über einen längeren Zeitraum mit der gleichen Aufgabe zu beauftragen.)
Jedes Gerät muß mit Matten abgesichert sein. Wir kennen dabei Gummimatten, Filz- bzw. Kunststoffläufer (Rollmatten) und Weichbodenmatten (Schaumstoffmatten).
Die Matten müssen so an und um das Gerät gelegt werden, daß Gefahren- und Niedersprungbereiche abgesichert sind.
Die Matten müssen immer aneinanderstoßen und sollten nicht übereinandergelegt werden. Es dürfen keine Absätze oder Lücken zu erkennen sein.

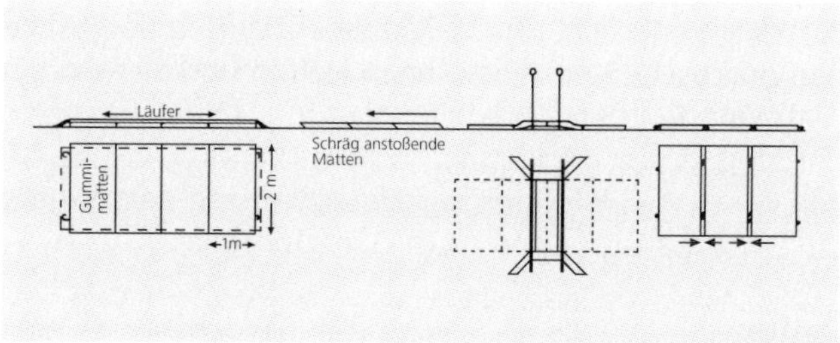

Die Trageschlaufen müssen unter die Matte gesteckt werden. Bei Neuanschaffungen ist das Mattenmaterial auf seinen Nutzungszweck zum Beispiel Rutschfestigkeit hin zu überprüfen und auszuwählen.
Wenn Läufer vorhanden sind, sollten sie unbedingt über die Turnmatten gelegt werden.
Hilfsgeräte aller Art wie Kästen, Zauberschnur, Saltogürtel sind so aufzustellen bzw. anzuwenden, daß die Schüler in ihren Bewegungen nicht behindert werden.

Auswahl des Übungsstoffes

In der Auswahl des Übungsstoffes muß dem durchschnittlichen Niveau oder Könnensstand der Übungsgruppe entsprechen.
Die bereits vorliegenden Erfahrungen der Unterrichtsgruppe müssen in die Vorüberlegungen einfließen.

Die Voraussetzungen in der Halle, Geräten und Matten müssen berücksichtigt werden.

Organisation der Hilfeleistung

Der Lehrende und Übungsleiter muß bei Einführung des Unterrichts in Arbeitsgruppen die Größe der Gruppe bestimmen. Die Gruppenstärke wird abhängig von der Themenstellung sein.

Der Lehrende und Übungsleiter ist verpflichtet, die Arbeitsgruppen über die Hilfeleistungen genauestens zu informieren. Er sollte vor dem Üben bzw. den Lernschritten mit einer Gruppe die Art und Weise, Ort und Zeitpunkt der Hilfe demonstrieren und erklären.

Der pädagogische Aspekt

Der pädagogische Aspekt berührt das soziale Aufgabenfeld, das psychologisch-motivationale Aufgabenfeld, die kognitiv-motorischen Anforderungen und die daraus resultierenden Anforderungen.

Das soziale Aufgabenfeld
In diesem Zusammenhang wird Helfen und Sichern als Möglichkeit des sprachlichen und bewegungsmäßigen Miteinander verstanden. Schüler sollen dabei erkennen, daß:

- nicht nur der Lehrende helfen und sichern kann,
- sie beim Helfen und Sichern Verantwortung übernehmen können und müssen,
- bessere Schüler den schwächeren ihre Kenntnisse und ihr Können anbieten,
- im Helfen und Sichern Möglichkeiten des selbstorganisierten Unterrichts und Übens liegen,
- Lernen in Kleingruppen durch selbstorganisiertes Helfen und Sichern die Lernzeit verkürzt, Erfolgschancen für alle Lernenden besser sind, da mehr Wiederholungen möglich sind und Bewegungen besser „verstanden" werden.

Das psychologisch-motivationale Aufgabenfeld
Im psychologisch-motivationalen Bereich können durch Helfen und Sichern folgende Ziele erreicht werden:

- Angstbarrieren durch geeignete Geländehilfen und Übungsauswahl abzubauen,
- Selbstvertrauen durch entsprechende zuverlässige Hilfs- und Sicherheitsmaßnahmen aufzubauen,
- das eigenen Können kann durch Bewegungshilfen verbessert und Mitschülern können dadurch Erfolgserlebnisse vermittelt werden,
- dem „schwächeren" Schüler einsichtig machen, daß seine aktive Mitarbeit durch Helfen und Sichern für die Arbeit in Kleingruppen notwendige Voraussetzung ist,
- durch engagierte Hilfe können Vorurteile abgebaut, Integration und Anerkennung in der Kleingruppe erlangt werden.

Die kognitiv-motorischen Anforderungen
Die im sozialen und psychologischen Bereich genannten Ziele stellen an die Schüler sowohl kognitive als auch motorische Anforderungen.

In diesem Bereich haben Helfen und Sichern folgende Aufgaben:

- dem Schüler Einsicht und Verständnis für die funktionalen Zusammenhänge von Bewegungen zu geben,
- gezieltes Helfen und Sichern selbständig zu organisieren, daß sie auch unabhängig vom Lehrer richtig handeln können,
- die Struktur von Bewegung zu erkennen und bestmögliche Hilfe in Richtung und Zeitpunkt geben zu können,
- bei eventuell auftretenden Gefahren den Zeitpunkt und den Ort einer möglichen Gefährdung des Schülers zu wissen, um vorbeugende Maßnahmen zum Helfen und Sichern zu ergreifen,
- durch Eigenwahrnehmung die Eigen- und Fremdbewegung vergleichen und differenzieren zu lernen, um dadurch die korrekte Hilfe für den Zeitpunkt bestimmen zu können.

Praktische Anwendungen

Zusammenhänge von Theorie und Praxis

Die in den drei Aufgabenfeldern genannten Zusammenhänge haben auch methodische Konsequenzen für die praktischen Hilfen.
Die im einzelnen aufgeführten Hilfen sind immer unter drei Gesichtspunkten zu betrachten:

Art und Weise der Hilfe
Ort der Hilfe
Zeitpunkt der Hilfe

In den beispielhaften Erklärungen zu den verschiedenen Hilfen wird auf diese drei wesentlichen Gesichtspunkte näher eingegangen.

Grundsätze für den Helfer
Die Helfer sollten sich immer so nahe wie möglich am Übenden befinden (zu weit weg bedeutet zu langer Lastarm, dadurch zu großer Kraftaufwand und zu geringe Hilfsmöglichkeit),

- die **Anzahl** der Helfer richtet sich nach dem Gewicht des Übenden, der Richtung, der Geschwindigkeit, der Struktur der Bewegung und dem Könnensstand des Übenden,
- bei der Einführung und der Erarbeitung eines neuen Übungsteils sollte dem Übenden die größtnötige Unterstützung in bezug auf Kraft, Richtung, Zeitpunkt und Sicherheit gegeben werden.
- Die Helfer müssen bei Beginn der Hauptfunktionsphase (HFph) eines Elements den Lernenden/Übenden „unter Kontrolle" haben, um ihn helfend unterstützen können.

Griffarten und Bewegungshilfen

Stützgriff – Klammergriff
Diese Griffart wird bei allen geraden Bewegungen im Stütz verwendet. Bei den Stützsprüngen, Hocke, Brücke, Grätsche, Hecht, Auf- und Abgängen, wie Verbindungen und gleichen Bewegungen Auf- und Vorhocken sowie Auf- und Vorbücken am Balken, Stufenbarren, Barren und Reck.

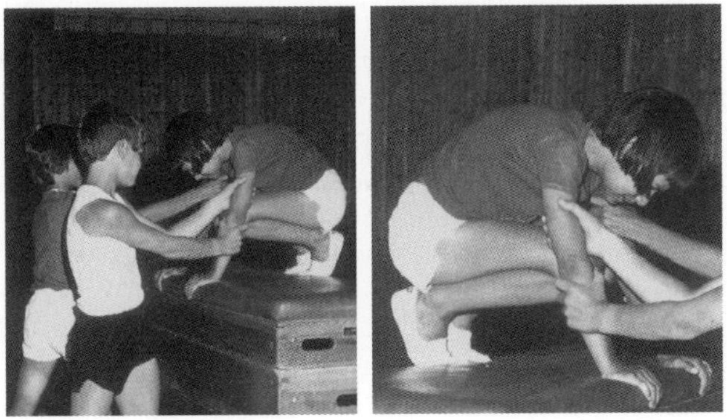

Ein oder zwei Helfer.

Art und Weise der Hilfe
Die Helfer stehen in Schrittstellung mit dem Rücken zueinander. Die Körperbreitenachse steht dabei leicht schräg.
Dadurch ist eine Hand dem Übenden näher. Diese Hand faßt zuerst die Oberarmvorderseite im Klammergriff, der Daumen zeigt nach außen, die andere Hand faßt am Unterarm, der Daumen zeigt nach innen. Die Gelenke des Übenden dürfen dabei nicht blockiert und die Bewegungsfreiheit nicht behindert werden. Es kann auch mit beiden Händen am Oberarm zugefaßt werden.
Wenn der Übende stürzen würde, muß durch die Hilfestellung gewährleistet sein, daß er mit seinen Schultern auf die Schulter der Helfer fällt.

Ort der Hilfe
Der Standpunkt der Helfer ist abhängig von der Bewegungsrichtung und der Geschwindigkeit. Bei Stützsprüngen und Abgängen, die eine relativ große Horizontalgeschwindigkeit aufweisen, müssen die Helfer nahe am und vor dem Gerät stehen und die Bewegung des Übenden möglichst lang „bremsend" durch eine halbe Drehung und einen Schritt rückwärts mit dem Übenden mitgehen. Sie stehen danach mit dem Gesicht zueinander.
Auch bei Aufgängen und Verbindungen stehen die Helfer vor dem Gerät nahe am Stütz, der Übende turnt auf sie zu.

Zeitpunkt der Hilfe
Die Helfer müssen zum frühest möglichen Zeitpunkt den Übenden erfassen (spätestens jedoch bei Beginn der HFph). Sie begleiten und sichern so den Übenden bis in die vorgesehene Endposition, d.h. bis in den Stand oder Stütz.

Dreh- oder Klammergriffe
Diese Helfergriffe können bei allen Drehungen um die Körperbreitenachse angewandt werden, zum Beispiel bei Salti vor- und rückwärts aus dem Stand, Stütz oder Hang. Wir unterscheiden je nach Drehrichtung des Übenden zwischen Drehgriff vor- und rückwärts. Sie können von einem oder zwei Helfern durchgeführt werden.

Drehgriff vorwärts

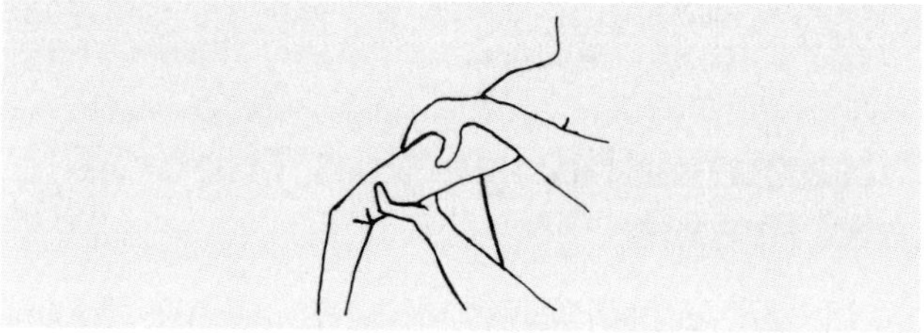

Art und Weise der Hilfe
Die Helfer stehen sich mit dem Gesicht gegenüber, der Übende befindet sich im Stand, Stütz oder Hang zwischen beiden.
Die Helfer fassen mit der schulternahen Hand (Daumen nach unten) am Trizeps (Oberarmrückseite) und mit der ellenbogennahen Hand (Daumen nach oben) am Bizeps (Oberarmvorderseite).
Beim Rückschwung oder Absprung mit Drehung vorwärts wird der Übende von den Helfern bis in den Stand geführt und gesichert.

Ort der Hilfe
Die Helfer müssen bei „stationären Salti vorwärts" direkt neben dem Übenden stehen. An allen Geräten, wo beim Salto eine Distanzveränderung auftritt, müssen die Helfer mit „Tendenz" in die Bewegungsrichtung stehen und die Bewegung „mitgehen".

Zeitpunkt der Hilfe
Schon vor Beginn der Ha.F.Ph. bzw. stützlosen Phase (bevor die Füße oder Hände die Unterstützungsfläche bzw. den Griff verlassen), muß der Übende unter Kontrolle der Helfer sein.

Drehgriff rückwärts

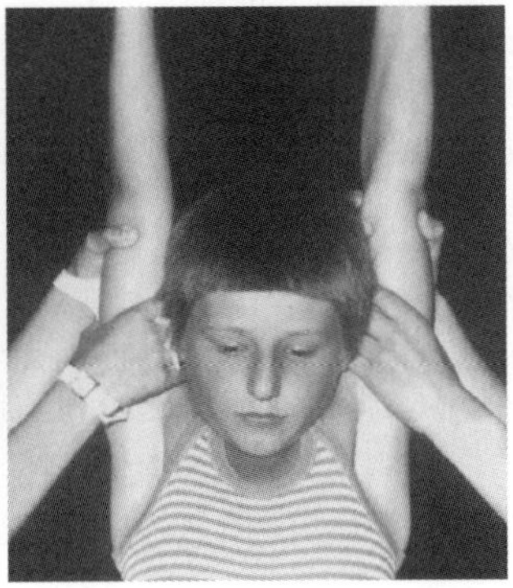

Die schulternahe Hand faßt am Bizeps und die ellenbogennahe Hand am Trizeps.

Art und Weise der Hilfe
Die Helfer stehen sich mit dem Gesicht gegenüber, der Übende befindet sich im Stand, Hang oder Stütz dazwischen. Die Helfer fassen mit der schulternahen Hand (Daumen in Richtung Ellenbogen) am Bizeps und mit der ellenbogennäheren Hand (Daumen in Richtung Schulter) am Trizeps.

Ort der Hilfe
Die Helfer müssen beim stationären Salti unmittelbar neben dem Übenden stehen. Beim Salto rückwärts am Reck und an den Schaukelringen müssen die Helfer mit Tendenz in die Bewegungsrichtung stehen und die Bewegung „mitgehen".

Zeitpunkt der Hilfe
Wie beim Drehgriff vorwärts.

Schubhilfe

Schubhilfe bedeutet, daß sich der **Ansatzpunkt** der Helfer **hinter dem KSP** in bezug zur Bewegungsrichtung des Übenden befindet. Die Schubhilfe unterstützt und beeinflußt die Richtung, die Geschwindigkeit, die Kraft und den Zeitpunkt der Bewegung.
Die Schubhilfe dient dazu, den Körper des Übenden in eine höhere Position zu bringen und ihn gleichzeitig zu sichern.
Schubhilfe kann bei Roll-, Schwung-, Kipp-, Überschlag-, Stemm-, Aufschwung- und Felgbewegungen geleistet werden. Meistens wird sie in Verbindung mit Drehhilfe von einem oder zwei Helfern angewandt.

Art und Weise der Hilfe
Die Helfer stehen sich in der Regel gegenüber, und der Übende befindet sich zwischen ihnen. Die Helfer fassen je nach Bewegung mit beiden Händen in der Nähe des KSP am Rücken oder Bauch oder an der Schulter und unterstützen die Aufwärtsbewegung durch Schieben. Bei einigen Elementen kann (je nach Könnensstand des Übenden) auch mit einer Hand Schubhilfe geleistet werden.

Ort der Hilfe
Der Ort wird durch die Bewegung bestimmt. Ist sie stationär (um eine feste bzw. mitpendelnde Drehachse,

Reck, Barren, ruhig hängende Ringe), befinden sich die Helfer unter den Übenden in unmittelbarer Nähe der Drehachse mit Tendenz in Richtung Endposition der Bewegung.

Zeitpunkt der Hilfe
Sie muß mit dem Beginn der Ha.F.Ph. des jeweiligen Elements einsetzen und die Bewegung bis in die Endlage – Stand oder Stütz oder Handstand – begleiten und sichern.

Zughilfe

Zughilfe bedeutet, daß sich der Ansatzpunkt der Helfer vor dem KSP in bezug auf die Bewegungsrichtung befindet. Sie ergänzt und unterstützt die Richtung, die Geschwindigkeit, die Kraft, den Zeitpunkt der Bewegung des Übenden und sichert ihn gleichzeitig ab. Sie dient wie die Schubhilfe dazu, den Körper des Übenden in eine höhere Position zu bringen.
Die Zughilfe findet Verwendung bei Felgbewegungen und kann von einem oder zwei Helfern geleistet werden. Auch sie tritt meist mit anderen Hilfsmöglichkeiten, wie Dreh- oder Gleichgewichtshilfe, in Erscheinung (kombinierte Hilfe).

Art und Weise der Hilfe
Die Helfer stehen sich gegenüber, und der Übende befindet sich zwischen ihnen. Der Übende wird im Klammergriff am Oberschenkel erfaßt und so durch Zug in die vorgesehene Endlage gebracht.

Ort der Hilfe
Die Helfer stehen höher als der Übende und möglichst nahe bei ihm. Ist die Bewegung stationär, so können die Helfer unmittelbar neben dem Übenden auf einer erhöhten Plattform postiert werden.

Zeitpunkt der Hilfe
Sie muß mit dem Beginn der Ha.F.Ph. der Bewegungen einsetzen und sie bis in die vorgesehene Endlage begleiten und sichern.

Drehhilfe

Drehhilfe bedeutet, daß ein Körper in Drehung versetzt oder ein schon in Rotation befindlicher Körper zusätzlich beschleunigt wird.

Eine Drehung kann nur eingeleitet oder beschleunigt werden, wenn die Kraft außerhalb der Drehachse in Drehrichtung auf den Körper einwirkt.
Sie kann als Einzelkraft oder als Kräftepaar angewandt werden.

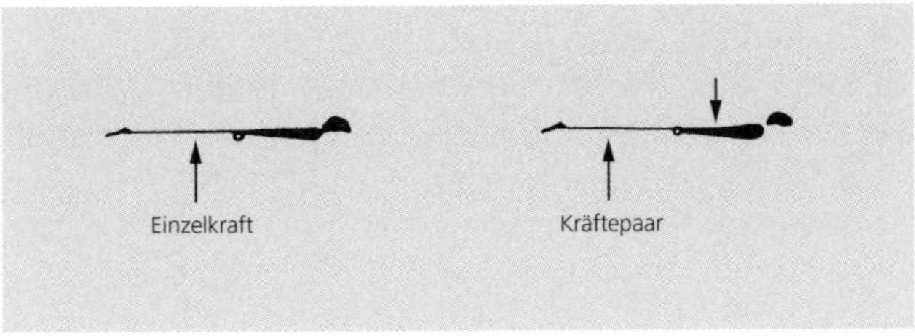

Sie wird bei allen Drehbewegungen um die Körperbreiten-, -längen und -tiefenachse wie Überschlägen mit und ohne Handstütz („Salti") angewandt. Meist wird sie jedoch in Verbindung mit anderen Hilfsmöglichkeiten wie Schub- und Zughilfe bei Auf- und Umschwung, Roll-, Überschlag-, Kipp- und Felgenbewegungen durchgeführt.

Art und Weise der Hilfe
Sie kann von einem oder mehreren Helfern geleistet werden und ist in ihrer Anwendung abhängig von der Bewegungsrichtung (vorwärts, rückwärts, seitwärts). Meist wird an der Oberschenkelvorder- oder -rückseite und an der Oberkörpervorder- oder -rückseite als Kräftepaar geholfen, um je nach Drehrichtung die Drehgeschwindigkeit zu beeinflussen.
Sie kann mit einer Hand oder beidhändig erfolgen.

Ort der Hilfe
Wird die Drehbewegung um eine feste Drehachse (Reck, Stufenbarren) geturnt, kann die Hilfe stationär mit Tendenz in Richtung Endposition geleistet werden. Bei Drehbewegungen aus dem Anlauf muß sich die Hilfe am Ort der Aktion **in mobiler Vorbereitung** befinden, d.h. sie muß die Horizontalbewegung dabei mitgehen oder -laufen.

Zeitpunkt der Hilfe
Die Helfer müssen je nach Situation versuchen, die Drehgeschwindigkeit zu Beginn oder zum Schluß des Elements zu beeinflussen.
Oft ist es notwendig, zu schnelle Drehungen zu bremsen. Die Art und Weise dieser **Bremshilfe** ist gleich wie bei der Beschleunigung, nur die Richtung der Kraft wirkt gegen die Drehung und verlangsamt so die Drehgeschwindigkeit.

Gleichgewichtshilfe

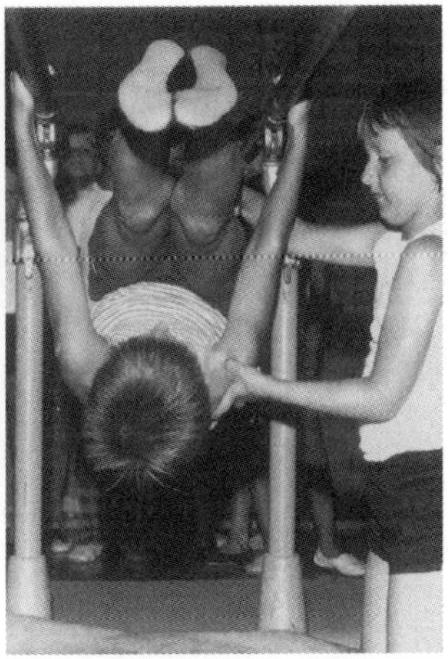

Gleichgewichtshilfe bedeutet, daß bei labilen Haltepositionen und Ständen der KSP der Übende über die Stützebene oder Drehachse gehalten wird.
Sie dient außerdem dazu, bei extremen Lagen und Hallen, Kopf unten, Beine oben, dem Übenden in dieser Lage das Gefühl der Sicherheit zu geben. Die Gleichgewichtshilfe wird angewandt bei Nackenstand (Kerze), Felg- oder Kipphang (Sturzhang), Streckhang (Strecksturzhang). Bei Kopf-, Oberarm- und Handstand erfolgt der Klammergriff am Oberschenkel.

Art und Weise der Hilfe
Sie kann von einem oder zwei Helfern geleistet werden. Bei den Ständen geschieht dies durch Klammergriff (Eingabeln am Oberschenkel), beim Felg- oder Kipphang am Gesäß und an der Schulter.

Ort der Hilfe
In den Ständen und Halten geschieht die Gleichgewichtshilfe über den KSP. Die Helfer stehen sich gegenüber, und der Übende befindet sich dazwischen. Je nach Stützebene, Boden, Barren, Reck oder ruhig hängende Ringe, muß die Plattform der Helfer erhöht bzw. das Gerät niedrig gestellt werden. Beim Felg- oder Kipphang stehen sich die Helfer gegenüber, sie sind neben oder leicht unter den Übenden.

Zeitpunkt der Hilfe
Unmittelbar vor der geplanten Endlage – Stand – wird der Übende von den Helfern erfaßt und sie ermöglichen ihm damit die Balance. Zur Gleichgewichtshilfe gehört auch, daß die Helfer den Übenden vom Stand bis in die Ausgangslage zurückführen und sichern.

Kombinierte Hilfe

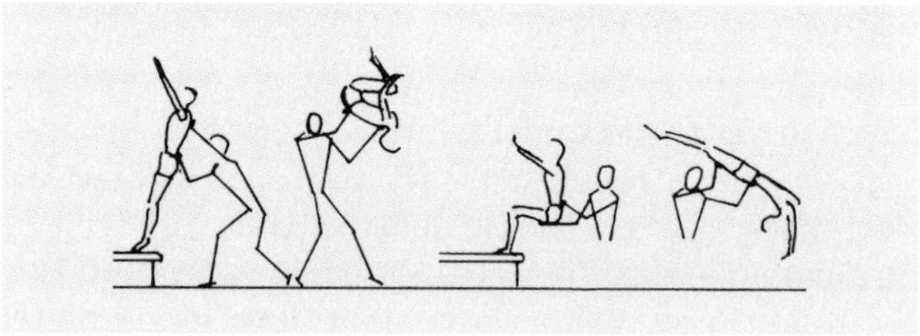

Kombinierte Hilfe bedeutet, daß mindestens zwei der bisher angeführten Hilfen gleichzeitig angewandt werden.
Dabei muß noch die sogenannte „Hosenbundhilfe" Erwähnung finden, da sie, wie der Name schon sagt, mit dem Griff einer Hand am Hosenbund und die andere entweder an der Schulter oder am Oberschenkel, wie in nachstehender Abbildung zu sehen ist, geleistet wird.
Die kombinierten Hilfen stellen relativ große Anforderungen an die Bewegungserfahrung und Vorstellung der Helfer in bezug auf Ort, Richtung, Geschwindigkeit der Bewegung sowie Art und Weise der Hilfe.
Sie kann von einem oder mehreren Helfern geleistet werden. Folgende Kombinationen werden angewandt:

Stützgriff-Drehhilfe

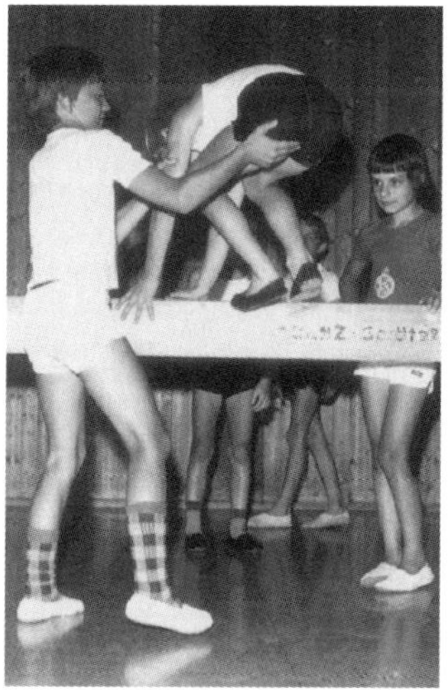

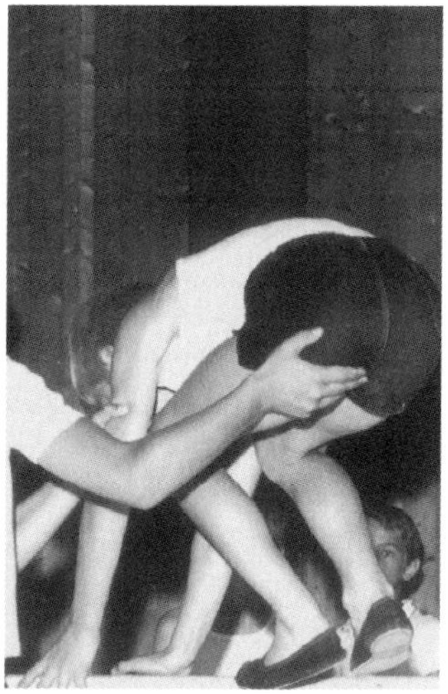

Diese Hilfe findet Anwendung bei allen Drehbewegungen um die Körperlängsachse, Drehauf- und -abgängen am Balken, Pauschenpferd, Stufenbarren, Barren und Reck. Sie kann in der Regel nur von einem Helfer geleistet werden.
Dabei unterstützt eine Hand die Drehbewegung am Gesäß, und die andere Hand sichert den Stütz am Oberarm.

Drehgriff-Schubhilfe

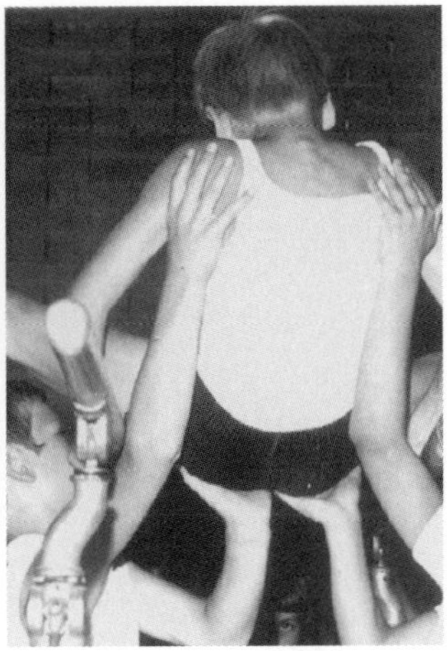

Sie findet Anwendung bei Überschlagbewegungen vor- und rückwärts an den Ringen, am Boden, Stufenbarren, Barren und Reck. Diese Hilfe kann von einem oder zwei Helfern geleistet werden.
Dabei faßt eine Hand im Drehgriff am Oberarm und die andere Hand am Bauch, Rücken oder Oberschenkelvorder- bzw. -rückseite, sie leistet Schubhilfe.
Diese Form der Hilfe kann bei Roll-, Auf- und Umschwung, Kipp- und Felgbewegungen an den Ringen, am Stufenbarren, Barren und Reck sowie bei allen Überschlägen und Salti am Boden und beim Stützsprung geleistet werden. Bei der Erarbeitung von Handstütz-Überschlag rückwärts (Flick-Flack) und Salto rückwärts am Boden und Balken wird der Hosenbundgriff mit Schubhilfe an der Schulter bzw. Oberschenkelrückseite kombiniert.

Zug-, Schub- und Drehhilfe

Diese Hilfe wird meist für die ersten methodischen Schritte angewandt. Dabei steht ein Helferpaar höher als das andere. Sie kann bei den kleinen und großen Felgen sowie den Auf- und Umschwüngen rücklings vor- und rückwärts angewandt werden. Die Dreh-Schubhilfe wird von den **unteren** und die Zughilfe von den **oberen Helfern** geleistet.
Die Zughilfe wird meistens am Oberschenkel, die Schubhilfe an der Schulter geleistet. Beide Hilfen beeinflussen bedingt durch die Drehachse die Drehbewegung. Die Schubhilfe wird dabei die Drehbewegung besser beeinflussen können als die Zughilfe.
Die höher stehenden Helfer begleiten die Aufwärtsbewegung durch Zug am Oberschenkel und sichern in der Endlage des Stützes oder Standes die Gleichgewichtsposition des Übenden. Die unten stehenden Helfer schieben an den Schultern den Übenden nach oben.

Literatur

Adatte, M./Günthard, J.:
Eidgenössischer Turnverein. Kunstturnen, Technik, Methodik. Eidgenössischer Turnverein 1976

Apelt, K./Libra, M.:
ABECEDEA CVICITELE, Teil 4. Karls-Universität, Prag 1963

Apelt, K./Petr, O.:
ABECEDA CVICITELE, Teil 5. Karls-Universität, Prag 1963

Bantz, H./Dickhut, A.:
Turnmethodik Band II, Kunstturnen leichtgemacht. Limpert-Verlag, Frankfurt 1969

Blumenthal, E.:
Vorschulturnen an Geräten. Hofmann-Verlag, Schorndorf 1974

Borrmann, G.:
Gerätturnen. Sportverlag Berlin (Ost) 1972

Bronich, W.:
Die Reflexe – Untersuchung in Klinik und Praxis. Thieme-Verlag, Stuttgart 1973

Bruckmann, M., Meusel, W.:
Curriculum-Kommission Schulsport, Arbeitskreis Gerätturnen, Kultusministerium Nordrhein-Westfalen 1976

Buchmann, G.:
Didaktisch-methodischer Abriß des gerätspezifischen schwungvollen Turnens am Stufenbarren im Schulsport. Lehrhilfen für den Sportunterricht, 2/76

Buchmann, G.:
Terminologie Gerätturnen. Sportverlag Berlin, DDR 1972

Burger, E. W./Groll, H.:
Leibeserziehung. Österreichischer Bundesverlag für Unterricht, Wissenschaft und Kunst, Wien 1971

Burger, R.:
Über die pädagogischen Dimensionen des Boden- und Gerätturnens. Bayernturner, 5/75, 6/75, 7/75, 8/75

Czoschke, K. H.:
Das Training des jugendlichen Turners. Hofmann-Verlag, Schorndorf 1975

Dahm/Wolf/Peper:
Bestimmungen von Lernzielen und Lerninhalten für das Kinderturnen. Der Turnwart, 2/76, 3/76, 4/76, 5/76, 6/76, 7/76, 8/76

Dickhut, A.:
Pflichtübungen für den angehenden Kunstturner. Pohl-Verlag, Celle 1974

Dickhut, A.:
Methodik der Elementarübungen. Pohl-Verlag, Celle 1975

Dickhut, A.:
Grundsätzliches zur Lehre des Boden- und Gerätturnens. Der Turnwart 3/72

Diem, L.:
Sport für Kinder. Kösel-Verlag, München 1973

Dörrer, H.-J.:
Von der Spielform zur Leistung. Pohl-Verlag, Celle 1969

Dörrer, H. J.:
Zur Technik des Lehrens und Lernens im Sportunterricht. Der Turmwart 9/75

Dörrer, H. J.:
Gerätturnen in der Primarstufe. Der Turmwart 1/76

Donskoi, D. D.:
Grundlagen der Biomechanik. Bartels/Wernitz-Verlag, Berlin/München/Frankfurt 1975

Facek, L./Libra, M.:
ABECEDA CVICITELE Teil 2. Karls-Universität, Prag 1963

Fetz, F.:
Leibesübungen für 6- bis 16jährige. Österreichischer Bundesverlag für Unterricht, Wissenschaft und Kunst, Wien 1971

Fetz, F./Opavski, P.:
Biomechanik des Turnens. Limpert-Verlag, Frankfurt 1968

Fiebrand, K./Heimi, H./Spieß, P.:
Sport in der Primarstufe, Band 4, Rollen und Überschläge. Limpert-Verlag, Frankfurt 1975

Fillinger, F.:
Die Gruppenarbeit als Mittel zur Leistungssteigerung im Gerätturnen.
Pohl-Verlag, Celle 1975

Fluch, P./Herold, W.:
Turnsprache Teil 1. Die Bezeichnungen der gymnastischen Grund- und Leistungsformen. Pohl-Verlag, Celle, 1972

Gabler, H.:
Schulsportmodelle in Theorie und Praxis. Hofmann-Verlag, Schorndorf, 1976

Gabler, H., Grupe, O.:
Bewegung, Spiel, Sport. Gutachten und Studien der Bildungskommission. Deutscher Bildungsrat 1973

Gadrey, J.:
Éléments d'enseignements de la GYMNASTIQUE sportive masculine. Imprimé en France par Liévin Daniel 19, Paris 1970

Gagne, R. M.:
Die Bedingungen des menschlichen Lernens. Schroedel-Verlag, Hannover 1970

Gander, A.:
Code de Pointage der Männer. NZZ-Verlag, Zürich 1976

Gander, A.:
Maße, Vorschriften und Formen. I. T. B., Chiasso 1974

Garray, J./Lewin, L.:
Genetic und Anthropological Studies of Olympic Athlets. New York 1974

Gerke/Döring/Fanslau:
Entwicklung koordinativer Fähigkeiten und motorischer Fertigkeiten. Hofmann-Verlag, Schorndorf 1975

Gesell, A.:
Das Kind von 5 bis 10. Christian-Verlag, Bad Nauheim 1964

Gesell, A.:
Säugling und Kleinkind. Christian-Verlag, Bad Nauheim 1960

Göhler, J./Herold, W.:
Handbuch der Turnsprache, Teil 2. Pohl-Verlag, Celle 1974

Göhner, U.:
Funktionale Bewegungsanalyse, Schorndorf 1979

Grupe, O.:
Grundlagen der Sportpädagogik. Hofmann-Verlag, Schorndorf 1975

Grupe, O.:
Einführung in die Theorie der Leibeserziehung. Hofmann-Verlag, Schorrdorf 1970

Grupe, O.:
Was ist und bedeutet Bewegung? In: „Die menschliche Bewegung (Hrsg. Hahn/Preisung), Schorndorf 1976

Harris, G.:
Introduction Gymnastics physical Education. P. O. Box 5117, San Mateo, Cal.

Hasenbusch, M.:
Rollbewegungen – Aus der Praxis der programmierten Instruktion. Lehrhilfen für die Leibeserziehung, 2/71

Hasenbusch, M.:
Auf- und Umschwünge – Aus der Praxis der programmierten Instruktionen. Lehrhilfen für die Leibeserziehung, 2/71

Held, H. J.:
Übungsmöglichkeiten am Minitrampolin – Systematisierungsversuch. Lehrhilfen für Leibeserziehung 8, 9, 10/72

Hermann, J./Wilhelm:
Grundformen in Boden- und Gerätturnen. Pohl-Verlag 1968

Herwanger, H./Geiger, U.:
Turnpraxis in der Schule Band II. CDV, Stuttgart 1980

Hochmuth, G.:
Biomechanik sportlicher Bewegungen. Sportverlag Berlin, DDR 1967

Jahn, F./Eiselen, E.:
Die Deutsche Turnkunst. Neudruck Limpert-Verlag, Frankfurt 1961

Janousek, V.:
ABECEDA CVICITELE, 3. Teil. Karls-Universität, Prag 1963

Kaneko, A.:
Olympic Gymnastics. Tokyo 1972

Kaneko, A.:
Enzyklopädie Kunstturnen.Tokyo, 1971–1974, 4 Bände

Karas, V.:
Grundsätzliches und Gesetze der Biomechanik im Dienste des Kunstturnens.
I. T. B., Sekretariat, Biel/Schweiz 1969

Kiphard, E. J.:
Bewegungs- und Koordinationsschwäche im Grundschulalter. Hofmann-Verlag, Schorndorf 1973

Knirsch, K. / Minnich, M.:
Gerätturnen mit Mädchen und Frauen (2), Kirchentellinsfurt 1997

Knirsch, K.:
Fundamentum des Gerätturnens (2), Kirchentellinsfurt 1996

Knirsch, K.:
Lehrbuch des Gerät- und Kunstturnens Bd. 1 und 2. CDV, Böblingen 1983

Knirsch, K.:
Lehrbuch des Kunstturnens. CDV, Stuttgart 1974

Knirsch, K.:
Turnpraxis in der Schule, Band I. CDV, Stuttgart 1980

Koch, K.:
Vom Bockspringen zu dem Längsspringen. Hofmann-Verlag, Schorndorf 1973

Koch, K./Timmermann, H.:
Klettern und Steigen – Schwingen und Springen am Stufenbarren. Hofmann-Verlag, Schorndorf 1973

Könnemann:
Aktionsprogramm zur Förderung des Gerätturnens in den Schulen. Der Turmwart 6/76, 7/76, 8/76

Kurz, D.:
Elemente des Schulsports. Schorndorf 1977

Laupp, W.:
Eine Pathologie der psychologischen Entwicklung. Verlag Hans Huber, Stuttgart 1967

Lehrplan Sport.
Kultusministerium Nordrhein-Westfalen, Grundschule, 1975

Leirich, J.:
Grundlagen, Funktion und Regelungen der Terminologie Gerätturnen. DTV/DDR, Turnen 1975/2, 3, 4

Leirich, J.:
Kleiner Abriß der Theorie und Methodik des Gerätturnens. DTV/DDR, Turnen 1975/6, 7, 8, 10, 11, 12, 1976/1, 2, 3, 4, 5, 6, 8

Lewin, K.:
Turnen im Vorschulalter. Sportverlag, Berlin 1971

Meinel, K.:
Bewegungslehre. Verlag Volk und Wissen, Berlin (Ost) 1970

Menchin, J. W.:
Das Krafttraining des jugendlichen Turners (Übersetzung aus dem Russischen von P. Tschiene). Hofman-Verlag, Schorndorf 1972

Meusel, H./Ohnesorge, H.:
Sportliche Grundausbildung. Weidmann-Verlag, Berlin 1941

Meusel, H.:
Einführung in die Sportpädagogik. München 1976

Meusel, H.:
Vom Schaukeln und Schwingen zu Schwungstemmen und Umschwüngen. Hofmann-Verlag, Schorndorf 1972

Meusel, H.:
Vom Purzelbaum zum Salto. Hofmann-Verlag, Schorndorf 1975

Müller, H.:
Helfen und Sichern. Limpert-Verlag, Frankfurt 1974

Nagy, V.:
Code de Pointage für Frauen. NZZ-Verlag, Zürich 1976

Nöcker, J.:
Physiologie der Leibesübungen. Enke-Verlag, Stuttgart 1964

Novotny, L./Libra, M.:
ABECEDA CVICITELE, Teil 1. Karls-Universität, Prag 1963

Piaget, J.:
Theorien und Methoden der modernen Erziehung. Fischer-Verlag, Frankfurt 1974

Piard, C.:
Gymnastique Scolaire. Paris 1972

Piard, C.:
Agres Masculins. Edition Amphora, Paris 1968

Pock, K.:
Turnfibel, Band I und Band II. Österreichischer Bundesverlag für Unterricht, Wissenschaft und Kunst, Wien 1971

Portmann, A.:
Biologie und Geist. Herder-Verlag, Freiburg 1963

Portmann, A.:
Aufbruch und Lebensforschung. Frankfurt 1965

Portmann, A.:
Biologische Fragmente zu einer Lehre vom Menschen. Schwabe-Verlag, Basel 1969

Portmann, A.:
Um das Menschenbild. Reclam-Verlag, Stuttgart 1970

Räupke, R./Koch, K.:
Vom Klettern und Klimmen zum Turnen an den Ringen. Hofmann-Verlag, Schorndorf 1976

Reeg, E.:
Das Absprungtrampolin in der Unterstufe. Lehrhilfen der Leibeserziehung 10/72

Richtlinien für den Sportunterricht.
Kultusministerium des Landes Baden-Württemberg, Stuttgart 1970

Röthing, P.:
Sportwissenschaftliches Lexikon. Hofmann-Verlag, Schorndorf 1972

Rieling, K.:
Zur strukturellen Anordnung der Übungen des Gerätturnens. Theorie und Praxis der Körperkultur, 16/1979, 3, 4, 5, 6, 7, 11, 17/1968, 2, 4, 10, 12, 18/1969, 2, 5

Scherler, K.-H.:
Sensomotorische Entwicklung und materiale Erfahrung. Hofmann-Verlag, Schorndorf 1975

Schulz, H.:
Turnen und Spielen für unsere Kleinsten II. Pohl-Verlag, Celle 1972

Schulz, H.:
Turnen für Spielen für unsere Kleinsten III. Pohl-Verlag, Celle 1970

Schulz, H.:
Gymnastik auch für Jungen. Pohl-Verlag, Celle 1972

Schwäbischer Turnerbund:
Bewegungserziehung im Vorschulalter. Stuttgart/Schorndorf 1976

Schwope, F.:
Theorie und Praxis des Turnens. Aschenbach-Verlag, Gießen 1975

Schwope, F.:
Übergeordnete Lernziele auch bei der Schulung von Bewegungsfertigkeiten? Deutsches Turnen, TUS, 7/74

Seybold/Brunnhuber, A.:
Pädagogische Prinzipien in der Leibeserziehung. Hofmann-Verlag, Schorndorf 1970

Seybold/Brunnhuber, A.:
Didaktische Prinzipien der Leibeserziehung. Hofmann-Verlag, Schorndorf 1974

Sminow, K.-M.:
Sportphysiologie (Übersetzung aus dem Russischen von L. Pickenhain). Verlag Volk und Wissen, Berlin, DDR 1975

Söll, W.:
Vom Bildungswert des Gerätturnens. Sportunterricht, 9/73

Söll, W.:
Zur Methodik des motorischen Lernens und Übens. Die Leibeserziehung, 6/72

Söll, H.:
Biomechanik in der Sportpraxis/Gerätturnen. Hofmann-Verlag, Schorndorf 1975

Stiehler, G.:
Methodik des Sportunterrichts. Verlag Volk und Wissen, Berlin, DDR 1975

Stroescu, A.:
Gymnastica. Institut de Educatie Fizi Sci Sport, Bucuresti, 1968

Weiner, F.:
Funk-Kolleg 14 Pädagogische Psychologie. Frankfurt 1974

Wocheslander, M.:
Kinderskilauf. BLV-Verlagsgesellschaft, München 1975

Ukran, M. l.:
Technik der Turnübungen. Sportverlag, Berlin, DDR 1970

Ukran, M. L.:
Methodik des Turntrainings – Männer (Übersetzung aus dem Russischen von P. Tschiene). Hofman-Verlag, Schorndorf 1975

Ungerer, D.:
Leistungs- und Belastungsfähigkeit im Kindes- und Jugendalter. Hofmann-Verlag, Schorndorf 1973

Volpert, W.:
Sensomotorisches Lernen. Limpert-Verlag, Frankfurt 1971

Wassermann:
Beziehungen zwischen körperlichen Fähigkeiten und sportlichen Fertigkeiten im Gerätturnen, unter den Bedingungen eines zeitweiligen akzentuierten Sportunterrichts. Theorie und Praxis der Körperkultur, 4/76

Wiemann, K.:
Absprunggestaltung und Sprungleistung beim Sprung vom Reutherbrett.
Die Leibeserziehung, 3/70

Wiemann, K.:
Vom Kippen zum Überschlagen, vom Schwingen zum Felgen. Hofmann-Verlag, Schorndorf 1974

Wulf, Ch.:
Wörterbuch der Erziehung. Piper-Verlag, München 1974

Zeitschriften, Broschüren und andere Veröffentlichungen:

Arbeitsgemeinschaft des Badischen und Schwäbischen Turnerbundes. Neuordnung des Gerätturnens in Schule und Verein. Stuttgart 1975

Sportfachbücher

Kurt Knirsch

Fundamentum des Gerätturnens

Von Grundtätigkeiten der Alltagsmotorik zu Fundamentalbewegungen des Gerätturnens. Theoretische Grundlagen für die Praxis.

Mit dem Fundamentum des Gerätturnens wurde in mehrfacher Hinsicht Neuland beschritten. Im ersten Abschnitt wird erstmals in der Turnfachliteratur eine zusammenhängende Begründung für den Ausgangspunkt aus den „natürlichen Bewegungsmöglichkeiten" von Kindern zum Turnen herausgestellt. In einer umfassenden Analyse des turnerischen Übungsguts wurde eine Reduzierung der Elemente auf die einfachste oder fundamentale Bewegung der Bewegungsgruppen des Gerätturnens vorgenommen. In den Arbeitsblättern zur jeweils strukturabhängigen Fundamentalbewegung (zur Zeit insgesamt 30) werden die Aktionen und Funktionen der Hauptphase (Hauptfunktionsphase) analysiert, textlich und bildlich dargestellt. Das Fundamentum des Gerätturnens zeigt die motorische Entwicklungsmöglichkeit auf, wie von Grundtätigkeiten der Alltagsmotorik ausgehend über das Turnen an Geräten der Weg zu den Fundamentalbewegungen des Gerätturnens aussehen kann.
In einem wesentlichen Abschnitt des Buches werden in allgemein verständlicher Form die mechanischen und biomechanischen Größen im Gerätturnen erläutert.

DIN A 5, 130 Seiten, 17 Abbildungen, 7 Fotos.

Kurt Knirsch / Marlis Minnich

Gerätturnen mit Mädchen und Frauen

Wir freuen uns, Ihnen nunmehr das neue Gerätturn-Lehrbuch für Mädchen und Frauen präsentieren zu können. Was ist neu an diesem Lehrbuch, was ist anders und worin unterscheidet es sich von anderen, bisherigen Veröffentlichungen zum weiblichen Gerätturnen?

In der „Praktischen Umsetzung":

Es ist das erste deutschsprachige Lehrbuch für Mädchen und Frauen, das neben den vier „Normgeräten" die gymnastischen Grundformen behandelt.
Die Lernschrittfolgen der ausgewählten Fundamentalbewegungen stellen die konsequente praktisch-methodische Umsetzung aus den biomechanisch-funktionalen Bewegungsanalysen in räumlicher und zeitlicher Hinsicht dar.
Beim Aufschlagen einer Doppelseite ermöglicht die jeweilige Reihenbildserie einen Vergleich mit der Realbewegung.

Mit den Übungsangeboten zum Erwerb der konditionellen Voraussetzungen für jedes Element werden Möglichkeiten zum Kraft- und Beweglichkeitstraining aufgezeigt.
Die Bewegungsanweisungen in den Basaltexten der Lernschrittfolgen korrespondieren mit den „abgefragten" Eigenwahrnehmungen beim Erlernen eines Elements. Diese Eigenwahrnehmungen stellen eine der Voraussetzungen dar, daß Lehrende oder die Lernenden selbst Korrekturanweisungen bei eventuellen Fehlern sehr präzise vornehmen können.
In den Lernschrittfolgen sollen durch die texterläuternden Zeichnungen Hinweise zur Art und Weise sowie zum Ort und Zeitpunkt der Bewegungshilfe gegeben werden, um dies so in Text und Bild für den Unterricht verwenden zu können.
In den „Theoretischen Grundlagen":
Als besonders bedeutsam erscheint uns, daß in allen theoretischen Kapiteln immer der Praxisbezug durch Beispiele hergestellt wird. So werden die in den Kapiteln zur Bewegungsvermittlung und zum Bewegungslernen, zur Information und Wahrnehmung, zur Bewegungsvorstellung und Bewegungsbeobachtung, zur Fehlerkorrektur und zu den turnspezifischen Voraussetzungen behandelten Theoriehintergründe durch die zeichnungsunterstützten Beispiele sehr verständlich aufbereitet.

352 Seiten, 2700 Zeichnungen, 91 Reihenbilder, 29 Fotos.

Kurt Knirsch

Lehrbuch des Gerät- und Kunstturnens

Technik und Methodik in Theorie und Praxis für Schule und Verein

Band 1 – Theorieteil, Boden, Pauschenpferd, Ringe, Schraubenbewegungen
376 Seiten, 44 Fotos sowie 98 Reihenbildserien und 539 textergänzende Phasenzeichnungen.
Dieses Standardwerk wird vom Technische Komitee Männer für die Trainer-Aus- und Fortbildung empfohlen.
Jedes Element wird zuerst auf einer Doppelseite durch eine Reihenbildserie vorgestellt.

Band 2 – Barren, Reck
380 Seiten, 61 Fotos sowie 91 Reihenbildserien und 503 textergänzende Phasenzeichnungen.
Der Band 2 ist die Fortsetzung des Praxisteils mit den Geräten Barren, Reck. Die Reihenbildserien wurden mit einer 35 mm Filmkamera (Ariflex) bei 30 Aufnahmen pro Sekunde gefilmt.

Für die Reihenbilder in beiden Bänden wurden nicht alle Einzelbilder verwendet. Je nach Bedeutung der einzelnen Bewegungsabschnitte wurden für die Hilfsfunktionsphasen weniger und für die Hauptfunktionsphasen meistens alle Einzelbilder verwendet.
Völlig neu in beiden Bänden ist die darauf aufbauende Bewegungsanalyse mit der Beschreibung der Bewegungstechnik nach Funktionsphasen. Texterläuternde Zeichnungen und exakt beschriebene Lernschrittfolgen sind als methodische Konsequenz aus analytischen und theoretischen Überlegungen eine wesentliche Hilfe zum Erlernen der Turnelemente.